国家自然科学基金面上项目（61873216）资助

城市路网交通拥挤
智能控制理论与方法

刘澜　辛涛　著

西南交通大学出版社
·成都·

图书在版编目（CIP）数据

城市路网交通拥挤智能控制理论与方法 / 刘澜，辛涛著. -- 成都：西南交通大学出版社，2023.10
ISBN 978-7-5643-9422-6

Ⅰ. ①城… Ⅱ. ①刘… ②辛… Ⅲ. ①城市交通网 – 交通流量 – 智能控制 Ⅳ. ①U491.1

中国国家版本馆 CIP 数据核字（2023）第 147455 号

Chengshi Luwang Jiaotong Yongji Zhineng Kongzhi Lilun yu Fangfa
城市路网交通拥挤智能控制理论与方法

刘澜　辛涛 / 著

责任编辑 / 周　杨
封面设计 / GT 工作室

西南交通大学出版社出版发行
（四川省成都市金牛区二环路北一段 111 号西南交通大学创新大厦 21 楼　610031）
发行部电话：028-87600564　　028-87600533
网址：http://www.xnjdcbs.com
印刷：成都中永印务有限责任公司

成品尺寸　185 mm×260 mm
印张　13.25　　字数　333 千
版次　2023 年 10 月第 1 版　　印次　2023 年 10 月第 1 次

书号　ISBN 978-7-5643-9422-6
定价　49.00 元

课件咨询电话：028-81435775
图书如有印装质量问题　本社负责退换
版权所有　盗版必究　举报电话：028-87600562

前言
PREFACE

智慧城市、智慧交通、智能车辆、互联网+交通等新业态和新技术的不断涌现，以及电子警察系统、治安卡口系统等各类城市交通监控系统的大规模建设和日趋完善，特别是车路协同、车联网和自动驾驶等技术的逐步实用化，使得开放性的城市交通网络系统越来越具有相对"封闭"性，交通管控设施越来越具有"可操作"性，车辆行驶及车流运动越来越具有能观性和可控性，开放性的城市道路交通网络正转变为一种过程和状态可测可控的虚拟封闭受控系统。类似于相对"封闭"（即全程信息跟踪和管控）的轨道交通系统，城市道路交通网络正逐渐转变为一个智能受控系统，并且随着信息技术持续升级换代和相应的前沿理论技术开发，城市路网的这种"受控系统"特性呈现出进一步细化和强化的趋势。但是，传统的基于开放系统理念的交通平衡原理和相应的拥挤控制理论方法难以与现场应用有效对接，因此，如何辨识智能交通系统条件下城市交通网络平衡原理并建立与之相应的拥挤控制理论方法，就成为现代城市交通治理及智慧城市建设的关键问题。

基于上述现实情况和发展需求，西南交通大学刘澜教授在国家自然科学基金资助下，开展了《基于虚拟供需闭合区域的受控智能路网拥挤控制理论和方法》的面上项目（项目批准号：61873216）研究。该项目研究工作的关键在于找到了智能交通监控系统在开放性的城市交通系统中形成的虚拟封闭控制条件，发掘了受控智能路网上的完全供需闭合关系及通行耦合关系，建立了体现受控智能路网供需平衡演变规律的拥挤控制理论和方法。本专著就是对上述工作成果的集中体现，主要内容有：发掘时空路网上交通拥挤传播规律与拥挤因果关系，追溯和关联路网交通流运动过程，建立拥挤传播路径溯源和预测模型，实现状态过程化预测；辨识控制区域的虚拟闭合边界，构建具有确定性的虚拟封闭时空系统，建立完全供需闭合的网络交通流平衡模型；运用基于学习的控制理论与方法，结合宏观基本图理论和边界控制方法，构建主动式交通拥挤异常发现与控制集成模型，并提供计算机应用软件的实现方案。

本专著共八章，由西南交通大学刘澜教授研究团队、成都交通信息港有限责任公司"辛涛创新工作室"研究团队和成都交投智能交通技术服务有限公司的研究人员共同编著。刘澜教授设计了内容结构及研究体系，负责各章节核心理念和方法论的建构并撰写前言；各章节的编写情况如下：李苏炯编写第1章，康雷雷、李苏炯编写第2章，封宗荣编写第3章，冯红艳编写第4章，陈俊编写第5章，康雷雷编写第6章，陈国强编写第7章，徐武胜编写第8章，李苏炯和冯红艳对全书符号定义进行了统一订正和文整规范；辛涛、段辉和沈传青进行了应用场景设计、数据支持和成果转化；刘澜教授对本专著进行了校改和定稿。

本专著的研究成果是基金项目各参研人员共同努力的结果。本专著各部分内容除上述执笔人的独立创新研究外，还凝聚了以下研究人员的心血，即卢维科博士对项目规划和执行方案的创意设计，胡国静博士和杨凯宇硕士对边界控制小区划分方法的研究分析（4.2节），凌秋霞硕士对边界控制思想方法的研究分析（7.1节），冯红艳硕士对基于学习的控制思想方法的研究总结（7.2节），杨凯宇硕士对区域交通拥挤控制方法（7.3节）及对路网分区可视化交互系统的研究成果（8.1节），陈国强博士对绿波控制系统应用软件的开发成果（8.2节），以及毛剑楠博士和黄豪博士参与的有关交通流特性辨识、交通预测与控制方法的研究。在这些理论技术的开发研究中，成都交通信息港有限责任公司"辛涛创新工作室"研究团队和成都交投智能交通技术服务有限公司的研究人员进行了通力协作，其中包括辛涛对应用软件开发的指导和支持，段辉对现场验证方案的设计及其实施的组织协调。

在此，对国家自然科学基金面上项目（61873216）的资助表示感谢！另外，还要感谢成都交通信息港有限责任公司和成都交投智能交通技术服务有限公司对项目应用研究的指导和现场协作，西南交通大学及交通运输与物流学院给予的指导帮助，以及本项目研究团队中各位同仁的通力合作。

限于编写时间及编写水平，专著中难免存在不妥之处，恳请读者批评指正。

作　者
2023.2

目 录
CONTENTS

1 城市交通智能路网的形成演化与特性解析·················001
  1.1 智能交通系统的发展·················001
    1.1.1 国外智能交通系统发展历程·················001
    1.1.2 国内智能交通系统发展历程·················003
  1.2 智能路网的形成·················004
    1.2.1 交通信息检测系统·················004
      1.2.1.1 固定式交通信息检测技术·················005
      1.2.1.2 移动式交通信息检测技术·················007
      1.2.1.3 交通信息检测技术总结·················007
    1.2.2 智能交通控制系统·················008
    1.2.3 新型信息通信技术·················010
  1.3 智能路网能观性·················012
    1.3.1 广域全息感知·················013
    1.3.2 交通参数估计·················015
    1.3.3 短时精准预测·················016
    1.3.4 数字孪生刻画·················017
    1.3.5 交通信息发布·················019
  1.4 智能路网可控性·················020
    1.4.1 可视化智能交通管理·················021
    1.4.2 智能信号控制·················022
    1.4.3 "车-路-云"融合控制·················024
    1.4.4 中心协调控制·················026
    1.4.5 可控性原理·················027

2 区域交通控制原理·················030
  2.1 开放式区域控制·················030
    2.1.1 开放式区域控制模型及算法·················031
    2.1.2 开放式区域控制系统·················031
      2.1.2.1 SCOOT系统·················031
      2.1.2.2 SCATS系统·················033
  2.2 虚拟供需闭合区域控制思想·················034

  2.3 虚拟供需闭合区域控制方法 ·· 036
    2.3.1 智能路网建模 ··· 036
    2.3.2 MFD 交通小区划分 ·· 037
    2.3.3 拥挤溯源与预测 ··· 038
    2.3.4 主动式交通控制 ··· 039

3 智能路网的多层网络模型构建 ·· 044

  3.1 智能路网定义 ··· 044
  3.2 智能路网多层结构建模 ·· 045
    3.2.1 第一层结构建模 ··· 045
    3.2.2 第二层结构建模 ··· 048
    3.2.3 第三层结构建模 ··· 050
    3.2.4 第四层结构建模 ··· 051

4 路网控制子区划分及边界模型表达 ·· 053

  4.1 基本思想 ··· 053
  4.2 基于 MFD 的控制子区划分 ·· 054
    4.2.1 考虑空间坐标的 K-means 算法分析与改进 ··························· 054
      4.2.1.1 K-means 算法分析 ·· 054
      4.2.1.2 考虑空间坐标的 K-means 算法改进 ····················· 055
    4.2.2 基于 MFD 拟合度最优的 Ji 的 Ncut 算法分析与改进 ············ 057
      4.2.2.1 Ji 的 Ncut 改进算法分析 ······································· 057
      4.2.2.2 基于 MFD 拟合度最优的 Ji 的 Ncut 算法改进 ······ 057
    4.2.3 分区数量可控的 Ncut 算法改进 ·· 061
      4.2.3.1 基于 Ncut 的路网划分算法结构缺陷分析 ············ 061
      4.2.3.2 基于 Ncut 算法的子区划分方法改进 ····················· 063
  4.3 闭合边界模型构建 ·· 065
    4.3.1 闭合边界含义 ··· 065
    4.3.2 闭合边界辨识 ··· 065
      4.3.2.1 交通子区闭合边界辨识过程 ································ 066
      4.3.2.2 路网交通子区边缘节点识别 ································ 066
      4.3.2.3 路网交通子区间共享边界点识别 ························· 067
    4.3.3 闭合边界模型 ··· 070

5 交通拥堵溯源与预测 ·· 074

  5.1 拥挤时空传播规律与拥挤因果树模型 ·· 074
    5.1.1 城市交通网络拥挤特性与过程 ··· 075
    5.1.2 拥挤因果树模型 ··· 075

5.2 基于网络时空因果关系搜索的拥挤传播路径溯源 078
5.2.1 因果关系和传递熵 078
5.2.1.1 因果关系、关联规则和相关关系区别 078
5.2.1.2 熵和传递熵 079
5.2.1.3 传递熵计算方法 081
5.2.1.4 因果关系判定 082
5.2.2 基于广度优先因果关系搜索的拥挤历史传播路径追溯 083
5.2.2.1 网络广度优先搜索 083
5.2.2.2 广度优先因果关系搜索 084
5.2.3 实例验证 086
5.3 基于多任务学习的拥挤传播路径预测 091
5.3.1 多任务模型架构 093
5.3.2 交互层模块设计 094
5.3.3 直接特征提取层和融合预测层结构 097
5.3.3.1 直接特征提取层 097
5.3.3.2 融合预测层 099
5.3.4 实例验证 100
5.3.4.1 实验准备 100
5.3.4.2 实验结果分析 101

6 完全供需闭合的交通平衡模型 106
6.1 MFD 路网的宏观特性 107
6.2 宏微观交通视角下交通流分配模型 108
6.3 仿真实验过程及结果 112

7 主动式控制理论方法 122
7.1 边界控制思想方法 122
7.1.1 受控区域交通运行状态 122
7.1.2 受控区域参数信息 123
7.1.3 受控区域交通流动态平衡方程 124
7.1.4 边界控制主要方法 125
7.2 基于学习的控制思想方法 127
7.2.1 基于学习的控制思想 127
7.2.2 基于学习的控制种类 127
7.2.3 基于学习的控制方法 130
7.3 基于 MFD 流量平衡目标的区域交通拥挤控制 131
7.3.1 控制模型构建 131

		7.3.2	模型的有效性分析 ··	133
		7.3.3	算例分析 ··	135
			7.3.3.1 数据获取及路网介绍 ·····························	135
			7.3.3.2 拥挤控制方法性能分析及对比 ················	135
	7.4	基于交通数据异常分析的主动控制 ·······························		142
		7.4.1	拥挤异常识别模型 ··	142
			7.4.1.1 模型框架 ··	142
			7.4.1.2 模型构建 ··	143
		7.4.2	控制区域划分模型 ··	148
		7.4.3	交通信号控制模型 ··	151
		7.4.4	算例分析 ··	155
			7.4.4.1 拥挤异常识别 ··	155
			7.4.4.2 主动式信号控制 ····································	165

8 应用系统设计 ··· 171

	8.1	路网分区可视化交互系统 ···	171
		8.1.1 路网数据接入模块 ··	172
		8.1.2 路网小区划分模块 ··	175
		8.1.3 结果数据导出模块 ··	180
	8.2	城市干道区域划分及绿波控制系统 ································	180
		8.2.1 路网数据接入模块 ··	181
		8.2.2 干道区域划分 ··	181
		8.2.3 控制方案生成 ··	183
		8.2.4 结果数据导出模块 ··	184

符号定义 ··· 185

参考文献 ··· 194

1 城市交通智能路网的形成演化与特性解析

1.1 智能交通系统的发展

智能交通系统（Intelligent Transportation System，简称 ITS），是人们将先进的信息技术、数据通信传输技术、电子控制技术、传感技术以及计算机处理技术等有效地综合运用于整个交通运输体系，从而建立起的一种大范围、全方位发挥作用的实时、准确、高效的交通运输综合管理系统[1]。时至今日，智能交通技术和产品已经广泛渗透到人们生活和工作的方方面面，是现代社会经济发展和城市建设中不可或缺的重要组成部分。

1.1.1 国外智能交通系统发展历程

ITS 最早产生于 20 世纪 50 年代后期，从起步发展至今已有 60 多年的历史。目前，国际 ITS 领域已经形成美国、欧洲、日本三强鼎立的局面[2]。纵观其发展过程的特点、功能和应用情况，ITS 在国外的发展可大致划分为三个阶段[3]。

1. 第一阶段，20 世纪 50~80 年代：概念孕育和功能集成阶段

英国的 SCOOT 系统（Split Cycle and Offset Optimization Technique，绿信比、周期和相位差优化技术）和澳大利亚的 SCATS 系统（Sydney Coordinated Adaptive Traffic System）是最为成功和影响深远的交通控制系统，这两个系统建立了成熟的系统控制和自适应控制体系和方法。在此基础上，ITS 开始了早期研究，如美国的电子路径导向系统（Electronic Route Guidance System，ERGS）、日本的汽车综合控制系统（Comprehensive Automobile Control System，CACS）等，这为日后 ITS 的发展奠定了良好基础。

该阶段的核心特征是建立了智能交通系统的基本概念和框架。它所建设的系统结构简单、功能集成化、数据静态化，具体表现为：相关基础理论体系简单且可展现一定的物理属性；系统松散或独立，可实现相关基本功能的集成，以达到分散控制的效果；所涉及的通信数据量少，实时性欠佳。

2. 第二阶段，20 世纪 80 年代至 21 世纪初：规模应用和系统集成阶段

在这个时期，以互联网和智能技术为代表的信息技术，对传统交通系统的发展产生了重要影响。1994 年，在日本召开的第二届 ITS 世界大会上，ITS 概念被正式提出，并很快在世

界范围内形成可统一使用且具有特定含义的术语。随后，美、欧、日等发达国家先后加大了智能交通的研发力度，并根据自身特点确立了一系列重点项目和计划，形成具备规模应用的技术研发体系。尤其是进入 21 世纪后，ITS 更以惊人的速度发展，许多国家争先恐后地投入巨资进行 ITS 系统集成的规划、研究、建设和应用。

该阶段的核心特征是主要发达国家及新兴发展中国家建立了各自的 ITS 体系框架。它所建成的系统结构复杂、系统集成化、数据动态化，具体表现为：在基础理论体系方面引入系统集成技术，可通过复杂性分析理论与方法研究交通系统的随机性和复杂特性，综合系统集成成为可能并得到规模应用；所涉及的通信数据量大大增加，但交通信息所反映的时空特性不够精准和突出，数据质量不高，系统全局优化能力有限。

3. 第三阶段，2006 年之后：协同管控和服务集成阶段

此间，随着交通管理与服务的更高层次需求的增加，基于协同管控和服务的交通系统建设引起了各国政府和企业界的重视。他们在进一步提升已有系统和功能的同时，全力推进交通系统的协同管控，使得形成面向服务的系统建设成为竞相努力的方向。例如，美国的车路信息基础设施（Vehicle Information Infrastructure，VII）、日本的智慧道路（Smartway）及智慧车辆（Smartcar）、欧盟的车辆-基础设施协作系统（Cooperative Vehicle-Infrastructure System，CVIS）等。

2018 年，美国发布了协作式智能交通运输体系参考架构（Architecture Reference for Cooperative and Intelligent Transportation，ARC-IT），这个框架（见图 1-1）是对美国 ITS 体系结构的重大升级。它把美国 ITS 原体系结构中的 8 个服务领域调整为 12 个服务领域，服务包由原来的 97 个升级到 139 个。同时为了支撑这些服务的实现，ARC-IT 又添加了两个主要特点：一是为了凸显基础设施的作用，把基础设施放在整个架构的中心，打破了原来人-车-路均衡的架构；二是强调了信息安全、高精定位、高精地图这些技术的共性支撑能力。

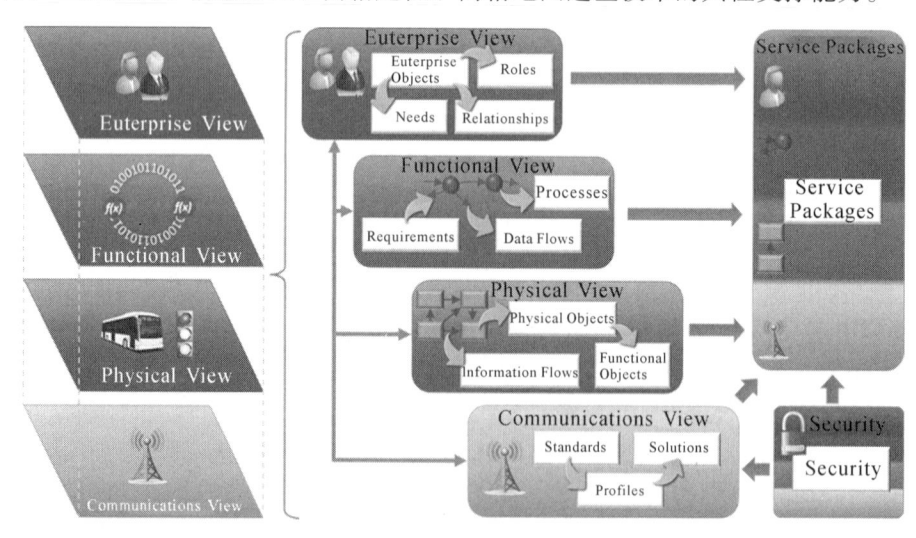

图 1-1 美国 ARC-IT 架构

如图 1-1 所示，ARC-IT 由以下四个视图组成：

（1）企业视图：从组织角度看 ITS，其组织者包括计划、开发、运营、维护、使用 ITS 的人和组织。由于 ARC-IT 以及更广泛的 ITS 由利益相关者组织，又由其成员和客户的需求驱动，所以企业视图定义了利益相关者的角色分配。

（2）功能视图：从功能角度看 ITS，它定义了如何根据用户需求搭建 ITS 的功能架构。

（3）物理视图：定义了提供 ITS 功能的物理对象，即系统和设备。

（4）通信视图：定义物理对象之间是如何通信的。通过建立统一的通信标准和配置文件，可保证物理对象之间可靠且安全地共享信息。

这一阶段的核心特征是建立包括交通参与者、运载工具和交通基础设施在内的人、车、路一体化的交通协同管控系统。它所建设的系统数据实时、管控协同化、服务集成化，具体表现为：借助无线通信、云计算和大数据平台，完成实时交通信息的提取、融合和交互，从而在未来交通运输系统发展的过程中，实现全景交通信息环境下智能交通运输管理和服务的集成与协同。

1.1.2 国内智能交通系统发展历程

我国智能交通系统的发展历程可概括为图 1-2。

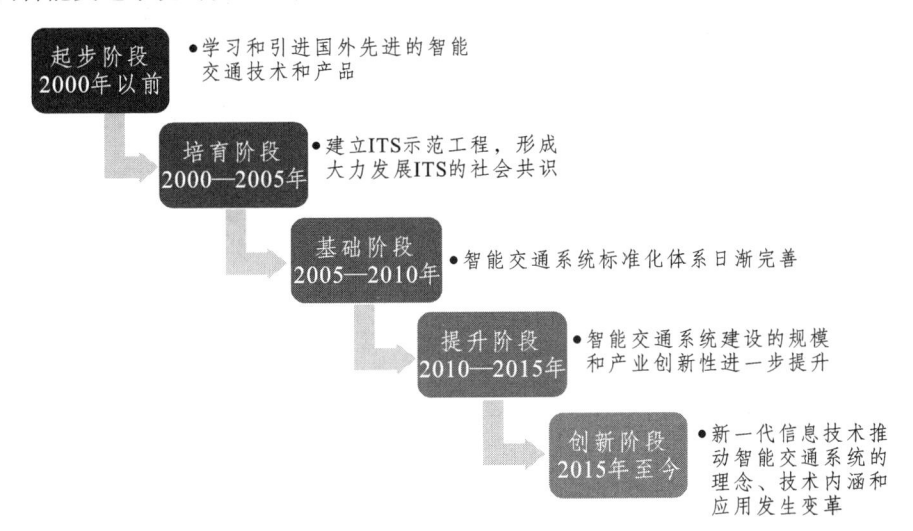

图 1-2 我国智能交通系统发展历程

2000 年以前，我国主要靠学习和引进国外先进的智能交通技术和产品发展 ITS，各方面均处于起步阶段。20 世纪 80 年代初，我国开始陆续引进国外先进的交通控制系统，如英国的 SCOOT，澳大利亚的 SCATS 等。进入 90 年代后，在大力引进国外先进监控系统、交通控制系统的同时加快自主研制开发，以传统交通系统为基础不断融合新一代先进的计算机、电子控制、信息通信等技术，从而适应迅速推进的城市化与机动化对城市交通系统的需求，并提高路网运行效率、优化城市交通环境、缓解交通拥堵。

2000—2005 年，即"十五"期间，无论是城市还是城际智能交通，都得到了强有力的发展支持。国家科技攻关计划"智能交通系统关键技术开发和示范工程"中确定了在北京、上海、广州等十个具有不同交通特点、交通基础设施建设水平和地方经济水平的城市进行智能交通示范工程建设。这些示范工程的实施推动了企业在技术攻关、产品研发、市场化等方面的发展，部分智能交通系统得到广泛应用。由此开始，中国智能交通发展进入技术开发与工程建设、应用试验阶段。

2005—2010 年，即"十一五"期间，中国智能交通协会成立，使得智能交通标准体系日渐完善。在此阶段，智能交通系统不仅在实践中获得了大量经验和成果，而且在信息采集处理、智能控制、辅助驾驶等技术层面上也取得了长足进步，从而推动了智能交通诸多领域的发展，智能交通系统开始由试点转向实质性建设。与此同时，我国抓住召开北京奥运会、上海世博会的机遇，锐意革新，使智能交通系统得到进一步发展，大大提高了交通路网的运行效率和安全性能。

"十二五"过后，随着城市化、机动化步伐的加快，交通拥堵问题日益严重，智慧城市、智慧交通等概念不断被提出，智能路网建设得到了越来越多的关注。如图1-3所示，在投资额持续稳定增长的基础上，交通运输基础设施的信息化水平逐步升级并更新换代，新一代信息技术正推动着智能交通系统的理念、技术内涵和应用发生变革。互联网交通、综合运输协同服务、大数据、人工智能的应用，以及车联网、自动驾驶技术的发展，车路协同系统的建设，标志着新一代智能交通系统正在形成。

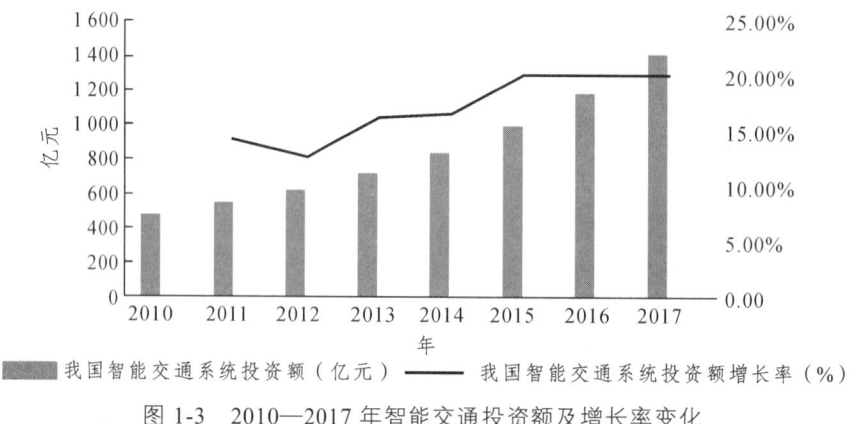

图 1-3　2010—2017 年智能交通投资额及增长率变化

1.2　智能路网的形成

智能交通系统发展的一个重要表现就是路网智能化。随着交通信息检测与控制系统日臻完善，5G 等新型通信技术正逐步融入交通系统，智能化路网正加速形成。

1.2.1　交通信息检测系统

交通信息检测系统的发展和完善是推动路网智能化的主要动力之一，是实现智能交通控制与管理的关键基础设施。通过不同的检测技术实时获取道路上的交通流量、交通密度、车流速度、时空占有率等交通参数，可以为监控中心分析、判断、发布信息和优化控制方案提供依据。常用的交通信息检测技术如图1-4所示，可以概括为移动式和固定式两大类。

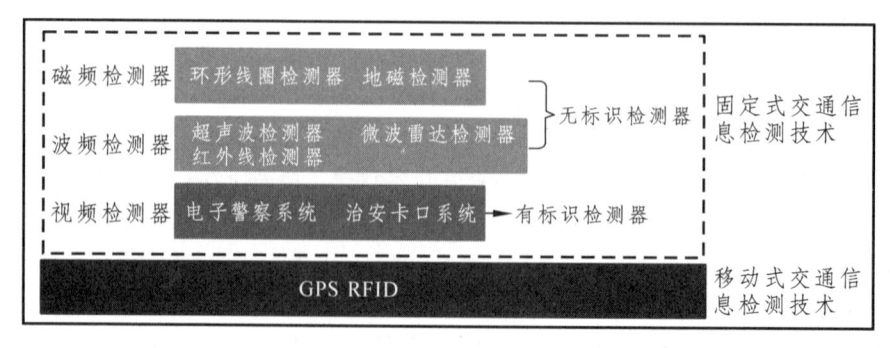

图 1-4　交通信息检测技术分类

1.2.1.1 固定式交通信息检测技术

固定式交通信息检测技术主要是指运用安装在固定地点的交通检测器对移动车辆状态进行检测,从而实现采集交通信息的方法的总称。按照获取交通数据形式的不同,可以将固定式检测器划分为无标识检测器和有标识检测器两类;按照检测原理不同,可以将固定式检测器划分为磁频检测器、波频检测器和视频检测器三种类别。

1. 磁频检测器

（1）环形线圈检测器。

环形线圈检测器是一种基于电磁感应原理的车辆检测器,由环形线圈、信号检测处理单元（包括耦合振荡电路、信号整形电路、检测信号放大电路、数据处理单元和通信接口等）和馈线三部分构成。通常,通有交流电流的环形线圈埋在待检区域路面下,当车辆通过环形线圈或者停在环形线圈上时,会引起线圈回路电感变化,此时,信号检测处理单元若能检测出该变化就可以检测到车辆的存在及特征。

（2）地磁检测器。

地磁检测器是利用金属的各向异性磁阻（Anisotropic Magneto-Resistive,AMR）对车辆的存在、运动及运动方向进行探测。车辆本身含有铁磁性物质,当车辆接近地磁车辆检测器的检测区域时,检测区域的磁力线挤压聚合;当车辆将要通过检测区域时,磁力线沿中心进一步聚合收缩;当车辆正在通过检测区域时,磁力线受到牵拉而沿中心发散。这样,利用AMR检测器捕捉到的车辆接近、将要通过及正在通过检测区域时磁力线的变化,并进行信号分析和处理,就可以实现对车辆的实时检测,也可以根据不同车辆对地磁产生的不同扰动来识别车辆类型。

2. 波频检测器

（1）超声波检测器。

大多数超声波检测器是通过发射脉冲波实现检测的,检测区域的大小由超声波发射器的波幅决定。它可以提供车辆的存在性、交通流量及道路占有率等信息。超声波检测器主要有脉冲型、谐振型和连续波型三种,它们在结构上都包括超声波探头、主机和通信三个部分。

（2）微波雷达检测器。

微波雷达检测器的基本原理是:首先,雷达设备的发射机通过天线把电磁波能量射向空间的某一方向,而处在此方向上的物体会反射遇到的电磁波;其次,雷达天线接收次反射波,再根据发射和接收的反射波提取有关该物体的信息。微波雷达检测器分为连续波雷达检测器和调频雷达检测器,其中,连续波雷达检测器运用微波多普勒效应检测车辆速度,但无法检测低速运行和静止的车辆;调频雷达检测器利用车辆反射波与背景反射波的差异检测车辆位置,进而检测流量、密度、排队长度等信息,但无法获得旅行时间与延误信息。

（3）红外线检测器。

红外线辐射是自然界存在的一种最为广泛的电磁波辐射,其本质与无线电波及可见光一样。任何物体在常规环境下都会产生自身分子和原子的无规则运动,并不停地辐射热红外能量,其中,分子和原子的运动越剧烈,辐射的能量越大;反之,辐射的能量越小。红外线检测器是将红外线辐射能量转换成电能的光敏器件,是利用红外线辐射与物质相互作用时所呈现的物理效应来进行检测的。它一般由光学系统、探测器、信号调理电路及指示单元组成。红外线检测器的种类很多，按探测机理不同可分为热探测器和光子探测器。

3. 视频检测器

视频检测技术，是将摄像机作为检测装置，通过检测车辆进入监测区时视频图像的某些特征的变化，从而得知车辆的存在，并以此来检测交通流参数，获取车辆的特征信息。它涉及计算机图像处理、模式识别、信号处理和信号融合等多个学科。视频检测技术的代表性应用有电子警察系统和治安卡口系统。

（1）电子警察系统。

电子警察系统诞生于1996年。随着智能交通系统的发展及信息通信技术应用的日益成熟，电子警察系统在不断地更新换代，而且更加多样化、集成化、智能化、精简化。从开始的数码相机、标清摄像机与地感线圈组合、高清相机与地感线圈组合，发展到视频分析一体机，电子警察的产业链不断精简，功能不断多元化，建设率、覆盖率日渐提高，如表1-1所示。电子警察在智能交通系统中的作用越来越大，已经成为交通管控部门进行交通管理的重要手段，也为城市交通的智能化管理提供有效可靠而又完备的数据支持。

表1-1 电子警察系统的发展

发展阶段	技术特征
概念阶段（2004年之前）	简单数码相机/标清摄像机+地感线圈
应用成熟阶段（2004—2008年）	嵌入式主控机出现； 工业级标清摄像机开始占据主流； 频闪灯、爆闪灯、LED照明发展； 号牌识别技术逐步成熟； 逐步向高清和视频检测发展
标清高清过渡阶段（2008—2010年）	130万像素高清摄像机； 标清摄像机+130万像素高清摄像机
高清发展阶段（2010年之后）	像素值持续跃升、视频分析算法不断优化； 大帧率高清CCD摄像机普及； 智能高清一体机充分发展； 标清摄像机以及地感线圈逐渐被淘汰
现状	智能高清一体化摄像机+视频检测算法走入主流； 实现视频测速、人脸识别、交通行为研判，视频检测发展完善并得到长足进步； 后端应用不断更新发展； 大数据和云计算技术实现对大量城市交通数据实时分析预警
未来	视频检测发展； 联合卫星定位的移动电子警察技术发展； 车辆特征识别进一步发展； 动态视域电子警察发展

（2）治安卡口系统。

不同于抓拍违规违法车辆的电子警察系统，治安卡口系统会抓拍所有过往车辆并通过自动识别技术采集车辆及其乘员的相关信息，而后进行分析处理并将其存储于服务器数据库中。同时，传统低效率、低准确率的标清卡口也发展为高清化、一体化、智能化卡口，摄像机像素从模拟标清发展到数字高清130万、200万、300万、500万、800万像素等；卡控系统从工控机发展到板卡再发展到嵌入式一体化，并在提高系统稳定性的同时简化施工安装过程；卡口功能多样化，集成了交通事故检测、实时报警、拥堵检测、数据统计等功能，成为智慧交通的重要组成部分。治安卡口系统不仅通过监测抓拍相关车辆信息来辅助处理交通事故，还能持续不断地监测采集道路的各类交通数据，包括流量分布、车辆构成等数据。同时，天网治安监控系统的高点监控点位还可以用于辅助提供全局交通态势信息。这类系统和技术在服务于社会治安管控的同时，对交通高效管理、道路安全运行具有重要作用。

1.2.1.2 移动式交通信息检测技术

移动式交通信息检测技术是指运用装有特定设备的移动车辆检测道路上的特定标志物来采集交通数据的方法的总称。迄今，该技术主要有基于定位技术和基于电子标签的动态交通数据采集技术。

1. 基于GPS定位的动态交通数据采集技术

基于GPS定位的动态交通数据采集技术是在车辆上配备GPS接收装置，以一定的采样间隔记录车辆的三维坐标和时间数据，这些数据通过与GIS的电子地图相结合，计算出车辆瞬时车速和通过特定路段的行程时间和行程速度指标。其不足之处在于，需要足够多装有GPS的车辆运行在城市路网中，检测准确度与GPS的定位准确度有很大的关系，且检测数据易受电磁干扰。

2. 基于电子标签的动态交通数据采集技术

电子标签是射频识别（Radio Frequency Identification，RFID）系统的基本组成之一。基本的RFID系统还包括读写器、通信设施、控制器、应用软件等组成部分。其中，读写器可将电子标签中的信息读出，或写入标签所需信息。读写器通过射频天线发送一定频率的射频信号，电子标签进入读写器天线的工作区时被激活，并将自身信息通过内置天线发送出去；读写器对接收的信号进行解调和解码，然后送到后台主系统，由主系统进行相关处理。基于电子标签的动态交通数据采集技术可以直接获取交通流量信息，间接得到车辆的行程时间、行程车速等。其不足之处在于，车辆必须安装电子标签，路网中车辆的贴签率是准确检测交通数据的关键指标。

1.2.1.3 交通信息检测技术总结

以上各交通信息检测技术的优缺点及采集的数据如表1-2所示。尽管不同的交通信息检测技术各有优缺点，但是只要应用在合适的场景，它便能发挥其最大优势。路网中日渐强大的检测能力带来的多维度完备精准的实时交通数据，可使高度随机复杂路网得到更加全面的监控。城市交通控制从依靠人工经验，被动粗略地控制交通运动，逐步发展为依靠完备动态的数据，通过智能化分析去主动、精准地拟合、预测和诱导交通运动，以实现对路网运行的确定性控制，这是智能交通信息检测技术对路网智能化发展建设的意义所在。

表 1-2 各交通信息检测技术的特点

技术	采集的数据	优点	缺点
环形线圈	流量，车速，车长	准确度、可靠性高，成本低	施工和维护时会破坏路面；容易受交通压力及温度的影响
地磁	车辆存在性，行驶方向，车型	准确度高、性能稳定、使用寿命长、安装简单、施工方便、不受气候影响、故障率低	检测的参数少
超声波	流量，车速，排队长度，行程时间	成本低、体积小、优化升级方便灵活、可靠性高，对雨、雾、雪的穿透能力强	仪器相应时间长、误差大、分辨率低、衰减快、有效测量距离小；性能受温度和气流等环境的影响较大
微波雷达	车辆存在性，车速，车长，占有率，车型，车头间距	抗干扰能力强，全天候工作；能检测多车道信息；微波具有衍射性，可以解决一部分大车遮挡问题	在大型车辆较多、车型分布不均匀，交通流量小、速度差距大的情况下，准确率降低；安装要求高
红外线	流量，占有率，车速，车长，排队长度，车型	精确度高；能够通过多区域测量车速；能应用在多车道路段	易受烟雾、雨雪等天气因素影响
视频	流量，车速，占有率，车牌号，驾驶员行为	能够监视多区域多车道；易于修改和增加检测区域；能提供大量数据；检测范围较大	受天气的影响较大；对安装高度有一定要求；系统建设费用较高
GPS	时间，位置坐标，瞬时速度，行驶方向，流量	成本低且效率高、实时性强、覆盖范围大；可以全天候采集数据；能实现多参数测量	需要有足够多装有 GPS 的车辆运行在城市路网中；准确度与 GPS 的定位精度有很大关系；易受电磁干扰
RFID	车速，流量，相对位置，车辆信息（车牌号，车型，违章记录，ETC 卡余额等）	抗干扰能力强，稳定性和可靠性高；识别速度快，标签数据存储容量大；操作快捷方便，标签使用寿命长；可以进行动态通信，安全性好	技术成熟度不够；成本较高；技术标准不统一；含有金属和水分的物件及环境，会对 RFID 产生影响

1.2.2 智能交通控制系统

智能交通控制是发展智能路网的重点。随着交叉学科的最新理论技术成果不断应用到交通控制中，交通控制系统呈现出多模式、最优化、规整化、标准化、模块化和智能化的态势。目前，比较成熟的智能交通控制系统有 ACTRA、ITACA、NUTCS、Intelliffic 等系统。

1. ACTRA 系统

ACTRA（Advanced Control & Traffic Responsive Algorithm）是由德国西门子公司开发的

交通信号控制系统。它是世界上技术比较领先的交通信号控制系统之一，主要由三大模块组成：中心控制模块、通信模块及路口信号控制模块。ACTRA 系统使用 TOD 命令和本地信号机控制功能来实现感应式线协调控制。感应式线协调控制是在基本线协调控制的基础上，在保持周期恒定的同时，通过检测器实时感应来自各个方向的交通请求，合理分配协调相位以及非协调相位时间长度。ACTRA 系统主要有以下几个特点：

（1）技术先进，性能可靠，应用较为广泛。

ACTRA 系统是西门子美国公司较成熟的交通控制系统。它是该公司的第三代系统，应用了许多新的技术和方法，为一些奥运城市提供了交通控制服务。例如，汉城（1998）、亚特兰大（1996）、盐湖城（2002）都使用了这种交通控制系统。

（2）标准的规范性，软件的开放性。

ACTRA 系统符合美国 ITS 框架的 NTCIP 协议及其他标准，其设备的通信协议采用了当前主流协议，如 TCP/IP 等，这些都是系统开放性和扩展性的基础。测试表明，ACTRA 系统可以实现对基于 NTCIP 协议的第三方信号控制器的正常监控和管理。

（3）用户界面友好。

ACTRA 系统采用 GIS 和第三方图像生成技术，可显示城市计算机地图图形、运行时的配时方案以及不同任务同时管理的 Windows 界面；同一界面多路口实时显示，区域路口交通堵塞颜色显示，干线路口动态灯颜色通过显示；可提供路口作图工具，具有一定地图制作功能。

（4）自适应反应迅速，更加实用。

ACTRA 系统通过从分配的系统检测器上获得的数据对子区周期、绿信比和相位差分别进行自适应调整和控制，同时由于现场信号机智能化程度较高，许多协调运算都可在信号机范围内完成，这种既可通过中心又可通过路口控制器控制的"客户-服务器"系统会更加适合实时多变的中国交通情况。

2. ITACA 系统

作为一家长期从事交通控制研发的知名公司，Telvent Traficoy Transporte 和西班牙 Oviedo 大学合作，并在总结前人经验的基础上，开发研制了一套自适应交通信号控制系统——ITACA（Intelligent Traffic Adaptive Control of Areas）系统。该系统是一套基于线圈实时数据，在计算机中仿真优化，并实时下达交通控制指令，以便取得最佳交通控制效果的先进系统。ITACA 系统在世界其他国家的多个城市成功运行，表现优异，在国内的北京、武汉等城市也有小规模应用，并计划在国内其他城市大规模使用。

相较于传统的系统，ITACA 系统主要在以下几方面进行了改进：

（1）每 5 s 就对交通数据进行一次收集和处理，以保证数据的实时性；

（2）对每个路口都生成相应的参数以区别对待；

（3）每过几个周期就根据系统的计算结果对每个子区域的周期长度进行一次调整，即周期调整；

（4）每个周期都根据系统的计算结果对每个路口的不同灯组的绿灯时间进行分配调整，即绿信比调整；

（5）每个周期都根据系统的计算结果对每个路口的周期开始时间进行调整，即相位差调整；

（6）可以根据交通专家的经验对系统进行优化。

3. NUTCS 系统

NUTCS（Nanjing Urban Traffic Control System，南京城市交通控制系统）是我国自行研制开发的第一个实时自适应城市交通信号控制系统，它是经原国家发展计划委员会和国家科学技术委员会批准，由交通部、公安部和南京市人民政府共同完成的，多次获得国家和公安部的技术大奖[4]。

NUTCS 系统结合了 SCOOT（Split Cycle Offset Optimicing Technique）与 SCATS（Sydney Coordinated Adaptile Traffic System）的优点，能满足和适应国内路网密度低而且路口间距悬殊的道路条件以及混合交通突出的交通特点。NUTCS 系统通常采用路口级和区域级两级控制结构，在需要的情况下可以扩充为路口级、区域级和中心级三级分布式递阶控制结构。该系统设置了实时自适应、固定配时和无电缆联动控制三种模式，具有警卫、消防、救护、公交信号以及人工指定等功能，工作方式灵活，功能完备。

4. Intelliffic 系统

Intelliffic 系统是由我国浙江浙大中控信息技术有限公司于 2001 年开发的交通信号控制系统。该系统具有完全自主知识产权，总体技术性能达到国际先进水平，是国内领先的交通信号控制系统之一，在国内的杭州、芜湖、绍兴等多个城市有广泛应用[5]。

Intelliffic 交通信号控制系统是一套基于先进自动化技术和信息技术，并针对中国城市交通管理体制和混合交通特点提出的系统解决方案。整个系统包括 ACS 系列信号控制机、LD 系列环形线圈检测卡、VTD 系列视频车辆检测器、TCMS 中心控制软件和 A3TOC 区域优化软件。

该系统采用三层分布式结构：中心管理层、区域协调层和交叉口控制层。其中，交叉口级信号机通过串行通信或以太网通信方式连接到通信服务器；通信服务器、区域控制服务器、中心控制服务器和工作站之间采用 TCP/IP 协议进行网络连接；信号机实时从交叉口采集交通流量、时间占有率、速度等信息，并通过通信服务器传送给中心控制服务器，存入实时和历史数据库，为显示交叉口的实时交通运行状态以及统计分析历史交通信息提供数据；控制中心根据当前的交通状态进行合理决策，对所控制的交叉口信号配时参数进行实时优化，并将优化结果通过通信链路下达给信号机执行，实现对城市交通信号的最佳控制。

1.2.3 新型信息通信技术

依托各种先进的基础通信技术，车联网、自动驾驶等智能交通核心技术涌现出来，使得城市交通路网趋于智能化。这种智能化系统也可以视为一种新型信息通信系统，如图 1-5 所示。

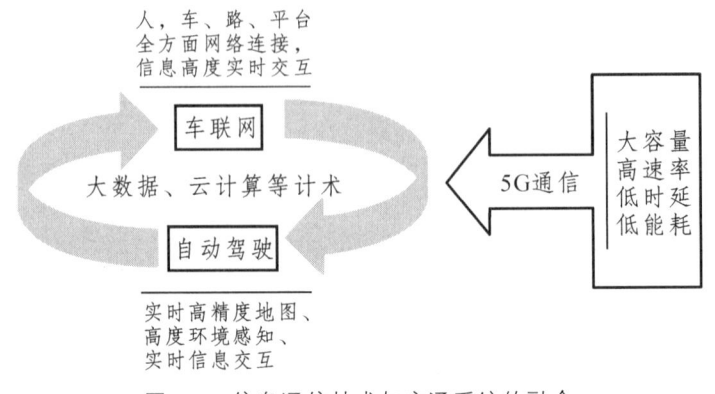

图 1-5 信息通信技术与交通系统的融合

1. 5G 通信

第五代移动通信技术（5th Generation Mobile Communication Technology，简称 5G）是具有高速率、低时延和大连接等特点的新一代宽带移动通信技术，是实现人、机、物互联的网络基础设施。相较于 4G 通信技术，5G 通信技术的各方面性能均得到了质的飞跃（见表 1-3）。

表 1-3 4G 与 5G 的性能对比

性能指标	4G	5G
峰值速率	100 Mbps	10 Gbps
连接设备数量	1 K/km^2	1 M/km^2
端到端时延	10~50 ms	1~5 ms
移动数据流量	10 Gb/s/km^2	10 Tb/s/km^2
移动性	350 km/h	500 km/h

交通信息检测系统的快速发展在不断提升交通数据类型、数量、精度等的同时，也在不断加大数据传输的难度。而 5G 通信技术的大宽带能够完美地解决这个问题，它不仅支持 4K 高清视频的实时传输，而且支持多种检测设备和多种数据的同时在线传输，以满足日渐精细化、全面化的数据传输需求。5G 通信技术的这些特性完美契合了智能路网对大宽带、低时延、高可靠性的要求。

2. 车联网

车联网即汽车移动物联网，是指利用先进传感技术、网络技术、计算机技术、控制技术和智能技术，对道路和交通进行全面感知，实现多个系统间大范围、大容量数据的交互，对每一辆汽车进行全程交通控制，对每一条道路进行全时空交通控制，以提高交通效率、保障交通安全为主的网络与应用。

车联网是路网智能化的重要体现之一。借助新一代信息通信技术，车联网构筑起运行车辆相关信息的巨大交互网络，达成车与人、车与车、车与路、车与平台之间的全方位网络连接，实现网络成员间信息的高度实时交互，呈现出智慧交通服务新业态，为用户提供智能、舒适、安全、节能、高效的综合服务。我国现阶段的车联网技术发展正处在由区域测试示范向规模应用转变的关键时期，目前已经完成基于典型场景的车联网技术示范应用，并在无锡、上海、成都等城市取得了良好成效，收获了宝贵的建设经验。

3. 大数据

大数据是指随着数据获取技术的进步，以及 Web2.0、无线传感器网络和物联网等大范围应用而出现的一种数据现象。大数据中的数据不仅是关系数据，还有许多非结构化、半结构化的数据。大数据具有数据量大、类型繁多、价值密度低、速度时效快等特点。

数据是智能路网形成的基础，交通数据采集手段和处理方法的深度革新将引领智能交通系统的变革。交通大数据为"感知现在、预测未来、面向服务"提供了最基本的数据支撑[6]，是解决城市交通问题的最基本条件，是制订宏观城市交通发展战略和建设规划，进行微观道路交通管理与控制的重要保障[7]。在大数据背景下，对交通大数据进行深度分析，明确交通大数据的基本概念，了解交通大数据带来的问题，理解大数据驱动的数学建模方法，探讨在智能路网建设中的应用具有非常重要的意义。

4. 云计算

云计算是分布式处理、并行处理和网格计算发展的结果，它通过网络将庞大的计算处理程序自动分拆成无数个较小的子程序，再交给由多台服务器组成的庞大系统，经计算分析之后把处理结果回传给用户。通过云计算技术，网络服务提供者可以在数秒之内处理数以千万计甚至亿计的信息，达到和"超级计算机"同样强大的网络服务功能。

云计算技术可通过提供计算、存储、网络及安全资源的虚拟资源池，实现复杂、异构物理资源的集中分配，通过搭建云管平台实现云服务的统一发放、管理。基于云计算技术搭建的云计算平台可作为智能交通系统建设与运行的底层支撑载体，服务于智能交通上层业务平台的快速部署、便捷应用[8]。在传统的智能交通里，因为信息不全面，计算能力有限，往往是监而不控，或者是对局部路网进行人工辅助控制；而通过云计算平台，可以对数据信息进行深度整合，为交通管理决策、城市规划及城镇治安管理等工作提供有效的技术支持[9]。

1.3 智能路网能观性

作为控制系统的重要研究基础之一，系统的能观性一直是研究的热点[10]。随着智能交通的不断发展建设，城市路网的能观性得到了极大改善。如图 1-6 所示，路网的智能化使得传统路网交通运动的能观性在三个层面得到体现：一是底层感知，即通过科学设计传感网络实现对各种交通数据的海量采集；二是中层数据处理，即通过交通参数估计和短时精准预测扩大数据容量、发掘隐藏信息，并利用数字孪生技术精准刻画交通运行状况；三是顶层可视化应用，它不仅方便交通管理者对路网进行管控，也帮助广大交通参与者及时了解各种交通信息。

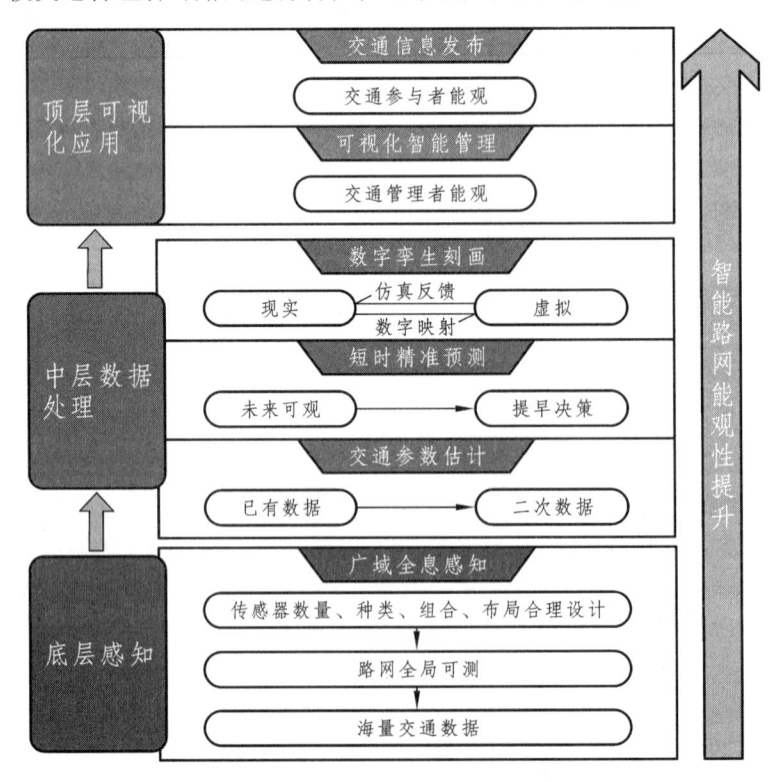

图 1-6 智能路网能观性的体现

这种能观性提升同时也反映在信息获取的广度、精度和完备性几个维度上。例如，信息覆盖面从分散的交叉口，到干道、局部区域，直至路网层级；相应地，信息内容从离散的交通基础信息，如速度、排队、延误、车型等单一参数估计，到连续、有标识的信息获取，如出行 OD、出行轨迹、交通需求结构、时空分布，直至连续完整的行程信息；对于无法直接检测得到的数据以及一些综合性指标信息，可通过参数估计研究、算法更新换代、信息精确性和完备性的不断提升，使路网交通运行状态更全面、更清晰地得以呈现。

1.3.1　广域全息感知

交通信息检测系统是城市道路交通发展的基础，它通过实时采集大量交通信息，为交通管理者研判路网运行状态并制订有效的交通管控策略提供了全面、丰富、准确的数量依据，即广域全息感知信息。而广域全息感知主要是通过视频、雷达、高精度定位系统等先进传感技术实现对城市道路交通大范围全覆盖、全天候、全要素的结构性能和动态特性感知。因此，从底层原理而言，智能路网的能观性就是通过传感网的合理布局实现广域全息感知，具体表现为需要多少、在哪里以及什么类型的传感器才能完全观测给定系统。

Agarwal[11]等提出了一种关于交通能观性问题的动态网络建模方法，他将稳态流网络动力学线性化，通过计算能观性矩阵对其进行秩条件检验。Rubin[12]等讨论了传感器的不同位置对网络部分能观和全局能观的影响。Guo[13]等建立了一种新的多源传感器能观性分析算法，即通过计算系统的能观性判别矩阵，为交通传感器网络的优化配置提供理论依据，具体过程如下：

首先，将路网系统用下式动态描述：

$$\boldsymbol{x}(t+1) = \boldsymbol{A}(t)\boldsymbol{x}(t) + \boldsymbol{B}(t)\boldsymbol{u}(t) + \boldsymbol{F}(t) \tag{1-1}$$

式中，$\boldsymbol{x}(t)=(\rho_1,\rho_2,\cdots,\rho_n)\in \mathbf{R}^n$ 是交通密度向量，表示路网系统状态；$\boldsymbol{u}(t)\in \mathbf{R}^m$ 是输入向量；$\boldsymbol{A}$ 是系统矩阵；$\boldsymbol{B}$ 是维度相似的输入矩阵；$\boldsymbol{F}$ 是由道路基本单元参数组成的向量。

Contreras[14]等推导了 $\boldsymbol{A}$ 的具体表达：

$$\boldsymbol{A} = \begin{pmatrix} -a\Delta t+1 & 0 & \cdots & 0 \\ a\Delta t & -a\Delta t+1 & \cdots & 0 \\ \vdots & \vdots & & \vdots \\ 0 & 0 & 0 & a\Delta t \end{pmatrix} \tag{1-2}$$

$$a = \frac{1}{l}v_{\text{f}}\left(1-\frac{2\rho_{\text{eq}}}{\rho_{\max}}\right) \tag{1-3}$$

式中，Δt 是交通传感器的单位采集时间；l 是路段长度；v_{f} 是自由流速度；ρ_{eq} 是稳态流密度；$\rho_{\max}$ 是拥堵密度。

系统输出则用下述方程表示：

$$\boldsymbol{y}(t) = \boldsymbol{C}\boldsymbol{x}(t) \tag{1-4}$$

式中，$\boldsymbol{y}(t)=(y_1,y_2,\cdots,y_p)$ 是交通传感器检测的输出向量；$\boldsymbol{C}$ 是输出矩阵，与交通传感器的位置、类型和数量相关。

一旦对交通网络进行了建模，系统矩阵 A 就确定为相应的模式，而且不能改变；但通过重新设计交通传感器的位置、数量和类型，可以改变输出矩阵 C 的值，从而将系统的可观察性决定于输出矩阵 C。此外，一种传感器能够测得的交通量是有限的，往往需要多种传感器相互组合才能实现整个路网系统的全局可观。所以，在所有传感器采集的交通数据都转换成同一类型的前提下，如交通流密度，输出矩阵 C 就可以按照下述方法设计：

$$C_{jm} = \begin{cases} 1, & \text{第 } j \text{ 种传感器安装在第 } m \text{ 个路段单元} \\ 0, & \text{其他} \end{cases} \quad (1\text{-}5)$$

例如，图 1-7 表示多种传感器布设在道路上，其输出矩阵表示为式（1-6）。

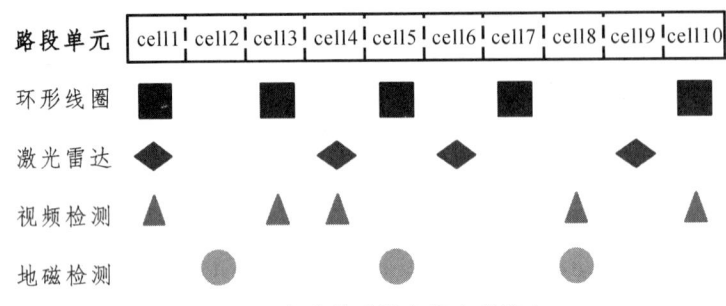

图 1-7　多种传感器布设在道路上

$$C = \begin{pmatrix} 1 & 0 & 1 & 0 & 1 & 0 & 1 & 0 & 0 & 1 \\ 1 & 0 & 0 & 1 & 0 & 1 & 0 & 0 & 1 & 0 \\ 1 & 0 & 1 & 1 & 0 & 0 & 0 & 1 & 0 & 1 \\ 0 & 1 & 0 & 0 & 1 & 0 & 0 & 1 & 0 & 0 \end{pmatrix} \quad (1\text{-}6)$$

根据矩阵 A 和 C，系统的能观性判别定理表示为式（1-7）：

$$Q_O = \begin{pmatrix} C \\ CA \\ CA^2 \\ \vdots \\ CA^{n-1} \end{pmatrix} \quad (1\text{-}7)$$

式中，Q_O 是能观性判别矩阵；n 是系统矩阵 A 的维度。当 $\text{rank}(Q_O) = n$ 时，该路网系统完全能观。

根据这一定理，在保证全系统能观的前提下，可以用有限的传感器数量使信息增益最大化或估计偏差最小化[15]。对于路网中存在多种传感器类型的情况，有以下结论：

（1）当某一组合模式不能满足可观测性要求时，在不增加传感器类型和组合的基础上，通过改变组合方式可以实现系统能观。

（2）对于路网中存在多种传感器类型的情况，当基于传感器数量固定的一种组合模式下系统不可观时，可以通过添加传感器类型和组合实现系统能观。

（3）在保证系统能观的前提下，通过优化多源交通传感器组合，可以减少传感器数量。

随着交通信息检测系统的不断建设发展，交通传感器的种类越来越齐全，检测的数据精度越来越高,由能观性判别定理设计的道路传感网已经可以基本实现全路网能观。然而,传统道路交通系统采集到的数据通常是离散和静态的,具有相当的局限性,相比之下,智能路网不仅依赖于多样化的交通数据[16],而且要求数据具有时效性、稳定性和全局性,具有广域全息感知的特点。因此,它要求能面向动态目标进行车辆识别与跟踪、速度检测等;面向静态目标实现高频率性能扫描与监测、尺寸抓捕与状态判别等;面向环境信息采集天气、工况、积水等外部信息,并将这些数据进行关联,实现对道路环境的泛在感知[17]。这也是路网在智能交通系统条件下,其能观性优于传统道路交通系统的主要表现。

1.3.2 交通参数估计

在系统科学中,当系统的所有状态都可以根据传感器的测量值来估计时,该系统称为可观测系统[18]。对于一些不能直接观测的信息,可以通过参数估计的方法间接获取,从而使路网特性和交通运行状态更加全面清晰地呈现出来。下面以自由流速度、通行能力、临界间隙等估计为例进行简要介绍。

1. 自由流速度估计

自由流速度是指公路上不受其他车辆干扰,驾驶员根据自己主观意愿自由选择的行驶速度。自由流速度作为确定不同等级公路车辆运行质量的重要指标,不仅是"速度-流量"模型的一个重要指标,而且也是该模型中描述驾驶员行为特征的一个重要参数。

常用的自由流速度估计方法有:用低流量时的车辆速度估计;根据"流-密-速"曲线推导;仿真模拟。这些方法的缺点是不够准确。李洪翠[19]等建立了一种快速路自由流速度估算模型,该模型能够在缺乏交通流数据的条件下估算自由流速度,为快速路的系统服务水平评价和通行能力分析提供了依据。Hoogendoorn[20]将复合车头时距分布模型的自由流速度分布估计与改进的 Kaplan-Meier 方法相结合,提出了一种基于截尾观测法的自由流速度分布估计方法,建立了自由流速度和不同车型之间的关系。又因为驾驶员在自由流状态下的车头时距是非常主观的,每个驾驶员的车头时距各不相同,所以,Silvano[21]等提出了一种基于离散选择效用理论的参数概率方法来估计城市道路上的自由流速度分布,同时估计驾驶员通过感知自身状态受前方车辆约束的概率。

2. 通行能力估计

道路通行能力也称为道路容量,指在正常的道路、交通、管制以及运行质量要求下,单位时间内道路设施在某点或某断面处通过的最大车辆数。道路通行能力是道路的一种性能,是度量道路疏导车辆能力的指标。它既反映了道路疏通交通的最大能力,也反映了在一定的特性前提下,道路所能承担车辆运行的极限值。通过对道路通行能力进行估计,可以确定新建道路的等级、性质、规模等主要技术指标;另外,还能与现有交通量进行对比,找出现有道路系统或某一路段存在的问题,并针对问题提出改进方案或措施,以此作为道路改建的主要依据。

城市道路车辆数量的不断增加,对交通强度变化大、交通事故多发的交叉口的通行能力提出了更高的要求。为此,Afanasyev[22]综合考虑交通强度和多种因素的影响,对城市道路特别是交叉口的通行能力进行了评估。Wu[23]基于交叉口的排队模型,通过测量停止线检测器的循环溢出概率来估计通行能力。Mirzahossein[24]等充分考虑环境因素,根据空气和噪声污染物的可接受水平计算道路上允许行驶的最大车辆数。

未来,随着自动驾驶车辆(智能网联车)的不断发展和投入使用,道路通行能力的估计方式将发生显著改变。对此,Sala[25]提出了一种基于概率论的分析方法来估计混合交通条件下的平均排队长度,并用该方法对混合组队车道的潜在通行能力进行了估计。Chauhan[26]等研究了不同道路通行能力的估算方法在弱车道约束的混合交通条件下的适用性,探讨了印度城市道路混合交通情景下随机通行能力估计方法的可行性和优势。以上研究表明,混合交通条件下,通过智能网联车组队行驶可以提高道路的通行能力,这反映了智能网联车相比于传统汽车的突出优势。

3. 临界间隙估计

临界间隙是车辆或行人能够做出穿插交通流或进入交叉口的行动时路上车流的最小间隙。临界间隙的计算方法有很多种,如回归方法、极大似然法、Ashworth 法、Raff 法等。

对于车辆,贾洪飞[27]等通过分析车辆利用间隙驶入交叉口的过程,提出了一种考虑驾驶员行为、车辆行驶特征与交叉口几何形状的临界间隙估计方法;Mohan 和 Chandra[28]利用时间占有法估计各交叉口不同类型右转车辆的临界间隙;郭海兵[29]等基于间隙接受理论建立了车辆换道的行为交互和决策模型。

对于行人,Pawar 和 Patil[30]研究了在不受控制的十字路口,车辆不向行人让行,行人需自行选择安全间距时,行人对时间和空间间隙的接受情况;Alver[31]等基于 CNN 模型,先对行人实现有效检测,然后研究行人过街的临界间隙和通行速度;梁春岩[32]等利用 SPSS 分析了不同性别的行人的过街速度特性,并采用 Raff 法计算了不同速度的行人的过街临界间隙,发现,行人的过街速度越大,可接受的临界间隙越小。

1.3.3 短时精准预测

对城市路网进行交通控制的一个难点在于路网交通流的强随机性,这一特性导致路网的交通走向和过程状态难以准确预知,致使出行者的行为受到不可预知的复杂因素的影响。交通管理部门尽管可以凭借强大的信息检测系统全面掌控路网中每时每刻的运行状态,但若无法预知交通流的未来走向及过程状态,就会使交通管控措施具有滞后性,即在拥堵发生之后才下发交通管控措施,效果大打折扣。因此,智能路网能观性的内涵不仅在于对过去及当前的能观,在一定程度上更是对未来的能观。

为减少交通拥堵现象的出现,作为智能交通的重要研究内容之一——交通预测得到了深入发展与应用,尤其对短时交通流的预测,是实现科学管控的必要前提。而短时交通流预测的发展历程正可以看作对路网随机性的捕获史,从基于统计方法模型逐步发展到智能模型以及各种组合模型,其间所体现出的便是研究者们对于交通随机性日渐深入的解释、模拟与分析。若能实现对路网随机性的完全捕获,准确预测交通流的未来走向,便能进一步提高路网的能观性,使路网运行状态更加全面清晰地呈现出来。

如图 1-8 所示,短时交通流预测模型主要包括基于传统统计方法的模型、智能模型和组合模型三大类。其中,基于统计方法的模型以时间序列模型(ARMA、ARIMA 等)和卡尔曼滤波模型为代表,在交通预测领域的应用最为广泛。ARIMA 模型于 1979 年第一次被提出并产生了多种变体;Levin[33]等发现,ARIMA(0,1,1)模型用于交通量预测时统计的显著性最佳;

Miller[34]等首次提出季节性 ARIMA 模型以对交通周期性进行考虑；Iwao[35]等首次将卡尔曼滤波模型应用到短时交通流预测中，取得了不错的预测结果。总体来说，基于统计方法的模型大多比较简单，计算较快，可解释性强，但精度往往一般，无法处理突发交通状况。

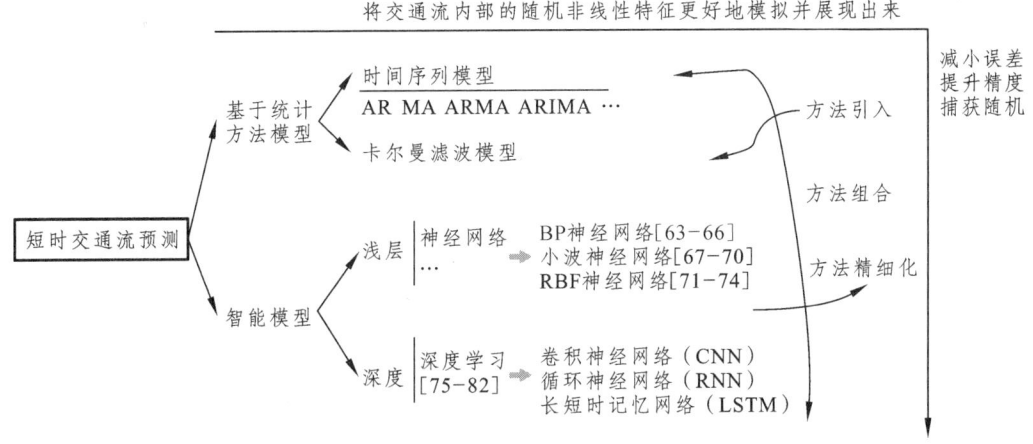

图 1-8　短时交通流预测方法构成

随着机器学习的快速崛起，以支持向量机、神经网络、深度学习等为代表的智能模型得到了快速发展。神经网络模型中以 BP 神经网络[36]、小波神经网络[37]、RBF 神经网络[38]为代表来模拟人体神经元，用大量既有数据进行训练，得到网络结构模型，然后将新采集的数据输入到模型中，即可进行短时交通流预测，具有识别复杂非线性系统的特点。但神经网络也有明显的缺陷，它不仅训练过程复杂，需要大量训练数据，而且无法直观获得输入输出关系。相较于深层网络预测模型，神经网络模型由于使用的大部分是单隐含层网络，无法学习到交通流数据更深层的变化特征，因而其精度较低。

近些年来，从神经网络发展而来的深度学习[39]为交通预测领域带来了全新的进步，有效解决了传统交通预测方法难以准确描述交通流数据更深层特征的问题，能够更好地学习交通流内部复杂的多因素耦合关系，进而实现更精准的交通预测。深度学习典型结构主要包括卷积神经网络（CNN）、循环神经网络（RNN）以及由 RNN 变体得来的长短时记忆网络（LSTM）等。Hinton[40]等提出的深度信念网络（DBN）快速学习算法，改变了深层网络无法被有效训练的局面，为深层学习发展奠定了基础；赵庶旭[41]等结合 DBN 网络与 Softmax 回归模型建立了 CRBM-DBN 交通流预测模型，并证实其具有良好的预测效果。

相较于传统预测方法，深度学习方法能够更有效地学习交通流变化的内在特征，能够更准确地捕获交通流的随机特性。深度学习的发展除自身模型算法发展以外，还包括将深度学习模型与其他模型结合以及将更多因素（如天气条件）纳入考虑等，从而将交通流的内在非线性特征更好地模拟并展现出来，这更加贴合并深化对交通流运行本质的理解，从而实现对未来短时交通流变化的更精准更可靠的预测，进一步提升路网的能观性。

1.3.4　数字孪生刻画

数字孪生（Digital Twins）概念最早由美国国家航空航天局提出，其本质是将现实空间中的人、物、关系、过程等对象全时空一致地复现为虚拟空间。应用到智能交通领域，数字孪生通过对真实交通运行场景的数据采集、关联、识别、分析、预测和反馈控制,可将交通运行场景中的"人—车—路—环境"要素从物理世界迁移到数字世界,连通了真实交通运行场景与数字孪生场景。即将真实交通运行场景中的变化实时映射到数字孪生场景中;将数字孪生场景中的分析与预测结果及时反馈到真实交通场景中。这种通过"虚实融合、以虚控实"的迭代交互,有助于提高交通基础设施的精准感知、精确分析、精细管理和精心服务等能力以及对复杂交通问题的分析与解决能力,从而推动行业瓶颈技术研发的突破,为分析和解决我国实际的交通问题提供了新的思路[42]。

数字孪生最大的特点在于它是对实体对象的动态仿真。与传统仿真模拟技术相比,数字孪生更强调与现实系统的对等一致,强调对真实物理系统的感知、呈现、跟随和控制等[43]。由于虚拟仿真的便利性,路网的能观性得到了进一步加强,具体体现在以下两个方面:

(1)同步可视,全景再现。基于完善的交通信息检测系统,可在数字空间构建现实交通系统的映射模型,同步进行实时分析与跟踪,并完成数据的驱动决策。

(2)广袤视野,全局规划。城市区域路面复杂,因此,如何把握交通变化,准确量化城市交通动态画像,成为现代交通问题解决的难点。数字孪生可通过全要素数据汇聚,精准刻画路网系统,实现对城市交通的广域观察以及运输网络的全局规划[44]。

如图1-9所示,在智能路网中,数字孪生包含四部分:

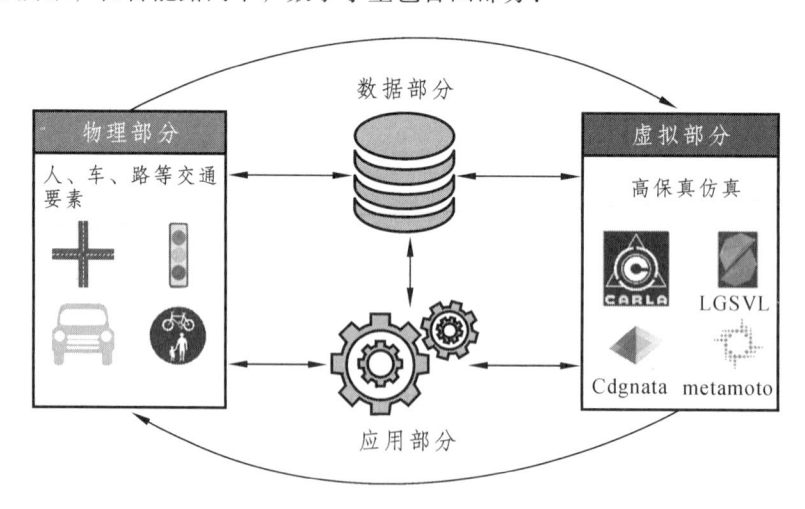

图1-9 智能路网中的数字孪生结构

(1)物理部分。

包含人、车、路等交通基本要素;信号灯、标线、标志等各种交通基础设施;道路几何线形、车道类型、车道连通性等道路特征;路域设施性能、交通安全设施完整性等描述性信息。

(2)数据部分。

依靠强大的交通传感网络采集物理世界的各类真实数据,形成高精度数字底板,并利用交通参数估计、短时交通预测等技术扩展和深化数据内容,进行数据融合与数据挖掘。

(3)虚拟部分。

利用自动化建模工具对上传的数据做加工处理,进行数据建模,从而将数据进一步分为视觉三维建模和语义建模两部分[45]。其中,视觉三维建模即物理世界的三维模型复制;语义建模是对采集的数据进行"结构化",识别出里面的人、车、路等对象及其状态和特征。

（4）应用部分。

基于虚拟仿真系统，数字孪生可以在智能交通领域发挥重要作用。其中，最重要的服务之一就是交通信号优化。数字孪生虚拟部分通过模拟车辆在不同交通信号方案下的运动，可减少车辆的整体行驶时间，找出最佳信号方案，并相应地改变信号配时方案[46]。Liu[47]等提出了一种利用相机信息和云数字孪生信息的传感器融合技术，旨在预测其他车辆的换道行为；Hu[48]等在利用数字孪生辅助实时交通数据预测的同时，预测缺失的交通流和交通速度数据，以弥补数据的稀疏性，并采用位置敏感哈希算法（Locality-Sensitive Hashing，LSH）实现 5G 环境下交通流和交通速度缺失数据的预测目标。数字孪生技术也为自动驾驶汽车的研究和测试提供了简化能力，是自动驾驶变为现实的催化剂，这是因为数字孪生在理论上代表无限的可重用性，它不仅可以减少复杂的物理测试费用，还能测试在极端情况下车辆的各项性能指标[49-50]。

1.3.5　交通信息发布

路网能观性提升的受益者，不仅是交通管理者，更是千千万万普通的交通参与者。通过交通信息发布系统，广大交通参与者可以实时了解当前的交通运行状况、管控措施以及意外事件，并从被动受控转为主动适应，从而大大降低交通管控的难度及交通事故率。

如图 1-10 所示，交通信息发布系统主要通过车载终端、电子站牌、交通诱导屏、可变标志、交通广播、web 网站、智能手机等介质，将大数据分析结果和指挥中心下发的管控方案传达给广大交通参与者，具体内容包括路线引导、气象信息、拥堵态势、道路施工、可视距离、车道限制、速度限制、绿波速度、行车管理、公交班次等。

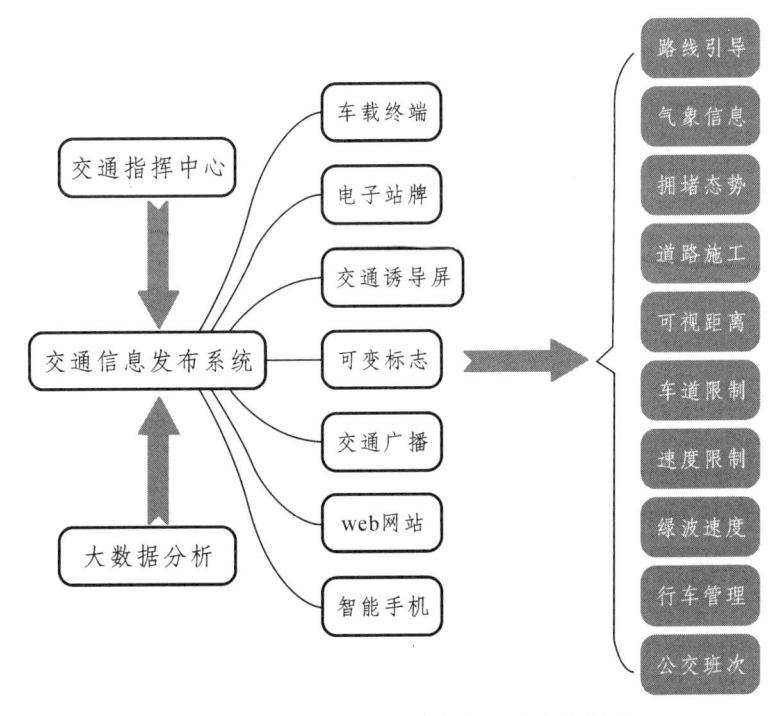

图 1-10　智能路网交通信息发布系统的组成

在智能交通发展之前，交通信息的发布不仅内容简单、可读性差，而且发布渠道有限、发布形式单一，交通参与者很难有效获取各种交通信息。对于道路上的驾驶员而言，他们也只能凭借经验和临时决策来应对随机多变的交通状况。然而随着智能交通的发展，世界各国越来越重视交通信息与用户的交互。交通信息发布系统无论是发布渠道、呈现形式的多样性，还是发布信息的时效性和全面性，都有了长足的进步，甚至在一定场合还兼具社会宣传功能[51]。

美国、日本及欧洲发达国家在交通信息发布方面的研究起步较早，它们的交通信息发布系统不仅规模较大，而且实用价值高。我国在这方面的研究虽然起步晚，但是已有部分城市走在前列。例如，北京、杭州、上海、广州等城市的交通信息发布系统可以向用户提供实时、准确、可靠的城市路段交通流数据；另外，还能用立交桥行车示意图、复杂路段行车示意图、重点路段行车示意图、交叉口可变车道功能显示标志等表现形式生动地传达行车信息。其中，杭州市交通信息发布系统是国内做得比较好的交通信息对外发布系统，人们可以在其信息发布主页上迅速浏览交通事故即时报告、通行参考、交通行业政策新闻等信息；除此之外，路口状况、高架状况、隧道状况、停车场和行程时间等也是该系统发布的主要内容[52]。

1.4 智能路网可控性

如果说各种交通传感器是交通系统的"眼耳口鼻"，那么控制和诱导系统就是智能交通的"手脚"[53]。在路网智能化高速发展的今天，交通控制系统的被控对象、控制目标、理论方法和执行单元均发生了巨大改变：被控对象从交通流变为人、车、路的协同；控制目标由交通安全和交通效率转变为交通安全、交通效率和出行者舒适度；执行单元从信号控制器转变为信号控制器、交通标志、智能车辆等[54]。传统的信号灯控制已经越来越无法满足路网智能化的可控性要求，必须采用新的交通控制理论、控制策略和控制手段，以适应交通需求的多样性、交通流的复杂性、城市发展的不均衡性以及被控对象的不确定性。

在满足复杂网络精确可控的理论基础上，需要融入新的智能控制方法和技术，以确保路网全局可控能够真正实现。如图 1-11 所示，路网智能化使得交通系统的可控性主要表现在三个方面：一是在传统单点信号控制的基础上，应用新的模型算法，加强实时数据反馈，引入人工智能算法，对信号配时方案进行优化，实现智能信号控制；二是加强车辆与道路的协同，通过云平台对交互数据进行分析处理，实现"车-路-云"融合控制；三是利用综合交通控制平台，对区域交通进行整体系统调控，处理交通事故和紧急事件，满足医疗、消防、警务等特殊需求，实现中心协调控制。在新型"点-线-面"多位一体的智能控制下，城市路网的可控性将得到显著提升。

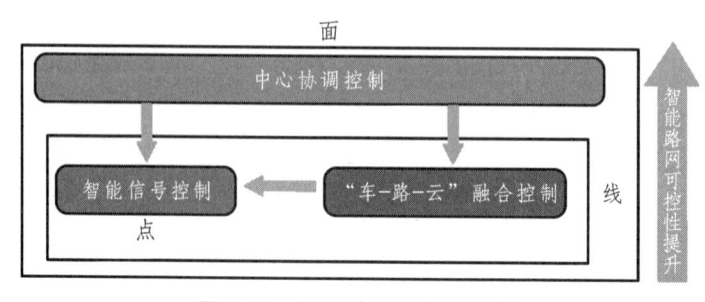

图 1-11 智能路网可控性体现

1.4.1 可视化智能交通管理

如果说广域全息感知是实现智能路网全面能观的底层基础，数字孪生刻画是描述交通运行状态的中层核心，那么常态下的分析研判、监测监管，才是交通管理者真正认识并把握交通系统对象的具体实现，这也是智能交通能观性和可控性的综合体现。因此，要想全面提升交通管理部门的实时监测、全面布局、整体协调等能力，需要从多个维度进行日常路网运行监测与协调管理。首先，要将交通各业务系统高度集成融合，包括地理信息系统、卡口系统、视频监控系统、交通信号控制系统、交通流检测系统、交通诱导系统、交通违章检测系统、交通信息采集系统、车辆卫星定位系统等；其次，要整合交通各部门现有系统资源，实现多部门数据的协同管理，提高城市交通的管理和服务水平。而这一切，均需要一个能够满足交通各业务领域资源共享，各业务系统互联互通，交通态势可视、可监、可控的综合管理平台来实现。

图 1-12 是智能交通可视化管理平台的架构，主要包括四个层面的内容：

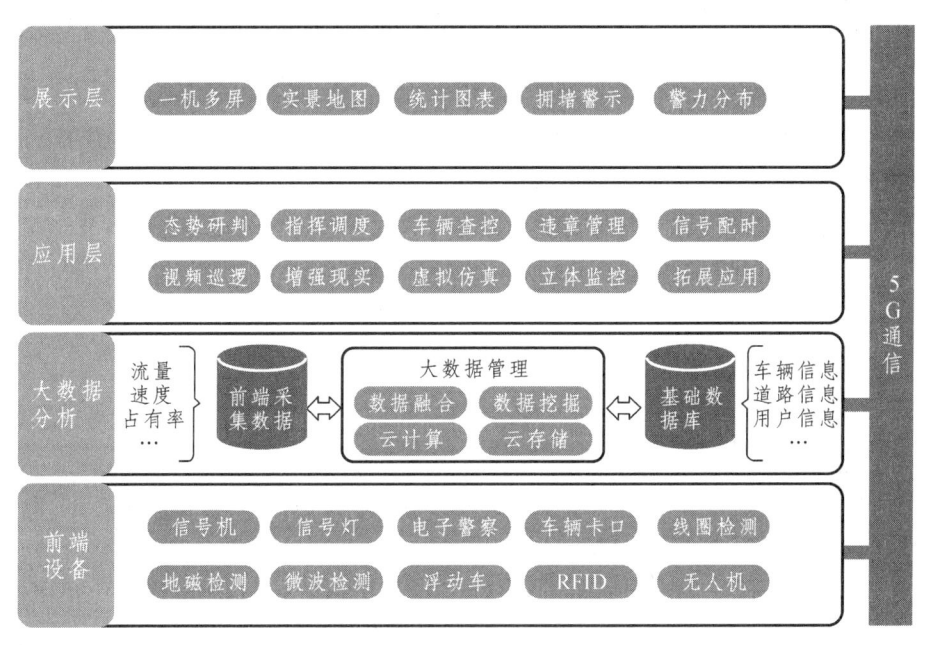

图 1-12　智能交通可视化管理平台架构

（1）前端设备。

通过各种交通检测器实现对交通基础设施的信息化管理，帮助管理人员全面感知和监测基础设施状态，并通过设置信号机参数改变信号灯配时方案，实现对路网交通流的控制。

（2）大数据分析。

综合运用云计算、云存储、并行数据挖掘、数据融合等技术，进行数据的存储、联动和分析，将隐藏于海量数据中的信息挖掘出来，进而全面掌握道路通行情况，为分析研判、策略制订、行动部署提供依据，这大大提升了综合管理的集约化程度。

（3）应用层。

在交通管控的基础上结合交警业务，实现态势研判、立体监控，帮助管理者实时了解路网的运行状况及其变化规律；实现视频巡逻、车辆查控、违章处罚，帮助管理者高效执法；实现日常执勤的可视化，帮助管理者实时掌握勤务人员的部署和动态，支持勤务布岗、勤务监督、勤务考核等功能。

（4）展示层。

管控中心布设大屏或多屏监控，超高像素全屏点对点输出，视网膜级分辨率，显示画面清晰、细腻；支持多屏拼控，显示内容自由布局组合，可通过全景地图、数据统计图表、道路拥堵热力图等方式全方位展现当前的路网运行状态。

传统道路交通之所以能观性及可控性较差，一是因为交通监测手段存在范围小、无法统筹宏观与细节、无法通过视频有效理解视频内容、无法直观呈现监控画面中的大量信息等问题；二是因为业务孤岛和数据孤岛急剧增长，缺乏统一应用、展示和整合等手段；三是因为缺乏数据的整合与分析，积累的大量数据得不到有效应用，给交管业务部门带来极大不便。而在可视化智能管理平台的支持下，路网的能观性、可操作性、可控性均得到了大幅提升，真正实现了全息监测、全景巡视、全时指挥、全程管控、全域研判和全业务统一。

1.4.2 智能信号控制

信号控制是最为普遍的一种交通控制方式，它在城市交通中扮演着重要角色。而以传统城市道路交通控制理论为基础，结合现代控制、人工智能等理论的模型与算法在交通控制领域实现了长足的发展和应用，并由此形成了许多细分研究领域和分支[54]。

基于互联网、大数据及云计算的智能交通信号控制系统，可以对道路系统中的交通状况、交通事故、气象和交通环境实施实时监测，能够依靠先进的车辆检测技术和计算机信息处理技术获得有关信息，并根据收集到的信息对交通进行有效控制[55]。随着信号控制模型越来越精细化、智能化，能依托的数据越来越多源化，路网单个节点的可控性以及多个节点的协同可控性将越来越好。

1. 基于模型的信号控制

现代控制理论假设受控对象的数学模型已知，基于现代控制理论的交通控制方法大多称为基于模型的交通控制（Model Based Traffic Control，MBTC）理论与方法。

传统的定时信号控制因其实现成本低而被广泛应用于现实生活中，常采用相同相位结构的重复信号周期。然而，这种信号方案并不能总是达到最佳性能，特别是在交通需求不平衡的情况下。基于此，Yu[56]等提出了一种具有广义周期结构的交叉口定时信号控制模型，该模型可以在需求不足和过饱和的情况下产生不同相位结构的子周期；刘罗仁和罗金玲[57]提出了一种基于云模型的单路口交通信号自适应控制方法。

随着交叉口之间的联系发掘越来越深入，多交叉口的信号控制模型得到了进一步发展。Yang[58]提出了一种用于多交叉口交通信号控制的 SFM-LSAC 算法，该算法可以显著降低平均交叉口延迟、平均排队长度、平均出行时间，同时能提高交叉口的平均流量和平均出行速度。Zou[59]等建立了相邻两个交叉口的交通信号优化模型，并提出了一种新的两阶段算法求解该模型。为了加速城市交通流通行，Wang[60]等通过构建元胞自动机来更新多个路口交通信号的时序周期，并通过构建状态更新函数来协调交通信号。

Wang[61]等认为，现有交通拥堵现象的发生是由对不同交通条件的信号控制选择策略不合理造成的，因此，准确判断城市路网的交通状态成为有效管理和控制城市交通的重要条件；为此，他提出一种基于状态可控性的交叉口队列长度均衡控制方法[62]。王立[63]等提出采用可控性概念对交叉口的控制状态进行判定，通过定义通过率和阻塞率的综合作用结果，利用排队长度界定交叉口是否可控，并采用交通波理论对剩余排队进行分析量化，以可控状态为判断条件建立交叉口信号切换控制模型。Eriskin[64]等研究解决了到达流量超过传感器检测区域时出现的最大队列长度问题，特别是在过饱和条件下，提出了一种微观层面下基于车辆到达的蒙特卡洛信号配时算法。Noaeen[65]等提出一种分散的网络级交通信号控制方法，解决了队列溢出问题。

此外，在混合交通条件下，还有许多新的信号控制模型。例如，针对行人密度波动大的路口的交通信号配时优化问题，肖梅[66]等提出以行人过街请求为主的交通信号配时模型。韩印[67]等建立了一种非机动车影响条件下的区域交通信号控制优化模型，该模型优化了信号周期时长、绿信比和相位差等参数，同时他利用遗传算法求解了该模型。肖婧[68]等提出一种基于高维多目标进化算法的交叉口混合交通流信号智能优化控制方法，该方法有利于提高我国城市道路交叉口混合交通流信号控制的效率。

2. 基于数据驱动的信号控制

交通信息化的推进和检测技术的发展使得交通检测数据的种类、精度都得到极大提升，同时道路交通出行需求的爆发式增长使得传统交通控制方法已捉襟见肘，为此，研究人员开始思考基于数据驱动的交通控制（Data Driven Based Traffic Control，DDBTC）理论与方法，即考虑在难以对受控系统准确建模时，仅利用系统的输入和输出数据实现控制与决策。

针对交通控制系统的复杂性和多样性，黄健民和王伟志[69]采用数据融合技术提高了交通参数提取的准确性和有效性，并通过构造一个多级控制模型来解决不同路口之间交通控制信号的区域协调问题。董洁霜[70]等以人车通行效率为约束条件，以人车通过交叉口的公平性最佳为优化目标，建立了数据驱动的两相位信号交叉口 EPP（Exclusive Pedestrian Phases，行人专用相位）动态控制模型，并提出了融合多源数据的区域动态协调信号控制算法。徐震辉[71]等提出融合多源数据的区域动态协调信号控制算法，以实现宏观战略与微观战术相结合的区域动态控制。为克服传统绿波协调控制的缺点，李永强[72]等提出一种数据驱动的交通响应绿波协调信号控制方法。

3. 基于人工智能的信号控制

人工智能理论与方法的突破和大规模云计算与边缘计算技术的演进，推动了以人工智能方法为核心的新型智能控制的发展。基于此，有学者提出了基于人工智能的交通控制（Artificial Intelligent Based Traffic Control，AIBTC）理论与方法。

人工智能技术可以大大弥补传统控制方法的缺陷[73]，使信号控制更加适应交通流的实时变化。Essa[74]等用强化学习来优化自适应控制的安全性；Gong[75]等提出了一种面向安全的自适应信号控制算法，以同时优化交通效率和安全性。在避免交叉口过饱和方面，Motawej[76]等充分利用神经网络技术和耗散系统理论，为过饱和交叉口设计了一个强大的状态反馈实时控制器，该控制器能够实时决定是否增加或减少当前绿灯时间。夏新海[77]等提出了基于交叉口局部信息交互的博弈学习方法，该方法可以保证区域交通系统效率在分布化机制下实现最优化。

Rasheed[78]等使用深度强化学习人工智能算法，特别是深层Q-网络（DQN），来解决高交通量引起的交通拥堵和随机干扰造成的交通拥堵问题。该方法是一种单智能体方法，许多学者在此基础上提出了多智能体的智能算法来优化交通信号控制。例如，Yang[79]等提出了一种 IHG-MA 算法，该算法能够明显降低路口平均延误、平均排队长度和平均出行时间。Wang[80]等提出了一种基于协作组的多智能体 Q 学习（CGB-MAQL）算法，该算法可用于实现城市路网的大规模智能交通信号控制。Li[81]等提出了一种新的多智能体强化学习方法 KSDDPG（Knowledge Sharing Deep Deterministic Policy-Gradient），该方法通过增强交通信号之间的协作来实现最优控制。

1.4.3 "车-路-云"融合控制

以信号控制为代表的传统集中式控制的特点是方便高效，其控制对象不针对交通要素中的某一个体，而是对车流这样的集合体做统一调控。在智能信号控制高速发展的情况下，可以做到对单点的强力控制，但是对道路上车辆的控制一般会随着距离的增加而减弱。由于驾驶员的行为具有差异性[82]，所以要实现对单个车辆的控制，需要依靠以车路协同为代表的分布式控制；其特点是易于扩展和部署，并且每辆车都可以基于自身获得的网联信息进行反馈控制，如车辆队列控制[83]、领队巡航控制（Leading Cruise Control）[84]等。也就是说，在关键节点可控的同时，又能对路段中间的车辆实施有效控制，才能保证整条线路的可控性。

随着路侧设备的信息化程度越来越高，以及大数据、云计算、5G 通信等新型信息化和智能化技术的发展，人们对道路上的车辆越来越讲究"车-路-云"一体化的融合控制。针对这一趋势，清华大学车辆与运载学院的李克强团队首先提出智能网联汽车云控系统[85]（简称"云控系统"）概念。

云控系统利用新一代信息与通信技术，将人、车、路、云的物理层、信息层、应用层连为一体，进行融合感知、决策与控制，可实现车辆行驶、交通运行安全和效率的综合提升，

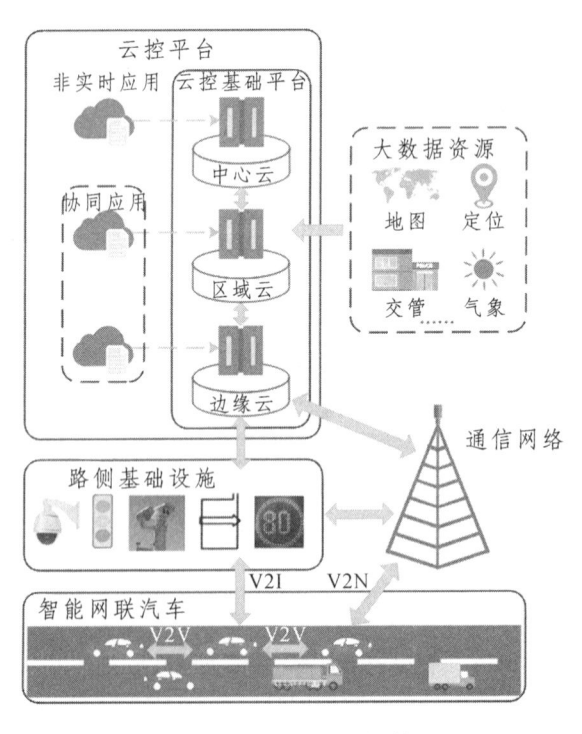

图 1-13 云控系统架构

同时还能优化信号控制。该系统同时具备"车-路-云"泛在互联、交通全要素数字映射、全局性能优化、高效计算调度、系统运行可靠性高等特征,是实现全域车辆与交通运行性能优化的核心条件。如图 1-13 所示,云控系统由智能网联汽车、路侧基础设施、云控平台、通信网络和大数据资源组成。

(1) 智能网联汽车。

智能网联汽车(Intelligent and Connected Vehicle,ICV)基于传感器、控制器、执行器等装置,融合了通信与网络技术,具备了环境感知、智能决策、协同控制等功能,实现了安全、高效、舒适和节能的智能驾驶。随着移动通信技术的发展,智能网联汽车将与智能交通系统融合,并可能将部分感知、计算等功能由车辆转移至路侧设施,乃至管理更大区域的云端。面向未来 ICV 技术,需要探索实现车辆、道路和云端的深度融合与系统重构。

由于控制对象的不同,智能网联汽车控制技术可以分为自主式控制与协同式控制两类[86]。其中,自主式控制是实现协同式控制的基础,而协同式控制技术则以网联多车、"车-路"或者"车-路-云"整体交通系统为控制对象,基于整体系统动力学模型进一步对系统控制性能进行优化。

(2) 路侧基础设施。

路侧基础设施是布置在道路附近,实现"人-车-路"互联互通、融合感知、局部辅助定位等功能的设备集合。通过优化设计而布置的路侧传感器支撑云控系统对混合交通的融合感知。路侧通信设备有助于增强云控系统的通信覆盖范围和可靠性,构建前端的闭环反馈链路。

(3) 云控平台。

云控平台用于构建"车-路-云"标准通信与实时计算环境、实时融合"车-路-云"数据,进而统一协调运行智能网联驾驶与智能交通应用。支撑云控系统进行车辆及其交通运行性能优化的云平台,由云控基础平台与协同应用组成。

(4) 通信网络。

通信网络用于连接云控平台、路侧基础设施与车辆,共享车端数据,接收协同应用的输出并做出响应。而作为云控系统的数据源与受控对象,车辆本身需要搭载特殊的车载自组织网络(VANET)才能实现这一系列功能。

VANET 是一种自组织、结构开放的车间通信网络,是移动自组织网络在交通系统中的实例化,也是智能交通系统的重要构成部分。VANET 的主体是安装了通信与计算设备的车辆,可以实现车辆间的通信(Vehicle-To-Vehicle,V2V)、车辆与路边基础设施间的通信(Vehicle-To-Infrastrycture,V2I)以及车辆与互联网间的通信(Vehicle-To-Network,V2N)[87]。

随着 VANET 技术的发展,车辆具备了通信和信息处理能力,使得分布式的交通控制成为可能。车辆可以通过分布式的协调、同步等,实现对道路资源的合理分配,控制车辆安全、高效地行驶,进而推动智能交通系统的发展。目前,VANET 在智能交通系统中的典型应用与服务主要包括安全驾驶、交通控制与管理、资讯娱乐等。交通控制与管理方面的应用包括路径规划和导航、拥堵处理、十字路口控制、停车场控制等。这类应用的目的是提高交通设施的效率,节约驾乘人员的时间。

(5) 大数据资源。

大数据资源能为协同应用的运行提供所需的数据,涉及高精地图、定位、气象、交通管理等。

常规车路协同技术没有考虑云端部分，限于分散架构下路侧设备性能与协作能力，其难以对全域智能网联汽车的运行进行整体优化；而在"车-路-云"融合控制背景下，则可以实现复杂交通场景下的融合感知、决策与控制。

1.4.4 中心协调控制

在智能信号控制与"车-路-云"融合控制的共同作用下，基本上实现了节点和线路可控。但是，城市交通控制系统的发展，始终伴随着交通对象和交通需求的不断变化，城市交通控制的特殊需求，如应对突发事件、特殊交通（如消防车、救护车、快速公交、VIP车辆等）、特殊交通状态（如过饱和）的控制要求，以及被控制对象与其影响要素间的协调，等等[88]。因此，倘若要实现区域可控，还需要交通管理者根据实际情况灵活判断，进行中心协调控制。

TOCC（Transportation Operations Coordination Center，交通运行监测调度中心）是最具代表性的智能交通中心监管系统，它围绕综合交通运输协调体系进行构建，实施交通运行的监测、预测和预警，面向公众提供交通信息服务，开展多种运输方式的协调调度，提供交通行政管理和应急处置的信息保障。2011年，北京建成我国第一个TOCC；2016年，交通运输"十三五"规划将TOCC建设纳入其中，发展至今已有十年。不过，国内建设有TOCC的城市并不多，很少有成体系推进的省份，而且多是省会城市，建成率较高的地区主要集中在江浙一带。

如图1-14所示，TOCC由五个子系统组成：

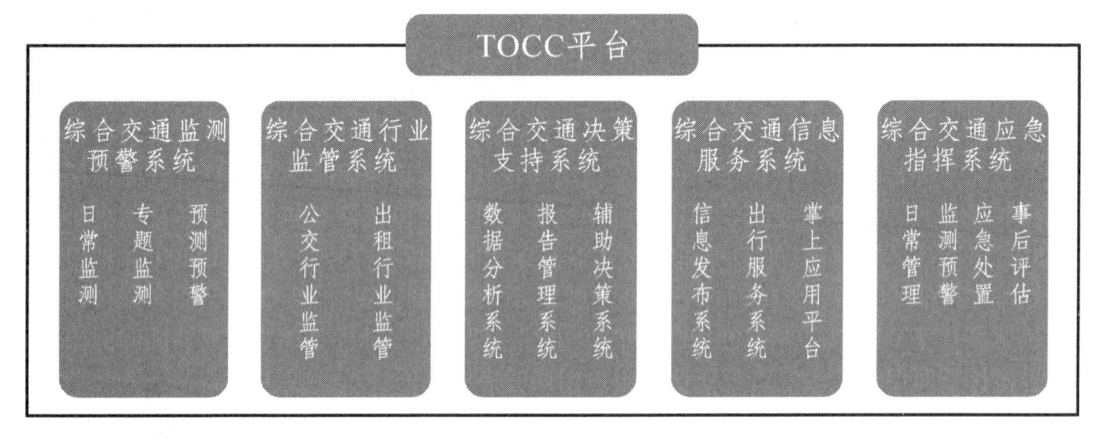

图1-14 TOCC的组成

（1）综合交通监测预警系统。

汇聚交通行业数据资源，采用大屏、PC端、移动终端等方式，实现对多交通领域、多维度交通动态运行的监测和预警，全面掌握综合交通运行状况。

（2）综合交通行业监管系统。

以维护交通运输市场秩序为目的，对行业监管业务进行深层分析，通过信息化手段主动发现异常经营行为，助力企业监管，营造安全有序的交通环境。

（3）综合交通决策支持系统。

包含综合交通数据分析、综合交通报告管理、综合交通辅助决策。

（4）综合交通信息服务系统。

采取集中控制方式，实现公众信息多渠道统一发布、全流程管理。

（5）综合交通应急指挥系统。

以交通安全为基础，在安全运行和应急管理总体框架下，构建事前预防、事中处置和事后评估机制，实现紧急突发事件处理的全过程跟踪和支持，提高应急响应速度和决策指挥能力。

作为中心协调控制的代表，TOCC依靠智能化信息设备和先进系统进行分析，大幅提升了交通运行监管一体化、交通管理精细化、信息服务精准化的程度，增强了应急分析、指挥和决策能力，提高了城市路网系统的运行效率和安全水平。其作用就像是交通管控系统的大脑，无论是智能信号控制，还是"车-路-云"融合控制，都要受到它的监管和调度。也只有这样，才能适应不断变化的交通管控需求，才能真正实现智能交通系统条件下路网交通全局可控。

1.4.5 可控性原理

可控性是指在有限的时间内，通过控制外界输入使系统从任意初始状态到达任意最终状态，其本质是外界输入对系统状态的控制能力[89]。传统控制理论在线性系统的可控性方面已经有非常成熟的研究方法和结果，但是对交通路网这样的复杂网络而言却不再适用，因为复杂网络一般具有规模大、组成复杂、随机性强等特点[90]。在复杂网络可控性方面，Liu[91]等做出了开创性贡献，他们开发了一种最小输入理论，以有效描述定向网络的结构可控性；尹红丽[92]、Gu[93]等在此基础上进行了总结和完善。

给定一个含有 N 个状态节点和 M 个输入控制节点的复杂网络 $G(A,B)$，其动力学过程可以用一阶连续时不变线性系统来描述

$$\dot{x} = Ax(t) + Bu(t) \tag{1-8}$$

式中，$x(t)=(x_1,x_2,\cdots,x_N)^\mathrm{T}$ 表示网络中 N 个节点在 t 时刻的状态；$u(t)=(u_1,u_2,\cdots,u_M)^\mathrm{T}$ 表示 M 个输入控制信号在 t 时刻的状态；$A\in\mathbf{R}^{N\times N}$，$B\in\mathbf{R}^{N\times M}$ 分别为系统矩阵和输入矩阵。原始的只包含 N 个状态节点的网络称为原始网络，记为 $G(A)=(V_A,V_E)$；在原始网络 $G(A)$ 的基础上添加 M 个输入信号构成的网络称为受控网络，记为 $G(A,B)=(V,E)$。

根据卡尔曼秩条件，可控性判别矩阵可以表示为

$$Q_\mathrm{C} = (B, AB, \cdots, A^{N-1}B) \tag{1-9}$$

当且仅当 $\mathrm{rank}(Q_\mathrm{C})=N$ 时，式（1-8）所描述的系统是完全可控的。如果不考虑 A，B 的具体参数值，此时 A，B 通常被认为是结构矩阵，即它们的元素是零或独立的自由参数。若矩阵 A，B 中存在非零元素的一组取值，且使得在该组取值下的网络是可控的，则称 $G(A,B)$ 为结构可控。

结构可控性的提出为求解复杂网络能控性问题提供了一般分析工具，但是在进行矩阵计算时，在大规模复杂动态网络中工作量会成倍地增加[94]。为此，Hassan[95]等提出一种新的算法——SOLSP。该算法在不使用传统可控性判别矩阵的情况下，以本质矩阵为基础，得到了与原算法完全相同的结果，且复杂度较低。

尽管结构可控性理论为控制有向网络提供了一个通用工具，但是它仅适用于以结构矩阵为特征的有向网络，其中所有链均由独立的自由参数表示。如果给出了精确的连接权重，则可能会违反结构可控的条件，从而需要寻求结构可控性理论之外的替代框架。

Yuan[96]等基于Popov-Belevitch-Hautus（PBH）控制理论，提出精确可控性框架。根据PBH秩条件，系统完全可控当且仅当：

$$\text{rank}(\lambda \boldsymbol{I}_N - \boldsymbol{A}, \boldsymbol{B}) = N \tag{1-10}$$

式中，λ 是矩阵 $\boldsymbol{A}$ 的特征值；$\boldsymbol{I}_N$ 是 N 维单位矩阵。需要控制的节点数量由式（1-11）计算：

$$N_D = \max\{1, N - \text{rank}(\boldsymbol{A})\} \tag{1-11}$$

如果矩阵 $\boldsymbol{A}$ 满秩，则需要 1 个控制节点；否则，需要 $N - \text{rank}(\boldsymbol{A})$ 个控制节点。复杂网络的可控性可以用控制节点密度 n_D 来度量：

$$n_D = \frac{N_D}{N} \tag{1-12}$$

式中，$n_D \in [1/N, 1]$。当 $n_D = 1/N$ 时，表示当前网络的 N 个节点只需要 1 个控制节点，此时网络的可控性最佳；而当 $n_D = 1$ 时，则表示当前网络的每个节点都需要一个单独的控制器，此时网络的可控性最差。

根据 PBH 判断定理和最小控制输入定理，Cai[97]等分析了网络可控性与拓扑特征之间的关系。研究发现，城市道路网络的异质性、二核性和平均度对城市道路网络的控制有很大影响；加强路网的连通性和规律性，对保证城市路网的有序运行具有重要意义。晁永翠[98]等把 PBH 判据与对称的邻接矩阵相结合，得到了路图可控的充要条件，并应用数学中的简单理论，对路图可控的充要条件进行了更为数字化的表示。Wang[99]等利用 PBH 可控性准则，揭示了环路中线性化混合交通系统的可控性。

尽管 PBH 定理为路网完全可控提供了理论依据，但是实际复杂网络总会不可避免地遭受到自然或人为的破坏，且遭受破坏的网络会发生故障连锁效应，使得网络的控制难度增加[100]，这就涉及可控鲁棒性概念。

可控鲁棒性是指在受到攻击的情况下，复杂网络依然维持可控性的能力。可控鲁棒性较好的网络系统具有好的抵御攻击的能力，同时能延迟系统的整体瘫痪，为攻击后的补救争取时间；相反地，可控鲁棒性差的系统则容易在受到攻击以后，迅速导致网络系统整体失效[101]。

常用的可控鲁棒性定义包括基于可控性曲线的定义，基于节点控制中心性的定义，以及基于排序的定义。其中，基于可控性曲线的定义可参照常用的连通鲁棒性定义。常用的连通鲁棒性度量基于最大连通子图 LCC（Largest Connected Component）[102]。

在节点受到攻击时，网络的可控鲁棒性计算如下：

$$R_{LCC}^N = \frac{1}{N} \sum_{i=1}^{N} Q(i) \tag{1-13}$$

式中，$Q(i)$ 表示当网络中 i 个节点被攻击之后，最大连通子图的节点数占当前网络节点总数的比例，其范围是 $[1/N, 1]$。当 $Q(i) = 1/N$ 时，表示该网络包含 N 个离散节点；而当 $Q(i) = 1$ 时，则表示该网络节点互相连通。

同理，在连边受到攻击时，其计算如下：

$$R_{LCC}^E = \frac{1}{M} \sum_{i=1}^{L} Q(i) \tag{1-14}$$

此时，$Q(i)$ 表示当网络中 i 条连边被攻击之后，最大连通子图的节点数占当前网络节点总数的比例；L 为网络中的连边总数。

从保证网络的结构可控，到实现精确可控并提高网络的可控鲁棒性，路网的可控性越来越强。然而近年来，随着路网信息化和智能化的飞速发展，各种可以接入网络的智能设备层出不穷。这些智能设备与传统设备不同，特别是其中一些智能设备具有高度的移动性。例如，车联网中的智能车辆[103]，其整个网络的拓扑结构经常发生变化，这使得整个网络变得难以控制，理论上的可控性随时都有可能遭到破坏。为了应对这一挑战，必须对传统的一般网络可控性理论结合交通系统运动及其控制特性进行创新发展，以寻求对智能化路网交通的完全可控。

2 区域交通控制原理

随着我国经济持续快速发展，机动车保有量继续保持快速增长态势，交通拥堵已经成为许多大中城市所面临的严重问题，现有的道路及交通设施和交通管理已经很难适应目前交通需求的发展速度。因此，因地制宜地采用点、线、面的交通控制系统就成为我国各大中城市发展的主要策略，其中，采用先进的区域智能交通控制技术解决城市交通问题已成为交通管理者的共识[104]。

所谓区域交通控制，是指对城市中某个区域的多个平面交叉口进行以信号控制为核心的系统控制，其控制方案协调统一，以使在该区域内交通运行的某种指标（如总的停车次数、出行时间、耗油量等）达到最优状态。因为在一定区域或整个城市范围内，某一路口与相邻路口的交通信号和交通状况是相互影响的，因此，从区域交通的整体目标出发，协调区域内各路口的交通信号配时所取得的整体最优效果，是无法由分散的单个交叉口信号控制或干线控制所获得的。然而迄今为止，国内外学者经过几十年的研究，并没有建立起一个能够完全满足交通管理需要的区域交通控制系统。究其原因，一方面是城市交通系统的复杂性和传统研究方法的局限性；另一方面，与轨道交通系统和高速公路相比，城市交通系统基本没有准入限制，具有很强的开放性和随机性，这使得一般的理论抽象或简化模型和优化算法很难满足区域交通控制信号优化配时的建模和计算要求。

随着智能交通系统的发展，围绕路网信息化建设的一系列发展成果使城市交通路网逐渐呈现数据化、智能化、一体化的趋势，正推动着交通系统从随机性向确定性转变，进而使开放性的城市交通网络系统越来越具有"封闭"性，交通管控设施越来越具有"可操作"性，车辆行驶及车流运动越来越具有"可控"性。这不仅为实现先进的区域控制理论提供了现实基础，而且促进了区域控制思想从"开放"到"闭合"，从"随机"到"确定"的转变。新的区域控制理念能够进一步有效实现减少交通事故、缓解交通拥堵、降低环境污染、节省能源消耗的目标，并将会产生巨大的社会效益和经济效益。

2.1 开放式区域控制

对于传统的开放式区域控制，研究学者引入了现代控制理论、计算机模拟、人工智能等技术，用以研究交通流运动控制过程中的内在规律，形成了诸多研究成果，主要体现在控制模型及算法、控制系统两个方面。

2.1.1 开放式区域控制模型及算法

近年来，先进控制理论和算法的蓬勃发展给区域交通控制研究提供了良好的理论基础，于是，诸多学者开展了以提升区域网络的时空效用为目标的研究，并取得了丰硕的研究成果。

在控制模型方面，王学堂[105]利用线性规划理论，建立了城市交通区域控制系统的数学模型，该模型为解决城市交通拥挤、充分利用现有道路、实现交通流的最佳运行管理提供了理论依据。Wang[106]等充分考虑到区域交通控制的复杂性，基于大规模分层协调优化理论，提出了一种在线决策交通控制方案，该方案能够实现大规模区域交通的智能化控制。Su[107]等提出了一种基于模型和数据驱动的随机道路网络自适应交通控制器，它有利于提高控制系统的整体性能。Hu[108]等提出了混合交通流中区域交通信号最优配时控制的双层优化模型，其中，第一层是最优交通信号，第二层是在保证用户均衡的条件下进行交通流分配。

在优化算法方面，Papatzikou 和 Stathopoulos[109]提出了一种结合动态交通分配的网络控制优化算法。针对城市交通系统的动态性和不确定性，魏赟和邵清[110]将 Q-学习的奖惩机制引入粒子群算法的选优过程中，通过改进的粒子群算法实时优化区域控制策略。Chiou[111]提出了一种区域交通控制与网络交通联合优化的算法，并通过局部最优搜索和全局启发式搜索对算法进行了求解，结果表明，该算法在求解大规模网络联合优化问题时，无论是对系统最优还是对用户均衡，都具有良好的鲁棒性。Jovanović[112]等采用蜂群优化算法对全区域交通信号进行优化，通过最小化所有用户通过信号交叉口的总时间，寻找最佳周期、相位差和阶段划分方式。

在特殊条件下的区域控制方面，龙琼[113]等针对大型社会活动下的城市区域交通控制问题，提出了一种面向大型社会活动的个性化区域交通控制方法。陈星[114]针对飓风、台风等可预报自然灾害，提出了面向大规模区域疏散实时交通控制的建模框架，该框架整合了预报实时交通流形态的动态交通分配解析模型和交通流实时自适应控制策略的生成模型，能够服务于具体的大规模区域疏散实时交通控制实践。

2.1.2 开放式区域控制系统

SCOOT 和 SCATS 是在全球范围内应用最为广泛的开放式区域控制系统，它能够根据道路交通需求、交通状况及系统通行能力实时调整信号配时方案，从而减少延误，缓解区域交通拥堵。

2.1.2.1 SCOOT 系统

SCOOT（Split Cycle Offset Optimizing Technique）即"绿信比-周期-相位差优化技术"，是一种实时的交通信号网络自适应协调控制系统，由英国 TRRL（现为 Transport Research Laboratory，TRL）于 1973 年开始研究开发，目前全世界已超过 200 个城市在使用 SCOOT 系统。它在各交叉口进口道上游安装车辆检测器采集车辆到达信息，联机进行处理，自动生成控制方案，连续实时地调整绿信比、周期长及相位差三个控制参数，以使信号转换与动态交通状况相适应，因而也称之为在线交通信号控制系统[115]。

1. 系统结构

如图 2-1 所示，SCOOT 系统是一种两级结构，其中，上一级为中心计算机，负责交通量的预测及配时方案的优化；下一级为外设装置，包括车辆检测器、信号灯、信号机等。检测器主要是环形线圈检测器，一般设置在上游交叉口的出口处，离下游停车线尽量远些，为下游交叉口信号的优化调整提供较充足的时间,同时又可预防排队车辆阻塞到上游交叉口。此外,对交通网络上可能出现的交通拥挤和阻塞情况,SCOOT 系统有专门的监视和应对措施,它不仅可以随时监控系统各组成部分的工作状态,对故障发出自动报警,而且可以随时向操作人员提供每一个交叉口正在执行的信号配时方案的细节情况、每一周期的车辆排队情况以及车流到达图式等信息,也可以在输出终端上自动显示。

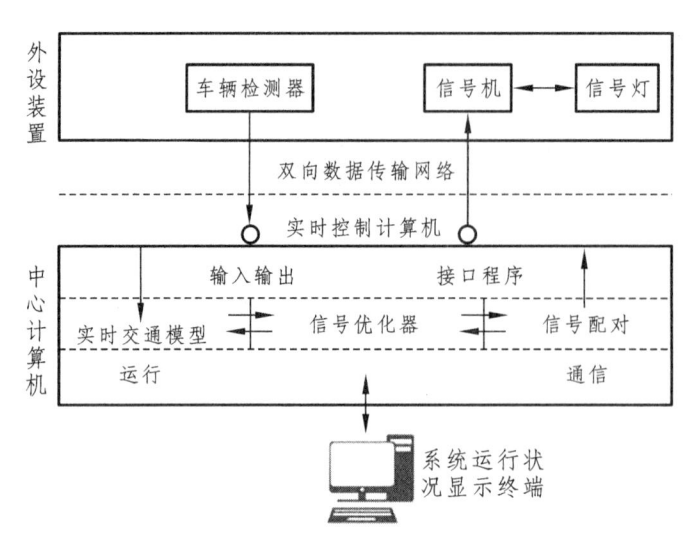

图 2-1 SCOOT 系统结构图

2. 优化原理

(1) 优化策略。

SCOOT 系统的优化策略是随交通需求的变化对配时参数进行频繁的适量优化调整。虽然调整量较小,但是只要调整次数频繁,就可由这些频繁调整的连续累积量来适应一个时段内的交通变化趋势。

(2) 绿灯时长优化。

SCOOT 系统对每个交叉口都单独优化其绿灯时长。在每相开始前几秒都要重新计算现行绿灯时长是否需要调整;如果需要调整,调整量为±4 s;下一次再要调整时,随正负方向保留 1 s 的"趋势性调整",即下一次的调整量在保留这 1 s 的基础上再调整 4 s,以利于跟踪一个时段内的交通变化趋势。此外,SCOOT 系统在确定绿灯时长时,还需要考虑交叉口的总饱和度最小、车辆排队长度最短、拥挤程度最小及绿灯时长最短等限制因素。

(3) 相位差优化。

相位差优化以子区为单位,优化方法与绿灯优化时间一样,在每个周期前都要做一次相位差优化计算,相位差的调整量也是±4 s,但是要以全部道路上的 PI 值总和最小为优化目标,而且必须考虑短距离交叉口间的排队,必要时可牺牲连线上信号间的协调,以保证短连线上不出现因排队而堵塞上游交叉口的现象。

(4) 周期长优化。

SCOOT 系统每隔(2~5) min 对子区的每个交叉口的周期做一次运算,并以关键交叉口的周期长作为子区内共用的周期长。周期长优化应以子区内关键交叉口饱和度的 90% 为目标。低于饱和度的 90% 时,递减周期长,此时,减小通行能力可使饱和度上升;接近饱和度的 90% 时,停止降低周期长;高于饱和度的 90% 时,递增周期长,此时,提高通行能力可使饱和度下降。每次周期长的调整量为(±4 ~±8) s。

3. 系统特点

SCOOT 系统具有灵活的、比较准确的交通模型，它不仅可以用来制订信号配时方案，还可以提供延误、排队等各种信息，为交通管理和交通规划服务。此模型采用短预测的形式，对下一周期的交通条件做出预测，并对预测结果进行控制，这大大提高了预测的准确性和控制的有效性。在信号参数优化调整方面，此模型采用频繁的小增量形式，这一方面避免了信号参数的突变给受控网内的运行车辆带来延误损失；另一方面，频繁调整产生的配时参数的累加变化又可以与交通条件的较大变化相匹配。

但是，SCOOT 系统也存在一些不足：交通模型的确定需要大量的路网几何尺寸和交通流数据；相位不能自动增减，相序不能自动改变；独立的控制子区的划分不能自动解决，需要人工确定；饱和流率的校核不能自动化，现场安装调试较为烦琐；初次安装需要现场测算众多数据用以系统校核，如路段走行时间、最长车队消散时间、饱和占有率等。

2.1.2.2 SCATS 系统

SCATS 系统是一种实时方案选择式自适应控制系统，由澳大利亚研究人员在 20 世纪 70 年代开始研究，80 年代初投入使用。之后，在我国广州市以及其他许多国家的 100 多个城市得到了应用[115]。

1. 系统结构

SCATS 系统为分层式三级控制，由控制中心、区域控制计算机和交叉口交通控制器构成，如图 2-2 所示。其中，控制中心除了对整个控制系统的运行状况及各项设备工作状态做集中监视外，还有专门用于系统数据库管理的计算机，对所有区域控制器的各项数据及每一台交通控制器的运行参数做动态储存。区域控制计算机负责分析各交叉口控制器送来的车流数据，确定控制策略，以便对本地区各交叉口进行实时交通控制；同时，区域控制机还将所收集的交叉口的各种数据送到控制中心作为运行记录保留并用于脱机分析。交通控制器安装在每一个交叉口，其主要功能有：（1）采集各交叉口检测器的实时交通数据并加以初步分析整理，通过通信网络传送到区域控制机，用以调整配时方案；（2）接受区域控制机的指令，控制本交叉口各信号灯的灯色变换；（3）在实施感应控制时，根据本交叉口的交通需求，自主地控制各入口信号灯的灯色变换。

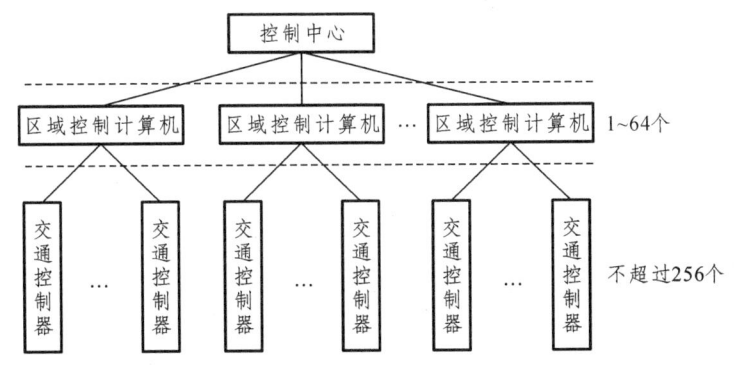

图 2-2 SCATS 系统结构原理图

2. 优化原理

作为实时方案选择式系统，SCATS 系统要求事先利用脱机计算的方式，为每个交叉口拟定四个可供选择的绿信比方案、五个内部相位差方案。信号周期和绿信比的实时选择，应以子系统的整体需要为出发点，即根据子系统内的关键交叉口的需要确定共用周期长。交叉口每一相位绿灯占信号周期长的百分比及相应绿灯时间，按照各相位饱和度相等或接近的原则确定。SCATS 系统把信号周期、绿信比及相位差作为各自独立的参数分别进行优化，优化过程所使用的算法以综合流量饱和度为主要依据。

3. 系统特点

（1）检测器安装在停车线处，不需要建立交通模型，因此，其控制不是基于模型的。

（2）周期长、绿信比和相位差的优化在预先确定的多个方案中，需根据实测的类饱和度值挑选一个。

（3）SCATS 系统可以根据交通需求改变相序或跳过下一个相位，因而能及时响应每一个周期的交通请求。

（4）具有局部车辆感应控制功能。

（5）每个周期都可以改变周期时间。

（6）可以自动划分控制子区。

2.2　虚拟供需闭合区域控制思想

现在，我国智能交通技术的主体还是计算机科学与技术领域中的硬件和软件，而交通工程领域中的理论技术仍然处于从属位置[116, 117]，核心的交通控制仍以人工经验管控为主。各种模型算法虽然层出不穷，但难以在交警现场业务中得到推广，实际控制成效与理论预期似乎总是存在无法消除的差距。这些问题表面上看是由交通建模和实际应用匹配程度不高、交通信息提取-集成-应用三个环节紧密程度较低等所致，但实际上其原因可归为以下三类：

（1）系统的开放性及由此带来的复杂性和随机性使得许多交通理论着力不强。

（2）虽然车辆信息和其他交通信息可以尽可能地被获知，但是由于驾驶员（车辆）的信息需求、认知水平和个体差异等原因，当信息被加工成管控策略和诱导指示时，并不能对车辆产生严格的作用和约束，即车辆的可控性差。

（3）当前，城市交通系统处于非智能交通体系向智能交通体系过渡，非智能交通体系、半智能交通体系和智能交通体系共存且不断更新发展的时期，三种成分的相互作用及相互之间的矛盾使得城市交通建模更加复杂。

随着科技和经济的发展，以电子警察系统、治安卡口系统和各类城市交通监控系统为代表的智能交通系统建设，基本上实现了对我国大中城市主要路段和交叉口信息采集点位的完整覆盖[118]，这为我国城市交通控制水平的提高，提供了坚实的数据基础和技术条件。这些变革使得城市网络交通控制技术不断发展[119-124]，并在城市交通中发挥出新的、更大的作用。城市道路网络交通系统正逐渐转变为一个受控智能路网系统，并且随着信息技术持续升级换代和相应的前沿理论技术开发，这种路网的"受控系统"特性有进一步细化和强化的趋势。

2　区域交通控制原理

基于智能交通条件下路网能观性、可控性提升的事实，考虑到传统的开放式区域控制具有随机性强、可控性差的缺点，新的区域控制理论应当建立在闭合受控区域上，以实现区域内完全供需平衡为目标，并对实时变化的车流进行主动适应和主动控制，化"不确定"为"确定"，即虚拟供需闭合的区域交通控制思想。这一思想的关键在于抓住了智能交通监控系统在开放性的城市交通系统中形成的虚拟封闭控制条件，发掘出受控智能路网上的完全供需闭合关系及通行耦合关系，建立了体现受控智能路网供需平衡演变规律的拥挤控制理论和方法，这既是对传统交通流平衡原理和拥挤控制理论的发展，也将有效破除智能交通系统技术与传统交通理论之间的隔离，为现代城市交通拥挤控制提供理论和技术支撑。这种思想主要体现在以下三个方面：

（1）闭合的控制区域。

根据不同的拥挤特性，对路网上智能交通系统的信息采集点位进行遴选、关联、组合，由相应的检测断面对所控区域形成一个车流进入与离去、发生与吸引关系闭合的虚拟边界（由离散的但地理坐标不连续的交通流检测断面构成），将拥挤范围的路网变为一个相对封闭的受控系统，通过协调受控区域内部控制和边界控制，实现城市网络交通的效率最优。

（2）确定的平衡关系。

基于开放系统的供需平衡系统理论（包括 UE、SO 及其扩展），固然具有一般性和普遍性，也能在路段交通和独立交叉口的简单通行过程中进行精确描述，但是无形中却忽略了智能交通信息供给条件带给交通控制原理的深刻影响，难以与智能交通条件下的网络交通拥挤形成有效对接，即使提出某种理论模型和算法，也难以落地现场实务。

相比之下，虚拟供需闭合的控制思想则能给开放性城市交通系统带来确定性。基于数据可精确表达的受控智能路网，能发现确定范围内的网络交通供需闭合关系和通行耦合关系（涵盖发生/起始与吸引/终到、进入与离去、过程接续以及相应的持续时间和空间承载能力），辨识符合网络拥挤特性的闭合范围边界（以离散的交通流检测断面构成的、地理坐标不连续的、以数据形式呈现的虚拟边界），进而准确刻画形成交通流畅通和拥挤不同状态的广义平衡变动规律，包括供需不均等的有序状态或稳定状态。它反映了路网在智能交通技术可实现虚拟闭合控制条件下新的运行模式，也是构成新的技术条件下路网拥挤控制理论的一个重要组成部分。

（3）主动的控制策略。

传统的拥挤控制方法属于"被动式"响应型控制策略，具有时滞性，成效有限。由于缺乏对车流起讫过程的追溯，即使采用预测控制，其所依据的所谓实时数据本质上仍是滞后且只反映局部过程，难以进行有效拥挤控制。而基于虚拟供需闭合思想的区域控制，依托受控智能路网的理论建构，将路网拥挤控制从随机性、不确定性问题变为确定性问题，同时运用控制论中关于网络时空混沌的牵制控制理论对关键拥挤节点进行牵制控制，可以解决复杂网络同步控制规模与计算成本的矛盾，从而实现全新的"主动式"拥挤控制。在受控智能路网的"主动式"拥挤控制之中，融入对交通流变化的动态适应和对拥堵交通流主动控制的双层内涵，可以主动引导交通流在网络上的流动和分布；为保证网络交通流的系统协调和多态广义平衡，通过边界控制（Perimeter and Boundary Flow Control）调控受控区域交通总量及内部子区域的负荷平衡，可使路网交通状态始终处于最佳状态或有序状态。

2.3 虚拟供需闭合区域控制方法

2.3.1 智能路网建模

智能路网建模主要包括能观性建模和可控性建模两部分，其中，前者为路网可控操作提供必要的数据准备，后者是路网控制性能的具体实现。智能路网能观性建模的主要含义是将真实的路网结构在最大程度上进行数据表达，其中包括城市路网的静态结构及其承载的动态信息表示，即城市精细化路网拓扑结构表达和实时动态交通流信息在其拓扑结构上的全过程状态信息。智能路网的可控性建模是在城市路网静态拓扑结构和实时动态交通流信息基础之上做出的科学控制方法，它可以在最大限度上主动优化城市路网交通运行。总而言之，从城市宏观管控角度来理解的智能路网建模是一种路网状态完备化的表达和精准科学管控措施的集中体现。

首先，交通信息采集技术以及处理分析技术是智能路网能观性建模的重要基础，路网信息采集需求可归纳总结为以下五点：

第一，基础交通信息：主要包括进行拥挤管理所需的路网拓扑结构信息、道路设施信息、交通需求信息等；

第二，动态交通负荷信息：主要包括动态交通参数信息、交通状态信息（包括微观的路段与交叉口、宏观路网）等；

第三，交通流特征信息：主要包括区域路网主要瓶颈位置、重点路段（交叉口）的交通流特征、常发性拥挤的时段与位置等；

第四，控制与诱导信息：主要包括交通控制系统与交通诱导系统的动态运行信息、系统环境信息等；

第五，拥挤管理目标信息：主要包括路网拥挤管理的短期与中长期目标、特定时期（如重大活动、节假日等）的管理目标等。

信息采集技术主要有以下四类：基于传感器的交通采集技术，如通过安装在道路上或路侧的环形感应线圈、雷达发射装置、微波发射装置等进行采集；基于视频的交通信息采集技术，如视频交通事件、流量检测器等；基于射频的交通信息采集技术，如 RFID、DSRC 技术等；基于空间定位技术的交通信息采集技术，如利用 GPS 和无线移动通信网络采集的诸多轨迹数据。

其次，城市智能路网能观性建模需要对采集的信息进行进一步完备化提取。在一个既定的交通环境下，交通状态是客观存在的，大量实践证明路网交通状态至少在宏观上是以有限模式不断重复的，每一种模式反映在路网中，都有着相对应的交通状态特征参数，而提取城市路网特定模式下的精准状态参数是主动式交通控制的关键。因此，依据控制目的所需的前提条件，需要对城市交通系统运行产生的海量状态数据进行约简化表达。具体来说，就是对数据进行预处理，即将其转换为可精确表达的状态关系信息，这就需要建立统一的知识表达系统，对获取的知识进行约简，即完备信息条件的提取。例如，利用粗糙集理论建立统一的知识表达系统。

数据预处理、数据约简、规则生成等数据研究方法在粗糙集理论中都可以找到依据，这些方法不仅可以单独处理数据研究的问题，而且很多时候，为使研究结果更准确，还可以综合使用这些方法研究问题。其中，约简是保持决策表分类能力不变的最小属性集，它在这里的含义是：准确描述同一交通状态所需要的最小数据条件，换而言之就是满足交通状态描述的完备条件。而在实际的交通系统中，信息采集系统所采集到的多种数据均可描述交通状态，而且有多种间接获得的交通特征参数也可表征交通状态，所以能准确表示交通状态的最少数据条件不止一组，应该是多组，这和属性约简的结果是相契合的。每一条约简都能看作一种完备信息条件，属性约简的结果就是需要提取的完备信息条件。

最后，在完备交通信息条件的基础上，结合运输网络及复杂网络等理论方法，可以建立多种智能路网模型。

2.3.2 MFD 交通小区划分

路网交通流具有时间、空间、原因、类型、结构、程度等多个方面的属性，这些属性决定了路网交通流生成变化的动态特性。在微观的路段、交叉口尺度上，这种动态特性是难以实时精准描述的，但在城市路网宏观层面，车流在路网中的分布及相关统计特征却有一定的规律。根据 Daganzo 和 Geroliminis 的研究可知[125]，城市内部同质区域的交通流关系可聚合成稳定的抛物线形状：在空间，平均交通流与网络车辆密度之间可以建立一种单峰、低分散、需求不敏感的曲线关系（见图 2-3），其中同质的含义主要是指在相同时刻同一区域内部路段的车辆密度值相差较小，即车辆密度的方差处在较小的范围内。

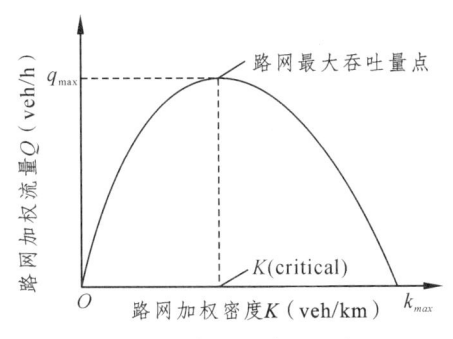

图 2-3 宏观基本图示意

图 2-3 表示整个路网车辆加载过程会呈现类似抛物线的曲线变化，即路网中的交通流量会随着路网加权密度的增加而增加，直到流量达到路网的临界密度 $K_{critical}$，此时路网的流量也达到最大值 q_{max}；当加权密度超过临界密度时，路网会陷入拥挤状态，路网的性能会随着路网车辆数量的增多而下降。这种关系被称为城市路网宏观基本图（Macroscopic Fundamental Diagram，MFD）。MFD 现象也是路网的固有属性之一。当然，城市路网中这种宏观聚合关系并不是只存在于路网加权密度和路网加权流量指标之中，多种路网宏观指标都具有类似的宏观聚合关系，如路网车辆累计数、路网车辆出行完成率、路网车辆平均速度等。然而，城市路网中这种高度聚合的 MFD 关系并不是可以轻易获得的，它需要路网内部路段上的车辆密度随时间变化差异不大这一条件。然而实际上，大多数城市路网的路段以及路段上车辆密度的变化具有相当程度的异质性，因此，为了获得同质的路网内部路段集合，进一步获得映射关系中良好的路网宏观基本图，需要对异质分布的路段车辆密度进行同质化划分，而采用一定的方法和手段将车辆密度同质的路段划分到一起的过程就被称为 MFD 交通小区划分。

当 MFD 交通小区划分完成之后，就可以获得交通小区内部具有良好映射关系的宏观基本图。随着对 MFD 的存在性、基本性质及影响因素的深入了解，学者们发现，宏观基本图不仅可以作为路网交通状态评价的指标，还能为控制拥堵区域的交通流量出入提供一种宏观而有效的手段。宏观基本图可以应用于城市交通状态判别、城市网络交通控制、城市交通控制评价等领域。MFD 的优势主要体现在：同质区域的车辆具有高度的协调与统一性，可以由聚合状态信息估计单个车辆行为状态。因此，MFD 交通子区的合理划分是应用 MFD 理论的重要基础，科学规范地将异质城市路网划分为同质的交通子路网是 MFD 应用的重要子问题。

2.3.3 拥挤溯源与预测

交通拥挤传播是拥挤状态沿路网拓扑结构向邻近路段蔓延并逐渐扩大的过程[126]。只针对单个交叉口或主要干线的交通管控，由于缺乏对交通流变化过程的追溯和完整把控，往往收效有限。因此，实时监测并评估路网状态，了解拥挤的产生、演变及消散过程，对于支撑交通管控具有重要意义。

1. 拥挤溯源

目前，关于城市路网时空交通状态的研究主要采用时空相关性分析[127-129]方法，以研究不同路段交通状态的关联性。而实际上，交通拥挤状态不仅在时间和空间维度上具备时空相关性，而且还存在一定的因果关联性，例如，某条路段的拥堵导致后续一定空间范围内其他拥堵事件的发生。从因果关系出发对拥挤发生和演化过程进行溯源，不仅符合实际的拥挤传播机理，也更有利于从源头和过程上有效管控拥挤。

在交通领域中，因果关系挖掘研究主要采用简单的先验知识法，依据交通拥堵或异常状态发生的先后顺序定义因果关系，或者采用贝叶斯网络数据驱动的方式进行因果关系建模。由于定义因果关系的方式较为简单，或者量化因果关系的算法复杂度高，不能充分挖掘大范围时空特征变量之间潜在的因果关系、强弱程度以及复杂的非线性特征，故它不适合大规模的路网交通状态时空因果分析。为此，杨森炎[130]采用较新的因果关系分析方法：传递熵（Transfer Entropy），即基于大量的交通流时间序列数据，针对路网时空交通状态建立因果关系挖掘模型，以量化不同路段交通时空状态的因果关联性和相互作用，进而表征交通变量之间信息传递的时序动态性。传递熵能够描述拥挤传播的方向性，适于分析交通网络的时空因果关系。

设 $TE_{X \to Y}$ 和 $TE_{Y \to X}$ 分别表示路段 X 到路段 Y 和路段 Y 到路段 X 的传递熵，用因果关联系数 $\rho_{X,Y}$ 表征因果关系的方向性和强弱：

$$\rho_{X,Y} = \|TE_{Y \to X} - TE_{X \to Y}\| \qquad (2-1)$$

当 $TE_{X \to Y} > TE_{Y \to X}$ 时，X 是 Y 的原因，因果传播方向为 $X \to Y$；当 $TE_{Y \to X} > TE_{X \to Y}$ 时，Y 是 X 的原因，因果传播方向为 $Y \to X$；当 $TE_{X \to Y} = TE_{Y \to X}$ 时，两个方向的传递熵相等，因果关联系数 $\rho_{X,Y} = 0$，即 X 和 Y 之间没有因果关系。

利用传递熵的这种方向性，再借助拥挤因果树[131]等模型，以某个拥挤的路段为起始点，运用逆时间、逆拥挤演变过程，向过去追溯，即可找到拥挤的传播路径和源头。

2. 拥挤预测

受控智能路网是一个动态系统，其中任一路段在任一时刻的交通状态都可以认为是在上一时刻交通状态基础上，由于上游关联路段的驶入交通、设置在路段上的出入口的出入交通（始发或终到）以及向下游关联路段的驶出交通综合作用而引发的状态转移，即其变化是一个典型的马尔科夫过程。

引入马尔科夫链，根据路网中路段上的初始累计流量确定各路段的初始交通状态，依据路段与上下游关联路段的交通流入流出关系构建网络交通状态转移矩阵和通行过程耦合矩阵，建立受控智能路网拥挤预测模型。

基于马尔科夫过程的拥挤预测可通过式（2-2）进行：

$$(TS)_t = (TS)_{t-1} \boldsymbol{P} \tag{2-2}$$

式中，$(TS)_t = \{(TS_1)_t, (TS_2)_t, (TS_3)_t, \cdots, (TS_{nc})_t\}$ 为 t 时刻路网中某个交叉口的交通状态，nc 为受控智能路网中交叉口的个数，$(TS)_{k-1}$ 为 $k-1$ 时刻路网中各交叉口的交通状态，$(\boldsymbol{P})_{n\times n}$ 为路网中各交叉口之间的交通状态转移矩阵。

2.3.4 主动式交通控制

主动式交通控制思想是在把握路网交通流运动规律的基础上，对路网交通管控的时机进行精准把握或干预，以对交通流运动过程及状态进行自主的、预测性地引导、调整和控制，防止城市路网陷入严重拥堵之中。一般来说，精准把握或干预的手段包括交通信号控制和交通诱导。此外，利用交通子区内部宏观变量之间的映射关系，可以较为精准地把握 MFD 子区内部交通流的运动规律，因而可以利用 MFD 区域内部的映射关系，确定交通管控的时机、方式和强度（如边界控制和宏观网络角度下的交通诱导），以此达到主动式交通控制的目的。

近年来，随着数据科学的兴起，数据驱动的交通信号控制越来越受到学者们的关注。由于人工神经网络具有强大的拟合预测能力，以及它可以对输入的交通状态进行充分学习，因此，它可以识别隐藏在交通状态背后的交通模式，进而达到精准控制的目的。所以，数据驱动的交通信号控制也被看作一种新型的主动式交通控制。

1. 主动式边界控制

（1）完全宏观视角下的主动式边界控制。

假如图 2-4 所示的区域内存在子区域集合 $R = \{1, 2\}$，其中子区 2 为拥挤区，子区 1 为外围区域。$q_{12}(t)$ 表示 t 时刻从 1 区到 2 区的流量；$u_{12}(t)$ 表示 t 时刻从 1 区到 2 区的流量调节率；区域 2 是控制对象，具有紧凑型 MFD 图，可表示为 $Q = f(N)$；最大流量 $G_{\max}$ 对应道路车辆数 $N_{\max}$。边界控制是指通过实时观察道路车辆数，调节控制小区边界出入流率 $u_{12}(t)$ 和 $u_{21}(t)$，使路网 R_2 在 t 时刻的车辆总数 $\sum_{i \in R} q_{2i}(t)$ 接近 $N_{\max}$，即 $\left| N_{\max} - \sum_{i \in R} q_{2i}(t) \right|$ 最小，从而使路网的车辆出行完成率 $G(t)$ 达到最大。

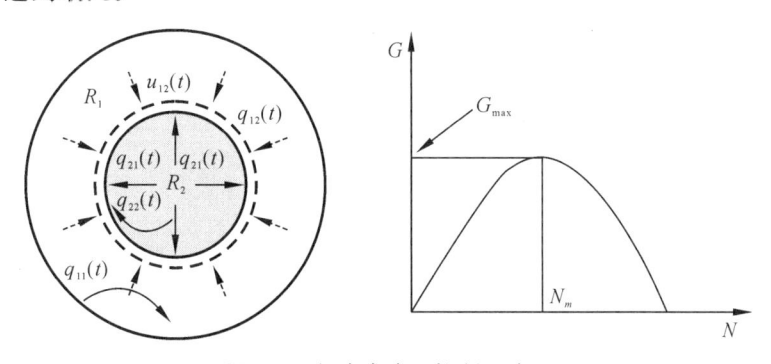

图 2-4　主动式边界控制示意图

MFD 被定义为关于区域累计量 n_i 的映射关系 $G_i(n_i(t))$（veh/s），具体可表示为

$$G_i(n_i(t)) = a_i \cdot n_i(t)^3 + b_i \cdot n_i(t)^2 + g_i \cdot n_i(t) + h_i \qquad (2\text{-}3)$$

式中，$G_i(n_i(t))$ 为区域 i 在 t 时刻总的出行完成率，它包含两部分出行完成量，分别见式（2-4）和（2-5）；a_i, b_i, g_i, h_i 为函数的参数估计值。

$$M_{ij} = \frac{n_{ij}(t)}{n_i(t)} \cdot G_i(n_i(t)), \ i \neq j \qquad (2\text{-}4)$$

$$M_{ii} = \frac{n_{ii}(t)}{n_i(t)} \cdot G_i(n_i(t)) \qquad (2\text{-}5)$$

式中，M_{ij} 表示 t 时刻从子区 i 到子区 j 的出行完成率，属于外部出行；M_{ii} 表示 t 时刻从子区 i 内部出行的完成率。

Nikolas Geroliminis 等[131]认为，图 2-5 所示的两区域 MFD 控制问题可以表述为以下过程：

$$J = \max_{u_{12}(t), u_{12}(t)} \int_{t_0}^{t_f} (M_{11}(t) + M_{22}(t)) \mathrm{d}t$$

$$\text{s.t} \begin{cases} \dfrac{\mathrm{d}n_{11}(t)}{\mathrm{d}t} = q_{11}(t) + u_{21}(t) \cdot M_{21}(t) - M_{11}(t) \\[4pt] \dfrac{\mathrm{d}n_{12}(t)}{\mathrm{d}t} = q_{12}(t) - u_{12}(t) \cdot M_{12}(t) \\[4pt] \dfrac{\mathrm{d}n_{21}(t)}{\mathrm{d}t} = q_{21}(t) - u_{21}(t) \cdot M_{21}(t) \\[4pt] \dfrac{\mathrm{d}n_{22}(t)}{\mathrm{d}t} = q_{22}(t) + u_{12}(t) \cdot M_{12}(t) - M_{22}(t) \\[4pt] n_{11}(t) + n_{12}(t) \geqslant 0 \\[2pt] n_{21}(t) + n_{22}(t) \geqslant 0 \\[2pt] n_{11}(t) + n_{12}(t) \leqslant n_{1,\text{jam}} \\[2pt] n_{21}(t) + n_{22}(t) \leqslant n_{2,\text{jam}} \\[2pt] u_{\min} \leqslant u_{12}(t) \leqslant u_{\max} \\[2pt] u_{\min} \leqslant u_{21}(t) \leqslant u_{\max} \\[2pt] n_{11}(t_0) = n_{11,0}; \ n_{12}(t_0) = n_{12,0} \\[2pt] n_{21}(t_0) = n_{21,0}; \ n_{22}(t_0) = n_{22,0} \end{cases} \qquad (2\text{-}6)$$

式中，t_f 是终到时刻；$n_{1,\text{jam}}, n_{2,\text{jam}}$ 分别表示子区 1 和子区 2 可承载的最大累计量；$u_{\max}$ 和 $u_{\min}$ 分别表示调节的上下界值。

求解上述方程时，一般将连续时间划分为离散时间间隔。

主动式的控制行为在于利用式（2-3）所示的演化规律，合理确定下一步骤的流入流出比例，在最大限度上保证了交通区域不陷入拥堵状态。

上述边界控制是 Nikolas Geroliminis 等人阐述的一种完全宏观视角下的边界控制过程。

（2）宏微观视角结合下的主动式边界控制。

在宏观视角下，主要是依据路网 MFD 小区内不同宏观指标之间的映射关系来观察边界控制策略的实施与否。例如，图 2-5 表达了路网车辆累计数与路网车辆出行完成率之间的关系，即随着路网中车辆累计数的增加，路网车辆出行完成率呈现出先增加后减少的趋势。为了使车辆出行完成率维持在较高水平，从宏观角度考虑，当路网内部的车辆累计数达到或超过 n_c 时，需开启边界控制策略，以使交通子区内部的车辆变化量维持在一定的水平。为了使子区内部的车辆维持在一定的区间水平，需要精准控制边界上每个交叉口的信号配时方案，同时每个边界交叉口既需要延迟一部分车辆进入路网内部，又需要将交叉口进口道的车辆排队数目维持在可控水平。为了更好地平衡路网内外部之间的矛盾，可采用某种预测方法预测边界交叉口交通流的演化状况，再结合路网宏观累计量需要，从而科学精准地调控边界交叉口信号控制方案。

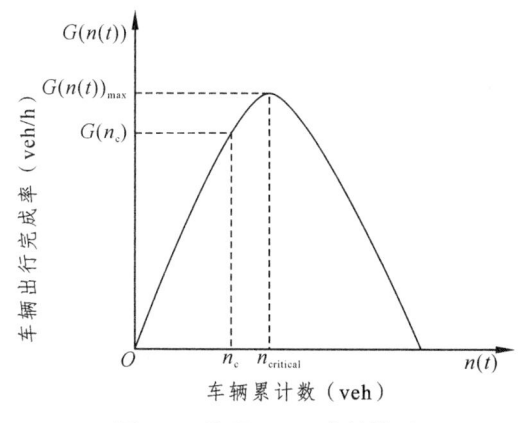

图 2-5 路网 MFD 映射关系

宏微观视角结合下的主动式边界控制方式中有两处体现了主动式控制思想：其一，当路网内部的车辆累计数达到调控阈值时，主动开启边界控制策略，这是一种主动提前预防的思想；其二，预测边界交叉口的车流演化状况，提前与路网内部的需求进行博弈，从而制订更好的信号控制方案。

2. 主动式交通诱导

车辆动态诱导需要详细掌握路段级别（Link-level）的交通流演化，即时变的交通流量、路段车辆的进入率和输出率，以及每个路段上的旅行时间和速度，这若在大尺度城市规模中运用，则需要花费巨大的计算代价，对实施城市交通管理与诱导是巨大的挑战[132]。为了避免在细粒度的路段级别建模上花费大量计算资源，同时又从城市网络尺度考虑实施的交通诱导，国内外学者在城市实施交通运营管理中引入宏观基本图的概念，其中以路段刻画交通流动态信息的形式被基于同质区域（Zone-based）刻画的形式所取代[133-135]。其主要思想是将路网信息进行聚合化表达，得到子区域内部定义良好的 MFD 交通流映射关系，进而利用区域内部聚集的车辆数估计当前时刻或下一时刻时变的区域交通信息,从而对车辆进行区域路径诱导。

例如,图 2-6 所示的宏观路径诱导示意图中,宏观路径是对 MFD 区域总体路径的高度抽象与总结,是相对于微观路径而言的,而微观路径是指车辆在实际运行过程中所经过的起点、路段、交叉口等实际走行路径。宏观路径诱导的传统做法是将划分的 MFD 区域作为一个宏观通道且长度恒定;主要思想是依据 MFD 区域的宏观聚合特性将路网需求的分配流程粗糙化,以免某一区域涌入过多车辆。描述宏观路径时,需要将研究的网络划分为 F 个子区域,记为 $\Re=\{R_1,R_2,\cdots,R_F\}$,每个子区域都有定义良好的 MFD 映射关系,再依据 MFD 动态特征映射的宏观信息为车辆路径提供决策依据,因此,宏观路径是以区域形式表达的。例如,图 2-6 中所示的宏观路径:(1) R_1,R_2,R_4;(2) R_1,R_3,R_4。由对宏观路径的分析可知,MFD 路线引导方案一般考虑的是车辆的区域性走向问题,即车辆集中汇总式方案。而在实际车辆路径引导中,需要将车辆具体的路径引导信息发送给车辆,因此,我们需要在宏观车辆路径诱导的基础上进一步细化车辆诱导的尺度。

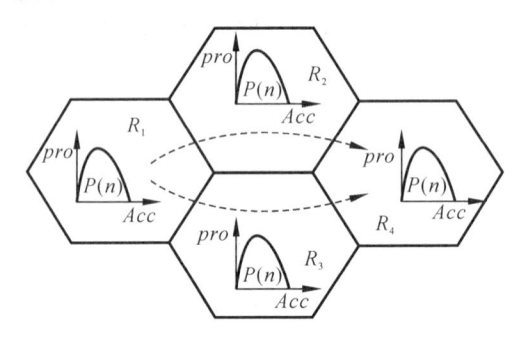

图 2-6 宏观基本图视角下的路径诱导

基于以上分析可知,宏观基本图视角下的主动式交通诱导的一般逻辑为:

Step1:获取各交通子区内部的 MFD 映射关系;

Step2:在交通子区 MFD 映射关系的基础上,依据不断更新的路网宏观变量求解车流宏观平衡分布,从而获得车辆的宏观走向路径;

Step3:在车辆宏观走行路径的基础上,根据宏观路网与微观路网的联系构建宏观路径向微观路径转移的"纽带";

Step4:将车辆具体的微观走行路径发送给源点的出发车辆;

Step5:按时序步进重复 Step2,Step3,Step4。

宏观基本图视角下的交通诱导体现的主动式控制,在于依据子区内部的宏观映射关系和粗糙式的交通分配方案,以防某一区域涌入过多的车辆,从而陷入严重的交通拥堵中。

3. 数据驱动的交通信号控制

强化学习(Reinforcement Learning)是机器学习中的一种算法[136]。它主要通过智能体(Agent)与环境互动,即通过观测环境当前的状态(State),做出行动决策(Action),进而得到反馈奖励信号(Reward),再通过充分的互动试验和试错,使智能体学习到一种较好的控制策略。因此,由四个元素组成的元组 $<S,R_d,R_a,p>$ 可以被用来定义一个强化学习模型。其具体解释如下:

S:状态空间集,s 是系统状态的某次具体观测值($s\in S$);

R_d：动作空间集，a_s 是根据某次具体观测值 s 做出的决策动作（$a_s \in R_d$）；

R_a：奖励空间集，$r_{s,a}$ 具体表示的是智能体在系统状态 s 下采取动作 a_s 时得到的系统反馈奖励值；

p：系统状态的转移概率函数，具体可表示为 $p(s'|s,a_s)$，即系统从当前状态转移到下一个状态的概率。

在强化学习一类 Model-Free 的控制方法中不需要考虑系统的转移概率，而在另一类 Based-Model 的方法中则需要考虑系统状态的转移概率。强化学习处理的问题一般是一个动态规划问题，其策略由一系列接续发生的动作组成，强化学习的目的是希望从初始状态开始到终止状态结束，不断重复这个过程并学习到一种最优策略，最优策略会使累计期望回报最大化。将其一般化可表示为：智能体在系统处于状态 s 时采取动作 a_s 可使系统达到下一个状态 s' 并得到奖励 r，这一过程也被称为强化学习中的一条轨迹记录，轨迹具体可表示为 $<s,a,r,s'>$。

Deep Q Network 方法在进行学习训练时[137]，主要涉及学习策略 π 的动作值函数 $Q^\pi(s,a_s)$，它是对未来累计奖励期望值总和的估计。具体可表示为：策略 π 在第 t 步时观测到系统状态为 s 并采取动作 a_s 的 $Q^\pi(s,a_s)$ 函数，即式（2-7）：

$$Q^\pi(s,a_s) = E(r_t + \gamma r_{t+1} + \gamma^2 r_{t+2} + \cdots | s_t = s, a_t = a_s) = E\left(\sum_{k=0}^{\infty} \gamma^k r_{t+k} | s_t = s, a_t = a_s\right)$$

（2-7）

式中，γ 表示折扣系数，它一般在区间 $[0,1)$ 内，取值通常为 0.99；γ 的含义是指离当前时刻最近的奖励比未来的奖励即远离当前时刻的奖励更有价值。

最优策略中的动作策略 π^* 可以由动态规划递归求解得到，即如果智能体知道后续状态的最优 Q 值，那么最优策略只会选择获得最高累积回报的行动。因此，可以根据后续状态的最优 Q 值，计算得到最优 $Q(s,a_s)$ 值。求解出的 $Q^{\pi^*}(s,a_s)$ 值可由贝尔曼递归方程表示，具体见式（2-8）：

$$Q^{\pi^*}(s,a_s) = E_{s'}\left(r_t + \gamma \max_{a_s'} Q^{\pi^*}(s',a_s') | s,a_s\right)$$

（2-8）

式（2-8）最直接的含义是累计奖励等于即时奖励与未来最优奖励的总和。如果可以准确估计未来的最优奖励，则可以计算从当下时刻开始的累计奖励。该方程可以采用动态规划的方法求解。为了求解最优 $Q(s,a_s)$ 值，一般要求状态数是有限的，即动态规划求解的复杂度可控，但实际问题遇到的情况都是高维状态问题。随着神经网络的发展，可构建神经网络函数去近似 $Q(s,a_s)$，即 Q 网络。

3 智能路网的多层网络模型构建

3.1 智能路网定义

正如 2.2 节分析的那样，现实智能交通系统的发展状况和大量理论研究结果都表明，开放性的交通网络系统越来越具有相对"封闭"性，车辆行驶及车流运动越来越具有"可控"性[138]，并在新一代的智能交通系统框架下，形成了具有信息化和智能化控制特征以及在受控条件下的交通运行模式，这使得城市交通系统逐渐成为具备能观性和可控性的"受控系统"[139]。例如，检测距离大于 200 m 时可采用"毫米波雷达"进行检测，小于 80 m 时可采用"视频检测器+激光雷达+毫米波雷达"进行检测，由此可获取城市路网各路段上车辆的速度、断面流量、交通流量、占有率、车辆间的距离等参数。这样不仅丰富了交通信息采集种类，而且还扩大了交通信息采集范围，再加上 5G 通信、车联网、车路协同等技术，使得城市路网信息能够在多维度的时空范围和多主体之间实时交互和共享，进而使路网基础设施本身的内涵和对路网交通的控制水平不断提高，日趋智能化。

智能路网是指在智能交通系统条件下，通过对传统交通土木工程基础设施的信息化，实现交通数据信息自动采集、存储、传输和施效，并集成融合有关计划管理和运行控制软件，进而实现交通流在时间和空间上的主动引导和分流，达到平衡有序的能观、可控、自主协同的综合集成路网。智能路网不仅针对局部或者各种单独状态及过程，而且能够在城市路网整体层面上对交通流进行控制。在智能交通系统的发展过程中，城市交通的管理与控制已明显体现出这种智能化现象和特质，而集成了信息基础设施和智能管控算法的智能路网旨在避免城市交通拥堵由局部向整体扩散，确保交通参与者的交通安全，减少交通事故，这些均改善了城市路网交通运输环境，使得车辆在道路上快速、畅通、舒适地行驶。

当前，我国城市道路普遍进行了不同程度的电子警察系统、交通信息服务系统、交通监控系统及治安卡口系统的建设，这在一定程度上体现了路网的信息化、智能化，是智能路网的一个初始发展阶段。全息路口和智慧交管是这几年智能交通领域中的热点应用，智慧/全息路口主要采用"雷达+摄像机"感知交叉口环境，融合边缘计算、先进传感技术和 AI 算法等，构建"智慧+感知"能力，从而为交通控制奠定了完备的数据基础。智慧/全息路口是智能路网发展的一个关键阶段。2017 年以后，国内的一些城市逐渐开始智慧/全息路口的试点应用，以智慧/全息路口为基础的全息道路项目也陆续出现。2021年成都大运会智慧交通建设项目中就包含全息道路建设，主要有高精度地图和数字孪生系统等建设内容。智能路网已逐步在现实场景中实现，并在不断发展和完善。当今正在蓬勃发展的车联网就是指车载装备借助无线通信技术，全面感知道路交通环境，进而实现车辆行驶和交通系统的智能化控制。因此，车联网或智能网联汽车可以看作路网智能化的一种理想模式，是城市智能路网正在逐渐实现的标志。

3.2 智能路网多层结构建模

智能路网可为交通出行提供翔实的数据支撑，路网交通模型构建主要考虑以下几个方面：

（1）提供准确的静态道路交通信息，能够真实反映现实路网的几何形态，比如车道位置信息、交叉口、车道参数（车道数量、车道限速等）等，为车辆构建精确的行驶环境，为交通出行提供基本环境参数。

（2）提供精确的动态道路交通信息，比如城市路网交通流状态特征信息（车道断面流量、车速、占有率等）、交叉口交通动态控制及管理信息、路网交通拥堵信息等，为智能车辆任务规划和任务轨迹提供动态环境参数。

（3）能够充分表达城市路网的拓扑规则，比如路段间的联通关系、车道之间的转向关系等。

传统路网主要以交通土木工程基础设施为基础，将路段作为弧段、交叉口作为节点，用点-弧模型对整体交通网络进行抽象，建立拓扑关系。传统路网反映了路网的物理结构，运用拓扑学中的知识将路网中的路段和交叉口进行简化和省略，并与几何等同或绑定为一体，不便于表达几何与拓扑要素之间的多对多关系，也不能反映路网交通的连续性现象和集合结构，尤其是信息化水平和智能化特征。同时，传统的网络模型缺乏对道路交通本体和语义的考虑，而有效的语义信息利用，比如车道序列、行车规则、车道相对位置、上下相对关系等，更符合高效的网络分析和空间运动决策需要。下面提出的智能路网多层结构模型以传统路网模型框架为基础，在保留真实路网信息的同时，增加了车辆通行所需的实时交通数据，完整地表达出道路细节信息，同时提供了完备丰富的路网信息。

智能路网结构如图3-1所示。

智能路网的概念模型为

$$\varGamma = \varOmega(G_l, G_p, D_s, x_f) \tag{3-1}$$

式中，$\varGamma$表示智能路网；$\varOmega$表示结构集成方式与信息融合关系；G_l表示交通网络几何信息有向图；G_p表示道路渠化、信号控制方式；D_s表示动态交通信息；x_f表示网络交通流状态。

3.2.1 第一层结构建模

为了将城市道路以网络的形式抽象表达出来，方便对城市交通管理和控制进行研究，首先进行第一层结构建模。第一层结构建模是城市路网拓扑结构建模，主要有原始法和对偶法这两种方法[140]。其中，原始法将交叉口抽象为节点，路段抽象为边；原始法能够保留真实路网的全部地理信息，建模过程简单直观。对偶法则把交叉口抽象为图的边或弧，路段抽象为

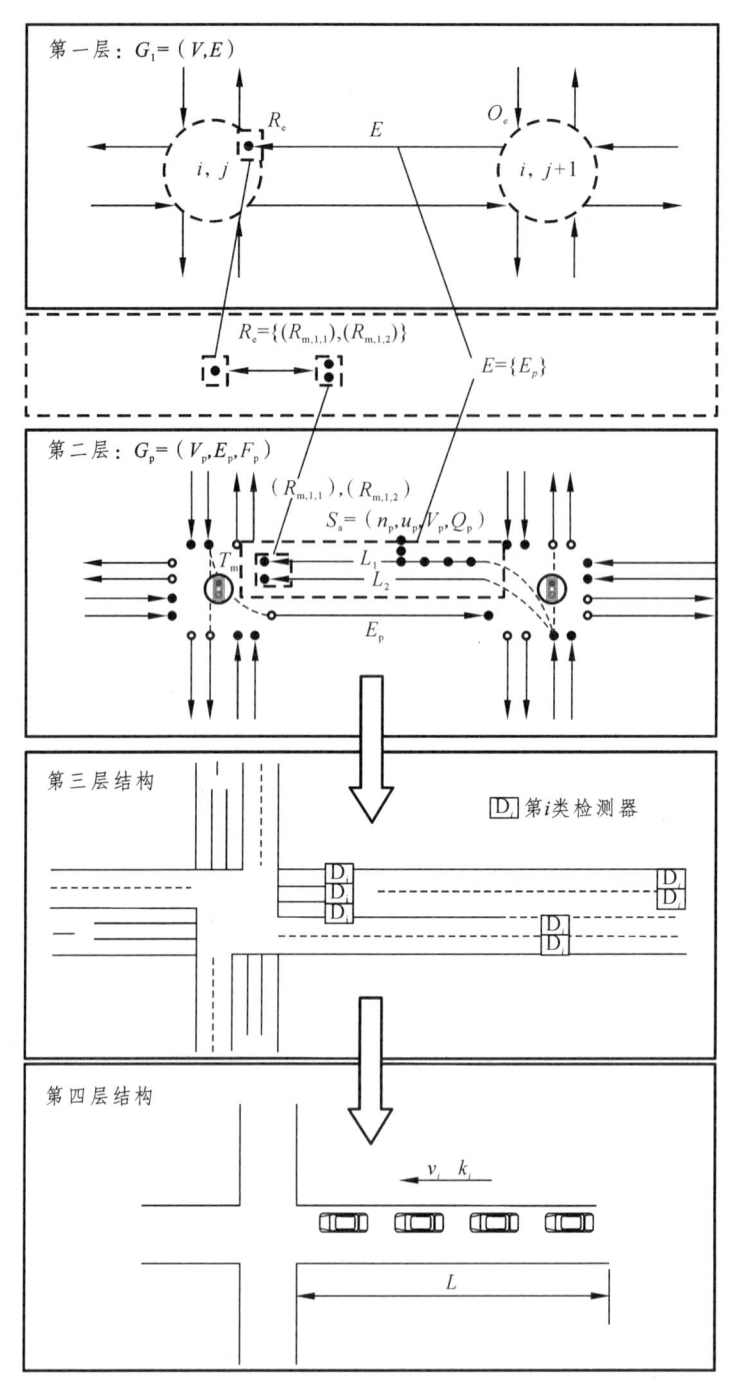

图 3-1　智能路网结构示意图

图的节点；对偶法仅保留了各节点的相互作用，其网络具有典型的无标度网络的宽度分布特性[140]。原始法虽然不能像对偶法那样体现出无标度网络的分布特性，但是原始法能够充分利用实际路网交叉口之间的连接信息、路段之间的各种参数（断面车速、交叉口信号配时、交叉口排队长度等）。因此，为了更好地保留现实路网信息，下面以原始法为基础构建城市路网的第一层模型。第一层路网结构如图 3-2 所示。

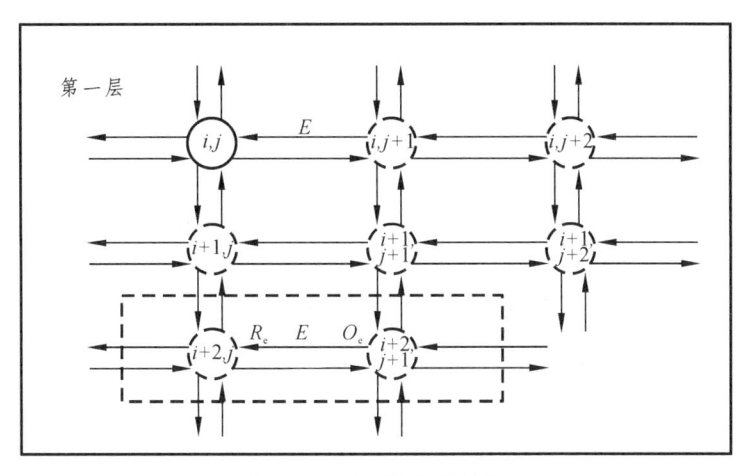

图 3-2　第一层路网结构

第一层结构模型可以表示为

$$G_l = (V, E) \quad (3\text{-}2)$$

式中，V 为节点（交叉口）的有限集合；E 为边的有限集合，其中，边为两个交叉口之间的单向连接，交叉口为两条或者多条边的连接点。

其中，节点用路网中的行位置 i 和列位置 j 表示，记为 $V(i,j)$，其他相邻交叉口也用相应的坐标表示，如图 3-2 中虚线框所示。$V(i,j)$ 可以表示为

$$V = \begin{pmatrix} V_{1,1} & \cdots & V_{1,j} \\ \vdots & \ddots & \vdots \\ V_{i,1} & \cdots & V_{i,j} \end{pmatrix} \quad (3\text{-}3)$$

E 表示为

$$E = \{e_{(i,j),((i\pm n),(j\pm m))}\} \quad (3\text{-}4)$$

其中，$i > n; j > m; i = 1,2,\cdots; j = 1,2,\cdots; m = 0,1,2,\cdots; n = 0,1,2,\cdots; n \neq m$。

第一层路网的边主要由该路段的连接节点以及路段本身属性组成，可以表示为

$$e_{(i,j),((i\pm n),(j\pm m))} = (R_e, O_e, V_{\text{in}}, V_{\text{out}}, Q_N) \quad (3\text{-}5)$$

式中，R_e 为进入该路段的端点集合；O_e 为离开该路段的端点集合；V_{in} 表示进入该边的交叉口；V_{out} 表示离开该边的交叉口；Q_N 表示路段的基本属性，主要有路段长度 l、道路等级 g_e 等。

端点在城市路网的路段和交叉口中有着重要地位，路段入端点 R_e 可以用公式（3-6）表达：

$$R_e = (u_r, v_r) \quad (3\text{-}6)$$

式中，u_r 表示边端点的位置（二维或者三维表示）；v_r 表示边端点的方向。

出端点 O 同理。

第一层路网的点边模型如图 3-3 所示。

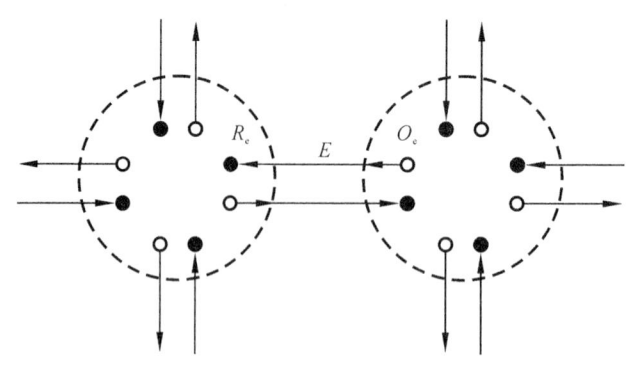

图 3-3 第一层路网的点边模型

3.2.2 第二层结构建模

为了详细描述两个相邻交叉口之间的交通组织渠化情况、交叉口信号机信息、车道的应用状态、车道连接属性和车道类型（混合车道、公交车专用车道、HOV 车道等），需要进行第二层路网结构建模。用公式（3-7）表示：

$$G_p = (V_p, E_p, F_p) \tag{3-7}$$

式中，V_p 为车道级交叉口集，$V_p \in V$；F_p 表示交通信号机属性；E_p 为车道级道路集合边（路段）的有限集合，$E_p \in E$。

其中，车道级道路集合中的道路，由一条或者多条车道组成，用公式（3-8）表示：

$$e_p = (L_a, V_{in}, V_{out}) \tag{3-8}$$

式中，L_a 为路段上的车道集合。

车道级道路集合中的每个元素，也就是车道 l_a，用公式（3-9）表示：

$$l_a = (S_a, Q_a, para) \tag{3-9}$$

式中，S_a 为车道上连接点的集合；Q_a 表示车道属性（车道长度 $l_{a,s}$，宽度 $l_{a,w}$，限速信息 V_b 等）；$para$ 表示车道的其他属性（如车道转向、是否允许变道等）。

车道上的连接点是表示车道中心线的点，可以表示为

$$s_a = (n_p, u_p, v_p, Q_p) \tag{3-10}$$

式中，n_p 表示连接点在整个车道上的序号；u_p 表示车道连接点的地理坐标；v_p 表示车道连接点的速度方向（车道中心线的切线方向）；Q_p 表示控制点属性。

第二层路网结构模型的交叉口模型主要有与交叉口连接的车道出入口端点、车道层交通矩阵，如图 3-4 所示。车道序号按照文献[141]规定的方法，最外侧车道编号为 1，往车道中心线方向序号依次递加。

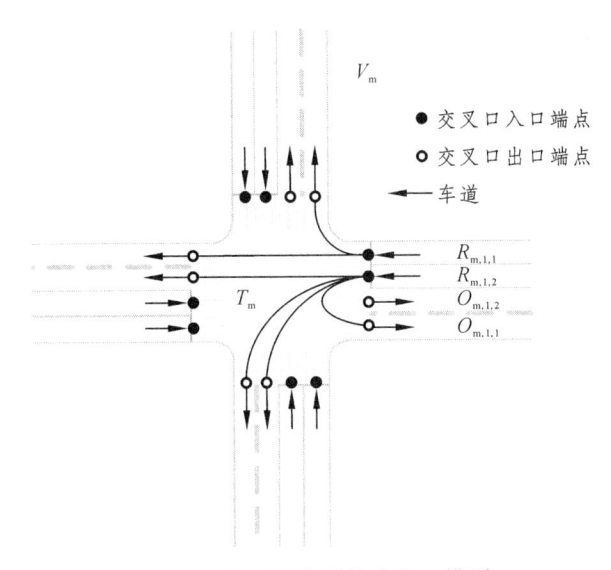

图 3-4 第二层路网的交叉口模型

第二层路网的交叉口模型可以表示为

$$V_m = (R_m, O_m, T_m) \tag{3-11}$$

式中，$V_m \in V(i,j)$；R_m 为该交叉口的车道级入口端点集合；O_m 为该交叉口的车道级出口端点集合；T_m 为该交叉口的车道级交通矩阵，表示出口道端点和入口道端点之间的拓扑连接关系。

其中，

$$\boldsymbol{T}_m = \begin{matrix} \\ O_{m,1} \\ \vdots \\ O_{m,j} \end{matrix} \begin{pmatrix} R_{m,1} & \cdots & R_{m,i} \\ \boldsymbol{t}_{m,1,1} & \cdots & \boldsymbol{t}_{m,j,1} \\ \vdots & \ddots & \vdots \\ \boldsymbol{t}_{m,1,j} & \cdots & \boldsymbol{t}_{m,i,j} \end{pmatrix} \tag{3-12}$$

式中，$t_{m,i,j}$ 表示从入口端点集合 $R_{m,i}$ 到出口端点集合 $O_{m,j}$ 的连接关系。

$$\boldsymbol{R}_{m,i} = (R_{m,i,1}, R_{m,i,2}, \cdots, R_{m,i,i_m}) \tag{3-13}$$

$$\boldsymbol{O}_{m,j} = (O_{m,j,1}, O_{m,j,2}, \cdots, O_{m,j,j_m}) \tag{3-14}$$

式中，$R_{m,i}$ 为入口端点集合，$R_{m,i} \in R_e$；$O_{m,j}$ 为出口端点集合，$O_{m,j} \in O_e$；i_m 表示入口端点集合 $R_{m,i}$ 中车道级端点的数量；j_m 表示出口端点集合 $O_{m,j}$ 中车道级端点的数量。

$$\boldsymbol{t}_{m,i,j} = \begin{matrix} \\ O_{m,j,1} \\ \vdots \\ O_{m,j,j_m} \end{matrix} \begin{pmatrix} R_{m,i,1} & \cdots & R_{m,i,i_m} \\ t_{m,i,j,1,1} & \cdots & t_{m,i,j,i_m,1} \\ \vdots & \ddots & \vdots \\ t_{m,i,j,1,j_m} & \cdots & t_{m,i,j,i_m,j_m} \end{pmatrix} \tag{3-15}$$

$$t_{m,i,j,i_m,j_m} = (f, k_m, S_a) \tag{3-16}$$

$$S_a = (n_p, u_p, v_p, Q_m) \quad (3-17)$$

式中，t_{m,i,j,i_m,j_m} 表示入口端点集合 $R_{m,i}$ 的车道级端点 R_{m,i,i_m} 到出口端点集合 $O_{m,j}$ 的车道级端点 O_{m,j,j_m} 的连接关系；n_p 表示连接点在车道上的序号；f 表示车道是否能通行（0 表示不可以，1 表示可以）；k_m 表示通行方式（左转、直行、右转、掉头）；Q_m 表示交叉口连接点的属性信息。

3.2.3 第三层结构建模

全面、可靠的动态交通信息是提高城市交通控制效率的基础。常规的交通检测器能够检测到交通量、占有率、车辆速度等参数，但是，此种检测器也存在缺陷：单一类型检测器不能为动态交通控制、交通状态估计和交通信息服务等的应用提供丰富、高精度的数据[142]。城市路网的第三层结构建模是在第二层车道级模型的基础上，在路段上进行多种类型检测器组合布设，以提高路网交通数据获取效率，改善数据信息的质量问题。第三层路网通过组合布设地磁检测器、微波检测器等智能交通信息采集系统，反映路网动态交通信息。检测器示例参数如表 3-1 所示。

表 3-1 检测器示例参数

检测器类型	检测参数	布设方式	环境适应性	适用性	型号
地磁检测器	交通量、占有率、车速、车辆类型等	埋设	噪声干扰以及磁干扰	城市道路	3M Microloop
微波检测器	交通量、占有率、排队长度、车头时距等	非埋设	雨、雪影响，受大功率雷达干扰	交通流量大、车速均匀的道路	RTMS

为了获得真实的道路交通状态，需要在城市交通网络中布设充足的检测设备。城市道路路段示意图如图 3-5 所示，将总长为 l_L 的路段划分为 w 个长度为 $l_d = l_L/w$ 的小单元，沿着车辆行车方向从 1 到 y 对小单元进行编号，然后取路段小单元 $y(1 \leq y \leq w)$ 的中点作为检测器待布设位置。假设需要布设检测器 $K(0 \leq K \leq w)$ 个，路段中实心三角形处表示检测器实际布设点，空心三角形处表示检测器虚拟布设点。路网第三层结构中，动态交通信息 D_s 用公式（3-18）表示：

$$D_s = \sum I(D_i) \quad (3-18)$$

式中，D_i 表示检测器类型；$I(D_i)$ 表示第 D_i 类检测器检测的信息。

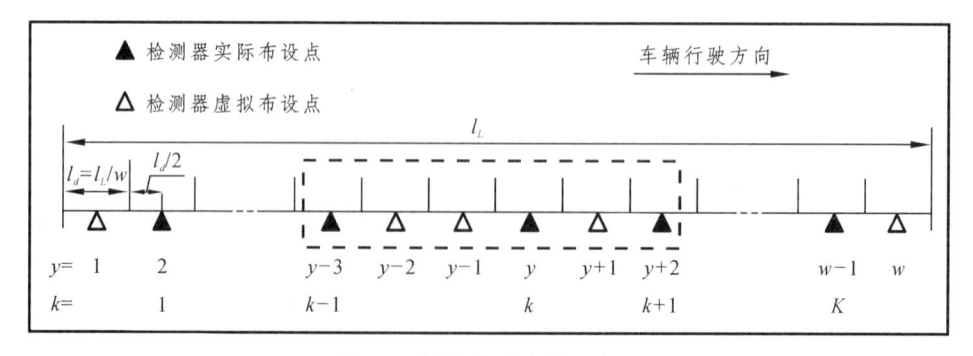

图 3-5 城市道路路段示意图

路网第三层建模主要是对检测器实际布设点所在路段的小单元进行编号,需要注意的是,布设点的检测器可能唯一,也可能多个。为了方便计算,将路段上多条车道整合成一条车道,来求解检测器所在车道上的位置。

以图 3-5 虚线框内路段为例,路段被三个实际检测器划分为 $(y-3, y)$ 和 $(y, y+2)$ 两个小路段。第 k 个检测器实际布设位置由公式(3-19)确定:

$$x_k^{D_i} = \begin{cases} \dfrac{l_d}{2} + (y_1^{D_i} - 1) \times l_d, & k=1 \\ y_{k-1}^{D_i} + (y_k^{D_i} - y_{k-1}^{D_i}) \times l_d, & k \geq 2 \end{cases} \quad (3\text{-}19)$$

式中,$x_k^{D_i}$ 表示路段上从起点到第 $k(k=1,2,\cdots,K)$ 个检测器的距离,D_i 表示检测器的类型,D_1 表示地磁检测器,D_2 表示微波检测器;l_d 为路段小单元长度;$y_k^{D_i}$ 表示第 k 个检测器实际所在的位置(如 $y_2^{D_1}=10$ 表示第二个实际检测器(地磁检测器)布设在第 10 个路段单元上)。

3.2.4 第四层结构建模

交通流在路网模型中是一个动态分布过程,它能为精细化的交通控制决策提供更加接近实际的数据信息,反映真实路网的交通流特征以及交通流的平衡关系。构建的第四层结构模型,可描述路网中交通流信息的变化过程。网络交通流状态如公式(3-20)表示:

$$x_f = (k_s, v_s, q_s, f_s) \quad (3\text{-}20)$$

式中,k_s 为车流密度;v_s 为车流平均速度;q_s 为车流量;f_s 为道路阻抗。

城市路网有向路线图如图 3-6 所示。现在选择一条长度为 L 的有向路段,假设在 t 时刻,路段上的交通流正处于平衡状态,此时车辆密度为 k_1,速度为 v_1,交通信号灯由绿灯转为红灯,红灯时间为 t_r,绿灯时间为 t_g,车辆自由流速度为 v_f,阻塞密度为 k_f。

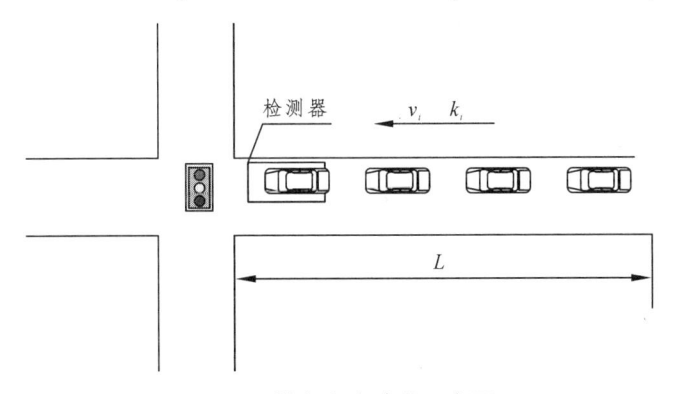

图 3-6 城市有向路段示意图

车辆排队情况:当交叉口信号灯由绿灯转为红灯时,车流在交叉口处形成了停车波。交通流波阵面为 s_1,过了停止线的车辆以速度 v_1 向前行驶。在 $t=t_r$ 时刻,信号灯变成红灯,停车线后面形成排队长度为 $v_f d_1 t_r$ 的车队,其中 d_1 是上游车流标准化密度。

车队消散过程:当 $t_r \leq t \leq t_r + t_g$ 时,交叉口信号灯处于绿灯状态,停车线内车辆开始启动,形成启动波。车流波阵面为 s_2,并且以速度 v_f 沿交叉口向后传播,停止线内的车辆以速

度 v_2 通过交叉口。此时有：

$$v_f \times d_1(T_d + t_r) = v_f \times T_d \qquad (3\text{-}21)$$

$$T_d = \frac{t_r \times d_1}{(1 - d_1)} \qquad (3\text{-}22)$$

$$T_a = \frac{v_f \times d_1(T_d + t_r)}{v_2} \qquad (3\text{-}23)$$

式中，T_d 为排队车辆完全消散时间；T_a 为排队车辆通过交叉口时间。

在交通信号灯交叉口处，在绿灯时间内全部清空交叉口处排队车辆的情况下，可采用公式（3-24）求解 v_1：

$$v_1 = v_f \times \left(1 - \frac{k_1}{k_f}\right) \qquad (3\text{-}24)$$

一个周期内通过检测器的车辆总数为

$$N_q = v_1 \times k_1(t_r + t_g) \qquad (3\text{-}25)$$

$$T_q = T_a + [N_q - k_f \times v_f \times d_1(T_d + t_r)] \times \frac{(l_c + l_v)}{v_2} \qquad (3\text{-}26)$$

式中，N_q 为一个周期内通过检测器的车辆总数；T_q 为检测器的间隙时间；l_v 为检测器长度；l_c 为车辆的平均长度。

排队中的每一辆车，安全有序通过整条路段的时间为：

第一辆车：$t_1 = \dfrac{(l_L - l_t)}{v_1} + \dfrac{(l_t + l_c)}{v_2} + t_r$；

第二辆车：$t_2 = \dfrac{\left(l_L - l_t - \dfrac{1}{k_f}\right)}{v_1} + \dfrac{(2l_t + l_c)}{v_2} + t_r$

……

第 n 辆车：$t_n = \dfrac{\left(l_L - l_t - \dfrac{(n-1)}{k_f}\right)}{v_1} + \dfrac{(n \times l_t + l_c)}{v_2} + t_r$；

不需要排队的车辆通过整条路段的时间为 $t = \dfrac{l_L}{v_1}$。

4 路网控制子区划分及边界模型表达

4.1 基本思想

城市交通网络是由路段和交叉口组成的一个有机整体，其交通特性与路段和交叉口紧密相关。随着智能交通技术的发展，车路协同技术、车联网技术和自动驾驶技术等技术逐步实用化，开放性的城市交通网络系统变得越来越具有相对"封闭"性，这为把握一定范围的交通运动提供了数据支持。

美国学者 Walinchus[143]在 1971 年首次提出了划分交通控制子区的概念，即将复杂庞大的交通路网基于特定原则划分为多个相对独立的子区分别进行管理，子区通常由多个相邻交叉口及连接它们的路段组成。划分控制子区可以方便管理者对路网进行交通分析与管控，因此，控制子区的划分对智能交通路网下的拥挤控制具有重要作用。

由 2.3.2 节可知，宏观基本图（MFD）独立于交通需求而存在，它能够反映路网的基本属性；在此背景下，智能路网拥挤控制可以脱离复杂的微观交通流机理，转而在交通子区层面完成较好的交通状态管控。为了获得高度聚合的 MFD 关系，需要对路网进行 MFD 子区划分，即将路网划分为多个匀质的控制区域以便利用 MFD 对城市路网进行交通控制。

基于 MFD 的路网交通研究越来越受到学者们的关注，然而，子区划分作为 MFD 应用的基础，却容易被理想化处理，如相关学者提出以(5~10) km^2 为标准用经验估计子区区域与最优子区个数。为了进一步提高交通子区划分的科学性，Ji 等人[126]提出了改进 Ncut 方法的子区划分方法。用 Ncut 法划分路网，优点是容易提取路网密度高和特征较明显的部分，但是它的分区结果可能不满足在每个子区内部最小化路段密度方差的目标，不一定产生最优的分区数量；另外，Ncut 法利用子区合并、边界调整和边界光滑处理方法，可将第一步粗浅划分的路网进一步划分成路段车辆密度均匀的子路网。本章节在此基础上进一步总结了 MFD 交通子区划分的逻辑：

Step1：获取待研究路网的历史交通数据（路段交通流、道路密度和道路长度等），且准确度较高；

Step2：拟合得到路网中存在的 MFD 曲线，如果路网中存在 MFD 特性，那么此抛物线形式可以用多次抛物曲线形式去拟合；

Step3：可分别采用二次、三次、四次或更高次抛物曲线去拟合 MFD 曲线，目的是在该次抛物线拟合情况下，应用后续的 Step4, Step5 方法，使其拟合方差最小；

Step4：利用基础方法（如 Ncut 方法）将路网划分成一定数量的子区；

Step5：在 Step4 基础上，将划分的子区进行子区逆向合并，利用提出的策略或方法，寻找出现 MFD 映射曲线拟合度最高的子区以及与其相应的路网子区划分结果。

与传统的子区划分方法相似，边界划分就是将控制子区划分看作一类聚类问题，需要通过设置合理的参数寻求控制子区良好的子区划分结果，以实现对交通子区的智能控制。

4.2 基于 MFD 的控制子区划分

由图 2-3 可知，MFD 曲线是对整个路网交通运行状态的反映，其表现形式可以被近似为流量-密度（加权平均密度）二次抛物线。

由 2.3.2 节可知，当控制子区内部的路网加权密度大于 K_{critical} 时，其内部交通流量开始呈现下降趋势，此时子区开始出现拥堵现象，而且拥堵一旦发生，子区就容易形成密度不匀质的状态，也就难以形成离散程度较低的优质 MFD 图像。所以，进行控制子区划分，主要是想通过对区域路网进行划分为该区域制订恰当的管控方案，从而控制出入子区边界的车流数量，使子区的路网密度维持在一定的状态范围内，实现控制子区内部的加权交通流量达到最优，保证整个交通系统的高效有序运行。

从另一个角度看，MFD 图像只有在路段交通流密度相对均匀的路网中才能较为清晰地呈现，因此，若需要通过 MFD 的相关指标进行交通管控，首先需要划分出密度较为匀质且空间连通性强的交通子区，然后通过交通子区内部交通流的均匀分配以及出入流的有效控制，使子区的整体运行效率保持在较高水平。

关于划分后的控制子区，其 MFD 图像的离散程度越低，路网临界占有率就越清晰，交通控制实施时机的准确性就越高，越易于将路网加权流量维持在较高水平，从而也就越有利于实现路网的交通拥挤实时控制。考虑到控制子区划分的最终目的，可将控制子区划分原则规定如下：

第一，划分后的控制子区，其内部交通流密度差异要尽可能地小，同时不同子区间间的密度差异要尽可能地大；

第二，划分后的不同控制子区在空间位置上要相互紧邻，以便拥挤控制策略的制订与有效实施；

第三，为保证城市路网的整体运行效率，划分后的控制子区数量要尽可能地少。

综合国内外相关研究发现，以获取清晰的 MFD 图像为目标的交通子区划分方法研究已取得了一定成果，而且大多数子区划分方法主要以聚类算法为内核，把每条道路看作聚类样本点，将道路的交通信息作为聚类信息，从而通过聚类目标与算法结构设计，获取性能较好的子区划分成果。但各算法均存在一定的缺陷，需要进行有针对性的改进。

4.2.1 考虑空间坐标的 K-means 算法分析与改进

4.2.1.1 K-means 算法分析

作为一种基础的聚类算法，K-means 算法[144]具有结构简单、时间复杂度低、聚类速度快等特点，即使面对大型路网数据，该算法也可以达到较高的处理效率。其算法结构如下：

Step1：假定有 KM 个聚类类别，通过随机方法确定 km 个中心点，确定 n_{km} 个参数，并作为样本点的 n_{km} 维坐标参数，用以计算距离。

Step2：计算每个样本点到各个中心点的距离，记为最小点间距，并将样本点归入最小距离所在类。

Step3：更新各个类别的中心点，中心点坐标取各类所有标记点 n_{km} 维坐标的平均值。

Step4：重复 Step3 和 Step4，当所有观测值均达到最大迭代次数时算法结束。

根据 K-means 算法的特性，K-means 算法较为适合作为子区划分领域适应性设计的基础算法。但是该算法也存在一定的局限性：其本质是对样本点进行聚类，忽略了子区内道路本身所具有的连通性，从而导致划分出的子区域不连通，难以有效地进行出入流控制。而且在进行路网划分功能的适应性算法改进时，通常把路网的各个道路看作样本点，各道路的交通参数作为样本点的 n_{km} 维坐标，进行路网划分，这样的做法会使道路数据丧失路网的连通性信息，使路网从网络状态变为散点状态。因此，当对聚类结果有连通性要求时，单纯的 K-means 算法很难给出期望的结果。

针对 K-means 方法在交通子区划分中的连通性问题，现有的改进方法主要是在聚类参数中加入各道路的空间坐标，以使划分的交通子区具有连通性。但是由于空间坐标与交通参数的量纲不同，直接加入空间坐标容易导致聚类数据权重失衡的现象发生，划分出的交通子区不符合要求，如图 4-1 所示。

图 4-1 坐标参数划分（左）与交通参数划分（右）示意图

在图 4-1 中，左图的空间坐标权重远大于交通参数权重，划分出的子区虽连通且形状规则但不匀质；右图的交通参数权重远大于空间坐标权重，划分出的子区虽匀质但不连通。

4.2.1.2 考虑空间坐标的 K-means 算法改进

基于上述提到的 K-means 算法的缺陷，现有研究并没有具体考虑空间坐标与其他交通参数之间的权重关系，这导致该方法难以具有普适性。根据路网划分的核心目标，即划分出连通且密度尽可能匀质的子区，本节所提出的控制子区划分方法将着眼于聚类算法结构，并在整合相关研究成果的基础上，探究聚类算法在控制子区划分领域的适应性设计，而在算法参数设计时，在保证所划分区域连通的情况下，密度参数分配尽可能大的值，以使算法能够获取连通性能更好而且密度匀质的控制子区。根据该思想，设计权重的分配方法如下：

Step1：建立不连通权重列表 Q_1 与连通权重列表 Q_2；

Step2：确定空间坐标以及密度参数的初始权重；

Step3：通过 K-means 算法进行交通子区划分；

Step4：若划分结果存在不连通区域，将此时的权重加入 Q_1，再将空间坐标的权重变更为当前的 1.5 倍，并返回 Step3；若划分结果连通，将此时的权重加入 Q_2，再将空间坐标的权重变更为当前的 0.5 倍，并返回 Step3。

Step5：当 $\max(Q_1)/\min(Q_2) \leqslant 1.05$ 时，权重分配结束，输出 $\min(Q_2)$ 为最佳连通权重。

将以上权重分配方法加入 K-means 算法后，形成考虑空间坐标权重分配的 K-means 算法，其结构流程如图 4-2 所示。

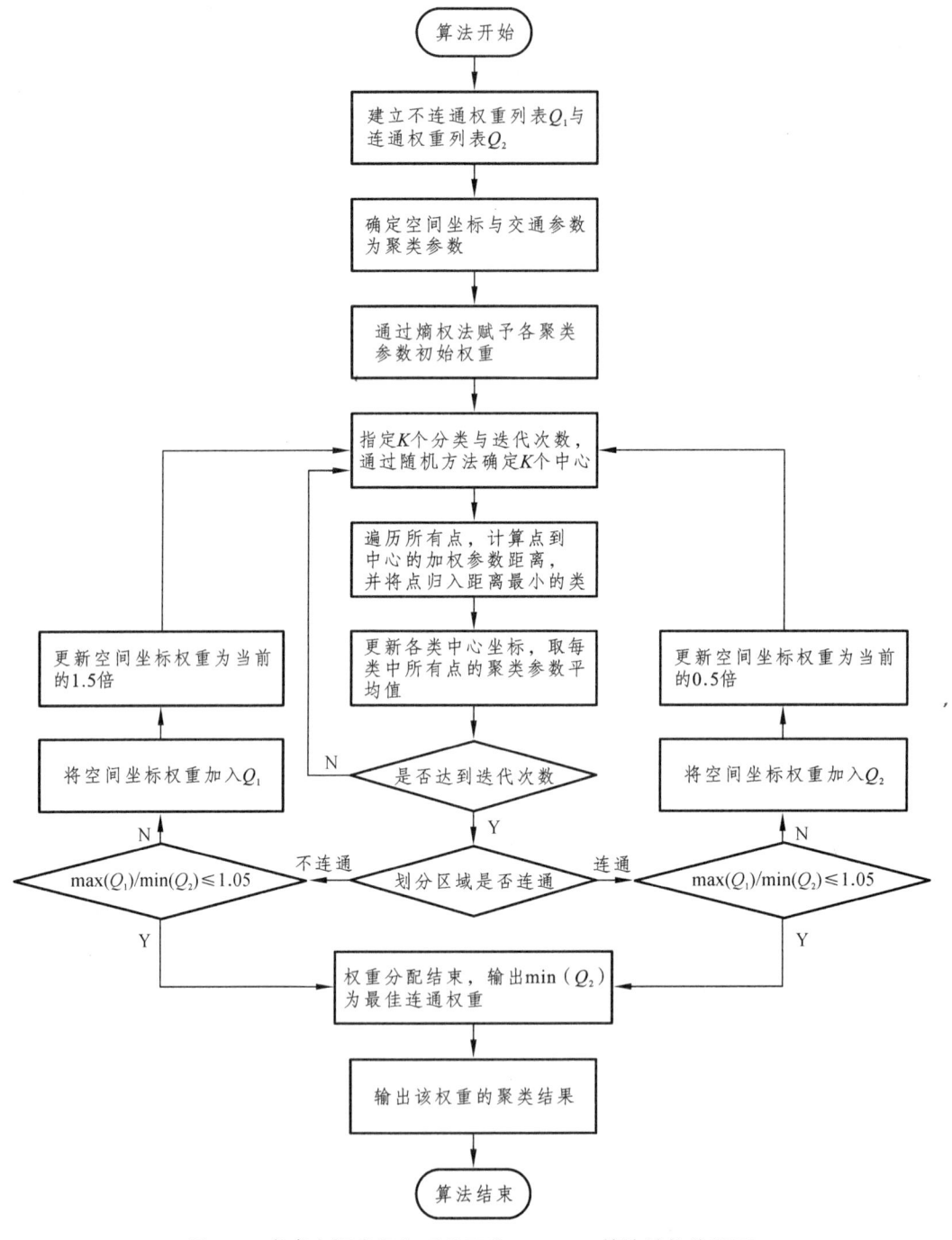

图 4-2 考虑空间坐标权重分配的 K-means 算法结构流程图

虽然进行参数权重处理后，可以得到在考虑密度匀质基础上连通性较好的划分结果，但是由于 K-means 算法结构本身的限制，改进参数权重分配后的 K-means 算法仍然存在许多问题，因此还需要从其他角度继续考量。

4.2.2 基于 MFD 拟合度最优的 Ji 的 Ncut 算法分析与改进

4.2.2.1 Ji 的 Ncut 改进算法分析

归一化割（Normalized Cut，Ncut）算法是在 K-means 算法基础上提出来的，其优点在于容易提取路网密度高和较明显的部分，但它的分区结果可能不满足在每个子区内部最小化路段密度方差的目标，不一定产生最优的分区数量。

Ji 利用 Ncut 算法对路网进行初始划分，得到初始划分的子区后，对划分的子区先进行逆向合并；每次只合并两个子区，在合并时要重新计算每个子区的密度均值和方差，并选择子区密度均值最相近的两个子区再进行合并；在整个合并过程中计算每次合并时各子区密度的平均匀质度，选取平均匀质度量最小的划分结果作为最优划分；确定最优划分后，寻找相邻子区的边界路段，通过调整边界路段再次优化各子区密度的平均匀质度；最后对划分的子区进行平滑处理。Ji 等在利用 Ncut 算法进行划分的基础上，考虑了道路交通密度的空间分布，再利用子区合并、边界调整和边界光滑处理方法将路网划分成密度均匀的子路网，弥补了 Ncut 算法的不足，使得子区划分更加客观与合理。

Ji 的方法通过定义划分指标，弥补了 Ncut 算法无法寻找最优划分数量的缺点，同时运用此方法可以将路网划分成密度均匀的子区，但仍存在一些不足：

（1）在边界调整时容易破坏路网的可达性；

（2）从边界控制角度来看，虽然可以划分成密度均匀的路网，但是密度均匀不一定意味着路网存在 MFD。

边界控制策略对子区划分的必备要求就是对象子区必须存在紧凑型的 MFD，所以 Ji 的划分方法对路网边界控制有一定的局限性。

4.2.2.2 基于 MFD 拟合度最优的 Ji 的 Ncut 算法改进

Ji 的 Ncut 算法目标是将路网尽可能地划分为匀质的子路网，但是匀质的子路网不一定有 MFD 特性，或者不一定有符合边界控制使用价值的 MFD。为了划分出均衡且存在较为完整 MFD 的边界控制子区，下面对 Ji 的 Ncut 算法进行改进：

（1）将目标函数设计为交通子区的 MFD 拟合优度，因为拟合优度高意味着它是紧凑型 MFD，即子区是均衡的[145-146]；

（2）引入子区匀质度衡量指标并设置指标阈值，目的是在路网被划分为多个子区时，防止出现局部特征明显但整体划分水平不良的情形及不可行解。

利用此方法对路网进行交通子区划分时，假设：

（1）路网的历史交通数据（路段交通流、道路密度和道路长度等）可以获得并且准确度高；

（2）路网中的 MFD 曲线形式为二次抛物曲线[147-148]。

划分算法主要分为以下两个步骤：

1. 利用 Ncut 算法将路网划成一定数量的控制子区

将路段视为 1 个节点，根据节点属性（速度和流量）以及邻接关系进行分区，即划分出的交通控制子区为邻接路段的集合。特别地，当确定路段属于某个子区后，一条路段两端的交叉口也随之划分。

（1）Ncut 算法初始化子区。

将交通网络模拟为一个无向路网 G，路段为节点，基于空间联系建立各路段的相邻关系。G 中节点 i_e, j_e 表示网络中的路段，密度值分别为 d_{i_e}, d_{j_e}；$a(i_e, j_e)$ 表示道路 i_e 与道路 j_e 之间的无向邻接关系，$a(i_e, j_e)=1$ 表示道路 i_e 与道路 j_e 直接相连，$a(i_e, j_e)=0$ 表示道路 i_e 与道路 j_e 不直接相连。利用 $a(i_e, j_e)$ 计算道路 i_e, j_e 的空间距离为最短路径长度 $r(i_e, j_e)$。设阈值为 1，道路 i_e 与道路 j_e 之间的相似度函数 $\omega(i_e, j_e)$ 定义为

$$\omega(i_e, j_e) = \begin{cases} \exp(-(d_{i_e} - d_{j_e})^2), & r(i_e, j_e) = 1 \\ 0, & r(i_e, j_e) > 1 \end{cases} \quad (4\text{-}1)$$

在图 $G(V, E)$ 中，V 为点集，E 为边集。路网 G 的任意两个子区 A, B 的割值可定义为

$$cut(A, B) = \sum_{i_e \in A, j_e \in B} \omega(i_e, j_e) \quad (4\text{-}2)$$

式中，$cut(A, B)$ 为 A, B 子区间的割值。

Ncut 算法的目标函数为

$$Ncut(A, B) = \frac{cut(A, B)}{cut(A, V)} + \frac{cut(A, B)}{cut(B, V)} \quad (4\text{-}3)$$

$$Nassoc(A, B) = \frac{cut(A, A)}{cut(A, V)} + \frac{cut(B, B)}{cut(B, V)} \quad (4\text{-}4)$$

式中，$Ncut(A, B)$ 为 A, B 子区间的相似程度；$Nassoc(A, B)$ 为 A, B 子区内节点间的相似程度。

Ncut 算法的目标是使 $Ncut(A, B)$ 值最小化，同时使 $Nassoc(A, B)$ 值最大化。联合公式（4-3）和公式（4-4），可以使划分目标在一个公式内达成，即

$$Ncut(A, B) + Nassoc(A, B) = \frac{cut(A, V)}{cut(A, V)} + \frac{cut(B, V)}{cut(B, V)} = 2 \quad (4\text{-}5)$$

由公式（4-5）可得

$$Ncut(A, B) = 2 - Nassoc(A, B) \quad (4\text{-}6)$$

可以看出，式（4-6）构成了 $Ncut(A, B)$ 越小、$Nassoc(A, B)$ 越大的数理关系。因此，在计算 Ncut 划分方法目标时，只需要选取其一目标进行计算就能得到符合期望的结果。虽然这是一个 NP 难题，但 Cour[149]等提出利用第二最小特征向量来求解最优解的算法已被证实有好的结果。

（2）子区划分评价指标。

Ncut 算法的分区结果可能不满足在每个子区最小化路段密度方差的目标，不一定产生最

优的分区数量，因此，为了评价和比较不同划分数量下的子区划分结果，基于子区密度均值和方差，可定义各子区内部匀质度的均值 Z 为评价指标。首先计算两个子区之间的轮廓值，记为 Y，用于量化子区 A,B 密度的差异，如公式（4-7）：

$$Y(A,B) = \frac{\sum_{i_e \in A} \sum_{j_e \in B} (d_{i_e} - d_{j_e})^2}{N_A N_B} \tag{4-7}$$

式中，N_A, N_B 分别为 A,B 子区内的路段数。

由于式（4-7）与子区 A 和子区 B 的空间关系不相关，难以量化子区 A 或子区 B 区域内路段的密度差异水平，下面利用式（4-8）计算每个控制子区的内部密度匀质度，即

$$Z(A) = \frac{Y(A,A)}{\min\{Ncut(A,X) | Adj(X,A) = 1\}} \tag{4-8}$$

式中，Adj 为子区邻接矩阵；$Adj(X,A)$ 表示子区 X 和子区 A 的邻接关系，若 $Adj(X,A)=1$，则子区 X 和子区 A 相邻。

显然，当路网 G 中子区数量为 K 时，整个路网中所有控制子区的平均匀质度为

$$Z_k^* = \frac{\sum_{A \in G} Z(A)}{K} \tag{4-9}$$

其中，Z_k^* 越小，K 子区划分下各子区内部密度的变化越小，路网的整体划分越合理。

2. 对初始划分的子区进行逆向合并，寻找 MFD 拟合度最高的子区

（1）MFD 最优拟合度计算。

利用路网加权占有率 o 和加权流量 f 来拟合 MFD 曲线，曲线方程可表示为

$$f = g(o)$$

其中，$g(o)$ 是 o 的二次函数，即在 $g(o)$ 中，o 的二次项系数小于 0 且最高次为 2。f 可看作 o,o^2 的线性组合，则求解最优拟合方程就是求解该线性组合的系数。对于任意一个控制子区 A，假设有 M 组占有率和流量数据，则占有率和流量拟合优度最高的函数关系 $g^*(o)$ 可用式（4-10）求解：

$$g^*(o) = \arg\max_{g(o)} \frac{\sum_{S=1}^{M} (g(o_S^A) - \overline{f^A})^2}{\sum_{S=1}^{M} (f_S^A - \overline{f^A})^2} \tag{4-10}$$

式中，o_S^A, f_S^A 分别为子区 A 中第 S 组数据中的占有率和流量值；$\overline{f^A}$ 为子区 A 的平均流量。

得到 $g^*(o)$ 时的拟合优度 $R^2(A)$ 越高，MFD 的离散程度越低。$R^2(A)$ 的计算公式为

$$R^2(A) = \frac{\sum_{S=1}^{M} (g^*(o_S^A) - \overline{f^A})^2}{\sum_{S=1}^{M} (f_S^A - \overline{f^A})^2} \tag{4-11}$$

（2）建立逆向合并寻找最优子区的模型。

在利用 Ncut 算法将路网初步划分为 n 个子区之后，对初始划分的子区进行逆向合并，寻找 MFD 拟合度最高的子区及此时的子区划分情况。建立模型所需参数及描述如表 4-1 所示。

表 4-1 模型参数定义

参　　数	描　　述
$G^k = \{G_1^k, G_2^k, G_3^k, \cdots, G_k^k\}$	路网 G 按照 Ncut 算法划分的 n 个子区合并成 k 个子区的路网子区状态
K	子区总数合集（$k \in K$）
G_μ^k	k 个子路网中的第 μ 个子路网
$a(G_\mu^k, G_\nu^k)$	合并子区数为 k 时，G_μ^k 与 G_ν^k 的邻接关系。$a(G_\mu^k, G_\nu^k)=1$ 表示两个子区直接相邻；$a(G_\mu^k, G_\nu^k)=0$ 表示两个子区不直接相邻
ε	路网中所有子区平均匀质度 Z_k^* 的阈值

将 n 个子区进行合并时，每次只合并两个相邻子区，然后将路网划分状态从 G^k 更新为 G^{k-1}，接着进行下一轮合并。在将 n 个子区逐渐合并成一个子区的过程中，k 既能反映每次合并时的子区数，也能从侧面反映合并进程。在动态合并过程中寻找 MFD 拟合度最优的子区模型如下：

$$\max_{\mu,\nu,k} R^2(C^k) a(G_\mu^k, G_\nu^k) \tag{4-12}$$

$$\text{s.t.} \begin{cases} C^k = G_\mu^k \cup G_\nu^k, \ \forall \mu,\nu \in \{1,2,3,\cdots,k\}, k \in K & (4\text{-}13) \\[2pt] \dfrac{Z(C^k) + \sum\limits_{G_m^k \subseteq, m \neq u,\nu} Z(G_m^k)}{k-1} \leq \varepsilon, \ \forall \mu,\nu,m \in \{1,2,3,\cdots,k\}, k \in K & (4\text{-}14) \\[2pt] G^{k-1} = (G^k - G_\mu^k - G_\nu^k) \cup C^k, \ \forall \mu,\nu \in \{1,2,3,\cdots,k\}, k \in K & (4\text{-}15) \\[2pt] G_1^k \cup G_2^k \cup G_3^k \cup \cdots \cup G_k^k = G^k = G, \ \forall \mu,\nu \in \{1,2,3,\cdots,k\}, k \in K & (4\text{-}16) \\[2pt] G_1^k, G_2^k, G_3^k, \cdots, G_k^k \neq \varnothing, \ \forall k \in K & (4\text{-}17) \\[2pt] G_\mu^k \cap G_\nu^k = \varnothing, \ \forall \mu,\nu \in \{1,2,3,\cdots,k\}, \mu \neq \nu, k \in K & (4\text{-}18) \\[2pt] 2 \leq k \leq n, \ \forall k \in K & (4\text{-}19) \\[2pt] a(G_\mu^k, G_\nu^k) = \begin{cases} 1, \ a(i_e, j_e)=1, i_e \in G_\mu^k, j_e \in G_\nu^k \\ 0, \ \text{其他} \end{cases} & (4\text{-}20) \end{cases}$$

其中，式（4-12）是整个模型的目标，目的是寻找在所有合并过程中具有最优拟合度 MFD 的子区 C^k，C^k 是 G_μ^k 与 G_ν^k 合成的新子区 [式（4-13）]。

结合式（4-12）和（4-13），若 G_μ^k 与 G_ν^k 不相邻，则 $a(G_\mu^k, G_\nu^k)$ 为 0，此时目标函数将会是 0，这意味着求解该模型时，基本可行合并方案不可能是合并两个不相邻的子区。

式（4-13）对合并后的子区内部匀质度进行了约束，即若合并后，路网子区的平均匀质度高于阈值 ε，则取消这次合并，因为这次合并会导致合并的新子区的密度分布过度不均匀，从

而导致整个路网的 Z_k^* 值偏高。路网的 Z_k^* 值通常在 1 附近，最小值为 0；Z_k^* 值越小，表示子区内部密度越均匀，越有利于边界控制。

公式（4-15）表示 G_μ^k 和 G_ν^k 合并为 C^k 后，在 G^k 中剔除子路网 G_μ^k 与 G_ν^k 并加入 C^k，此时 G^k 更新为 G^{k-1}，此约束反映了合并过程中路网划分情况的动态更新，且表示合并过程是逆向的；同时，该式也表示每一次合并只合并两个子区，且每一次合并都是在前一次合并的基础上进行的，合并后子区数量减 1。

公式（4-16）、（4-17）和（4-18）分别表示子路网合并和路网更新过程中的三个基本要求：第一，在合并过程中，必须保证所有子路网的并集是划分前的路网 G；第二，在合并过程中，必须保证所有子路网不为空集；第三，在合并过程中，必须保证任意两个子路网没有交集。

公式（4-19）表示在合并进程中需要合并的子区数不超过最大子区数 n，也不小于 2。

公式（4-20）表达了子区邻接矩阵的计算方法，如果存在两条相邻的路段 i_e 和 j_e，而且路段 i_e 属于子路网 G_μ^k，路段 j_e 属于子路网 G_ν^k，那么子区 G_μ^k 与 G_ν^k 相邻。

（3）贪婪算法求解模型。

贪婪算法是指从问题的某一个初始解出发一步一步地进行，根据某个优化测度，每一步都要确保能获得局部最优解，从而在局部最优解中寻找最优解。此算法的重要特征就是随着算法的进行，将积累起其他两个集合，即一个集合包含已经被考虑过并被选出的候选对象，另一个集合包含已经被考虑过但被舍弃的候选对象。

利用贪婪算法，模型的求解过程如下：

Step1：利用 Ncut 算法将路网 G 划成 n 个子区，$k = n$；

Step2：利用公式（4-20）计算任意两个子区的邻接关系；

Step3：计算每两个相邻子区合并后的 MFD 拟合度，选取 MFD 拟合度最高的两个子区为合并对象，并合并这两个子区为 C^k，利用公式（4-15）将 G^k 更新为 G^{k-1}；

Step4：利用公式（4-15）计算 G^{k-1} 的 Z_k^* 值并检验是否小于 ε，若不满足，则回到 Step3，选择 MFD 拟合度次之的组合子区为 C^k，记录 C^k 的 MFD 拟合度 $R^2(C^k)$；若满足，进入 Step5；

Step5：令 $k = k - 1$，若 $k > 2$，回到 Step2；若 $k = 2$，进入 Step6；

Step6：寻找 k 从 n 到 2 变化过程中最高的拟合度 $R^2(C^k)$，最优化 MFD 拟合度子区 $C^* = \underset{C^k}{\arg\max}(R^2(C^k))$。

4.2.3 分区数量可控的 Ncut 算法改进

4.2.3.1 基于 Ncut 的路网划分算法结构缺陷分析

Ncut 路网划分算法本身存在一些结构缺陷，主要为：

（1）Ncut 子区划分方法通过相似矩阵的定义间接考虑道路连接关系，而不是直接建立道路连接矩阵。在边界划分的过程中无法选定一个合理的分类数，需要使用者另做判断，这会导致子区的连通性与矩阵信息之间的两难困境。

（2）由于 MFD 图像在面对交通流存在空间异质性的情况下本身就不稳定，故 Ncut 算法所划分出的区域未必都具有清晰的 MFD 图像。因此，通过 MFD 的拟合结果来进行划分需要一定的人工干预，否则容易产生难以预料的结果。

（3）虽然以 Ncut 为指标的划分方法注意到了子区内密度的匀质性与区间密度的差异性，并试图去平衡它们之间的关系，以免孤立点的出现，但事实上，区间密度的差异性并不是划分子区应该关注的部分,划分子区的主要目的是使各子区的 MFD 图像的离散度更低,呈现效果更佳,而非平衡各子区内密度的匀质性与区间密度的差异性,况且在对其平衡过程中难以考虑两个指标之间的侧重关系。因此,可以考虑从其他方面来避免孤立点产生,而不需要对目标函数(即子区间密度的匀质性)进行数学方面的修正。

(4) Ncut 算法是一种图像分割算法,通常是将图像看成完全图进行处理(即两两节点间都存在边权),因此,它的权重矩阵仅有一个。在划分交通子区时,需要将交通子区看作不完全的有向连通图(即两两节点间虽然总有路径,但未必存在边),它的分割涉及两部分:邻接矩阵和相似矩阵。如果单纯使用相似矩阵进行分割,则会忽略交通子区的不完全连通性,从而导致物理空间中不连通的道路形成同一个子区;如果使用邻接矩阵进行分割,则会忽略物理空间中不连通的道路也存在相似性,从而难以获得合理的划分方案。

针对上述第四点,一些研究[150]做了如下改进:通过设定最短路阈值构建相似矩阵,以获取较为合理的划分结果。其方法为:求取两两节点间的最短路距离,并设置一个最短路阈值。当两两节点间的最短路距离超出最短路阈值时,则判定节点间不存在相似性。该方法虽然在一定程度上缓解了 Ncut 算法在路网划分中的问题,但仍然是通过牺牲部分信息量去换取较为合理的相似矩阵。下面以图 4-3 为例进行说明:

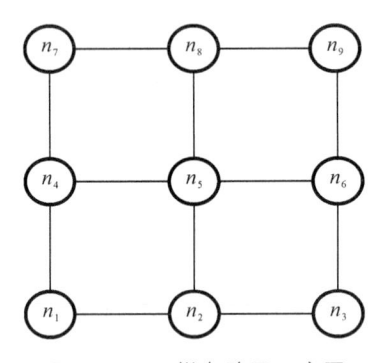

图 4-3　3×3 棋盘路网示意图

假设 n_1 到 n_9 的密度值均为 1,即 n_1 到 n_9 各点间的密度相似度都为 1,则 $n_1 \sim n_9$ 的传统密度相似矩阵如表 4-2 所示。

表 4-2　棋盘路网相似矩阵

	n_1	n_2	n_3	n_4	n_5	n_6	n_7	n_8	n_9
n_1	0	1	1	1	1	1	1	1	1
n_2	1	0	1	1	1	1	1	1	1
n_3	1	1	0	1	1	1	1	1	1
n_4	1	1	1	0	1	1	1	1	1
n_5	1	1	1	1	0	1	1	1	1
n_6	1	1	1	1	1	0	1	1	1
n_7	1	1	1	1	1	1	0	1	1
n_8	1	1	1	1	1	1	1	0	1
n_9	1	1	1	1	1	1	1	1	0

假设上述规则中路网邻接长度均为 1（即 n_1 到 n_2 为 1，n_2 到 n_3 为 1，……），最短路阈值为 2，即两点之间最短路径长度超过 2 的话，则认为两点之间的相似度为 0，其相似度矩阵变为表 4-3。

表 4-3 设定最短路阈值后的相似矩阵

	n_1	n_2	n_3	n_4	n_5	n_6	n_7	n_8	n_9
n_1	0	1	1	1	1	0	1	0	0
n_2	1	0	1	1	1	1	0	1	0
n_3	1	1	0	0	1	1	0	0	1
n_4	1	1	0	0	1	1	1	1	0
n_5	1	1	1	1	0	1	1	1	1
n_6	0	1	1	1	1	0	0	1	1
n_7	1	1	1	1	1	1	0	1	1
n_8	0	1	0	1	1	1	1	0	1
n_9	0	0	1	0	1	1	1	1	0

此时，新相似矩阵中 n_1 到 n_6、n_2 到 n_7 等的相似度信息被牺牲了。

4.2.3.2 基于 Ncut 算法的子区划分方法改进

已有的改进方案在一定程度上缓解了 Ncut 算法在子区划分中存在的问题，但仍存在通过牺牲矩阵信息来换取划分区域的连通性、通过牺牲区域匀质度来换取划分各区域道路数量的均衡性、划分出来的子区边界不够平滑等劣势。如前所述，Ncut 算法中划分交通控制子区的目标函数和约束条件如公式（4-1）~（4-6）所示，针对其无法寻找最优划分数量的缺点，本节做出如下主要改进：引入逆向合并的方法，包括以各子区匀质度为指标（Ji 的 Ncut 算法）及以最优 MFD 拟合度为指标两种划分方法。但这两种改进方法仍存在一定的不足。

因此，为了进行受控智能路网的合理边界划分，从复杂的城市路网中选取出具有清晰、紧凑型的 MFD 控制子区，下面针对 Ncut 算法在路网划分中的适应性问题，提出改进方案：

（1）针对 $Ncut(A,B)$ 与 $Nassoc(A,B)$ 作为划分目标导致的对区间密度差异性过度关注的问题，可将聚类目标转为对每个划分类别内部匀质性的关注；

（2）为了避免孤立点产生，可将类内的最小数设定为一个 N_{min} 值，以保证生成的类内节点数不小于 N_{min}，并以各区域内密度的相似度最大为目标，通过启发式算法搜索合理的 N_{min} 值；

（3）为了保证划分算法中同时考虑路网的空间连接性与划分区域内各道路的全相似性，可引入邻接矩阵与全相似矩阵来阐述这两者的特性。

针对以上改进方案，提出算法结构如下：

Step1：将路网中的所有道路看作节点，并分别作为横纵索引，构造道路邻接矩阵表与相似矩阵表，设定迭代次数。格式如表 4-4, 4-5 所示。

表 4-4 邻接矩阵表

	edge1	edge2	...
edge1	0	0/1	0/1
edge2	0/1	0	0/1
...	0/1	0/1	0

表 4-5 相似矩阵表

	edge1	edge2	...
edge1	0	W_{21}	...
edge2	W_{12}	0	...
...	...	...	0

在表 4-4 中，所有单元格的取值都为 0 或 1，对角线取值都为 0；当值为 1 时，表明两个节点直接相连，当值为 0 时，表明两个节点不直接相连。在表 4-5 中，其值为两个节点之间的相似度。

Step2：分配相似度较小的 g 个节点作为 g 个区域的中心点，即随机确定第一个中心点，之后选取与第一个中心点相似度最小的点为第二个中心点，再选取与前两个中心点相似度之和最小的点为第三个中心点，以此类推。

Step3：从邻接矩阵中搜索各区域的所有邻接点，并通过相似矩阵选取区域相似度最大的点，标记并并入与之相似度最大的区域。区域的相似度公式为

$$X_{v_{gi},g} = \frac{\sum_{v_{gj} \in g} \omega_{v_{gi}v_{gj}}}{n_g} \quad (4\text{-}21)$$

式中，$X_{v_{gi},g}$ 为未标记点 i 到第 g 区域的区域相似度；v_{gj} 为归入第 g 区域的第 v_{gj} 节点；$\omega_{v_{gi}v_{gj}}$ 为相似矩阵表中 v_{gi} 点与 v_{gj} 点的相似度；n_g 为第 g 区域已标记的节点数量。

Step4：新的点标记后，更新各区域的内部点与邻接点。

Step5：若点未全标记，则返回 Step4；若点已全标记，则计算各中心的节点数量并检验是否小于设定值 $N_{\min}$，若小于该值，则在保证其他中心内节点数不小于 $N_{\min}$ 的前提下从其他中心取出相似度最大的节点，直到中心节点数大于等于 $N_{\min}$。

Step6：以路网各区域内的平均密度相似度 ψ 最大为目标，通过启发式算法进行 $N_{\min}$ 值的最优解搜索。路网各区域内的平均密度相似度公式为

$$\psi = \frac{\sum_{g \in q} \sum_{v_{gi} \in g} \sum_{v_{gj} \in g} \omega_{v_{gi}v_{gj}}}{\sum_{g \in q} N_g^2} \quad (4\text{-}22)$$

式中，q 为路网的总区域集合；g 为 q 中第 g 区域；v_{gi},v_{gj} 分别为 g 中第 v_{gi} 和 v_{gj} 节点；$\omega_{v_{gi}v_{gj}}$ 为相似度矩阵表中节点 v_{gi} 和 v_{gj} 的相似度；N_g 为第 g 区域的节点总数。

Step7：若未达到迭代次数，则求取 Step5 算法中最终划分各区域参数的平均值，并以离各平均值最近的点作为 g 个区域的中心点，返回 Step3；若达到迭代次数，则算法结束。

此方法事实上也是一种牺牲其他集合匀质程度的补偿性划分方法，但改进算法的补偿行为相对于 Ncut 算法更为可控（即中心节点约束 $N_{\min}$ 值具有调整余地），划分得到的各控制子区也是连通的。

4.3 闭合边界模型构建

控制子区划分的实质是对路网中一定的控制范围进行边界划分，划分后获取的子区边界交叉口与路网控制区域范围相对应，其中，子区边界是以离散的交通流监测断面构成的、地理坐标不连续的虚拟闭合边界（理想情况包括与交叉口相连的连续环绕路段）。长期以来，人们往往止步于在子区划分后得到各个离散的边界节点，然而，这种状况无法实现对路网交通，即各子区交通的自动控制。实质上，子区划分后得到的各个离散的边界节点是一个可构成虚拟闭合边界的点集合，也就是说，刻画这些节点的数据构成具有特定关系的集合，即控制子区边界的数学抽象或数据表达形式，利用这种"闭合数据边界"能够有效地将受控智能路网与外部系统分离开来，克服由于城市路网系统的开放性以及由此带来的复杂性与随机性，更好地实现对受控智能路网交通流的全程追踪和管控。建立这一集合的数学模型或数据模型是实现城市路网智能交通控制，尤其是全流程的自动控制的关键基础之一。

4.3.1 闭合边界含义

由 4.1 节可知，控制子区的虚拟闭合边界完整地覆盖了交通流的进入/离去、发生/起始和吸引/终到，这一虚拟边界划定的范围及相应持续时间与相应空间范围的承载能力构成平衡互动关系，主要表现为受动态交通流影响而导致的交通控制子区范围的变化。根据不同的拥挤特性，对路网上智能交通系统的信息采集点位进行遴选、组合和关联，设置和匹配出入流率检测断面，即可确定受控区域的虚拟闭合边界，从而将所选控制范围的路网变为一个虚拟的、相对封闭的受控系统，通过协调区域内部控制和边界控制，实现区域通行效率最优。

这种闭合边界模型的确定主要具有以下几点意义：

（1）根据边界模型和数据可以确定路网受控范围内网络交通供需闭合关系和通行耦合关系，这些关系主要涵盖了路网中交通量的发生/起始、吸引/终到、进入/离去以及路网空间的承载能力等几个主要方面；

（2）通过边界模型和数据能够准确刻画形成交通流畅通和拥挤两种不同状态下的广义平衡变动规律，主要包括交通供应与交通需求不均等的有序状态或稳定状态；

（3）对路网受控范围边界的模型化及信息化反映了交通路网在智能交通条件下运行的一种新理论表达，是构成受控智能路网拥挤控制理论的重要组成部分之一；

（4）在对接多元大数据系统的基础上，实现路网路段和交叉口交通实时数据的全面覆盖已成为可能；对路网建立闭合边界数据模型，有利于利用主动式控制方法对拥挤区域路网进行确定性控制。

在 4.2 节中，交通控制子区经划分后，路网被划分为若干个密度较为匀质且空间连通性强的交通子区，以便利用 MFD 理论对拥挤路网进行分析和管控。但是，子区划分只是将各路段和交叉口划分到不同的区域之中，而结果的表达和应用仍停留在人工处理阶段。因此，若要进行自动化、一体化、智能化的交通管控，还需要进一步识别边界的数据表达及数学抽象形式，建立虚拟闭合边界模型，使受控区域交通流的运行状态便于机器辨识、学习、显示和控制。

4.3.2 闭合边界辨识

由 4.2 节介绍的交通子区划分方法，也包括其他交通子区边界划分算法可知，在获得受控子区的边界划分结果后，要实现结果信息与不同交通控制算法的自动衔接，也包括实现边界划分算法在智能交通控制系统中的集成应用，还需要进一步实现不同算法划分结果的统一表达，即提出闭合边界的抽象模型，这也是从路网数据中提取出边界划分结果的数据辨识过程。

4.3.2.1 交通子区闭合边界辨识过程

城市交通路网可抽象表达为拓扑图 $G(V,E,S)$，在图 G 中，V 为节点集，$V=\{v_1,v_2,v_3,\cdots,v_f\}$，表示路网中的节点，如路段的起点、终点、交叉口等；E 为路段集，$E=\{e_1,e_2,e_3,\cdots,e_m\}$；$S$ 为路网的状态集，$S=\{s_{1t},s_{2t},s_{3t},\cdots,s_{kt}\}$，主要包括路段的车辆密度、速度、流量等信息。根据路网拓扑图的静态拓扑结构和动态属性可将路网依据特定算法划分为多个同质的交通子区，$G^z=\{G_1^z,G_2^z,G_3^z,\cdots,G_z^z\}$，其中，$z$ 表示划分之后路网子区的个数。

在路网交通子区划分完成以后，还需要进一步精细化界定交通子区边界的构成，以便定义各交通子区边界点的集合 $P^z=\{P_1^z,P_2^z,P_3^z,\cdots,P_z^z\}$。集合 P^z 中的点会存在部分重合的边界点，即交通子区之间的共享边界；而不与其他交通子区共享边界的边界点为交通子区独有的外围边界，这部分边界点就是受控区域路网边缘节点。所以，交通控制子区边界的精准识别与表达可分为以下两部分：

（1）识别受控范围的区域路网边缘节点：在交通子区划分基础上，首先寻找路网外围路段，根据外围路段的连接特性，确定某子区与其他子区不相邻的交通节点，即寻找和表达每个交通子区独有的不共享边界；

（2）根据交通子区之间的邻接特性与特定的识别算法，寻找连接不同交通子区的路段节点，进而确定交通子区之间共享的边界。

4.3.2.2 路网交通子区边缘节点识别

路网交通子区边缘节点识别，即从路网节点集 V 中寻找出边界点，从而确定交通子区独有的外围边界。然而，路网节点集 V 中的坐标点在数值表达上呈现出一种无序状态，若要从无序节点集 V 中寻找边界点，还需要引入相应的算法进行确定，为此，本节利用改进的 Alpha Shapes 算法对路网的边缘节点进行识别。

Alpha Shapes（A-shapes）算法最早在 1983 年被提出，是一种经典的点云轮廓提取算法。它适用于多种形状的点云轮廓线提取，能很好地解决点集凹包问题，其原理简单且适用性强。设一点集 D_J 的边界形状是一个多边形，这个多边形由点集 D_J 和半径参数唯一决定，Alpha Shapes 算法识别点集边界的原理可以描述为一个半径为 R' 的圆围绕点集 D_J 外部滚动，当 R' 的值合适时，这个圆滚动的痕迹就是点集的边界线。如图 4-4（a）所示。

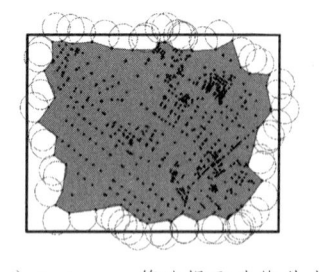

（a）A-shapes 算法提取边缘节点　　（b）A-shapes 算法边缘节点判断示意图

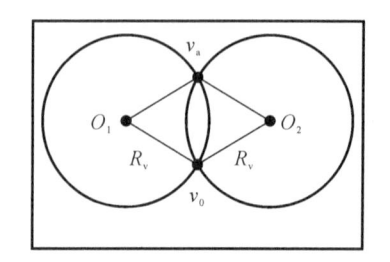

图 4-4　A-shapes 算法识别路网边缘节点示意图

面对实际状况中拓扑结构复杂的路网，A-shapes 算法能较为准确地识别出目标路网的边缘节点。A-shapes 算法识别路网边缘节点的主要思想是：在路网节点集 $V = \{v_1, v_2, v_3, \cdots, v_f\}$ 中，任意选择两点 v_i, v_j 绘制半径为 R_v 的圆[在给定半径时，过确定的两点的圆有两个，如图 4-4（b）所示]，如果绘制的两个圆中任一圆满足"圆内没有其他节点"这一条件，则认为这两点 v_i, v_j 为路网边缘点。

虽然 A-shapes 算法能够很好地识别路网边缘节点，但仍存在以下两个问题：（1）该算法需要遍历所有点集，在路网节点较多时，计算量较大。（2）滚动圆半径 R' 是识别路网边缘节点的重要参数，半径 R' 过大难以识别全部的边缘节点，半径 R' 过小滚动圆容易落入点集内部，寻找的边缘节点不准确；通常做法是根据提取结果由人工反复调整半径大小，这样会使算法变得更为烦琐且自动化程度不高。

为了快速准确地识别路网边缘节点，本节依据路网相关特性以及边缘节点提取要求，对 A-shapes 算法进行如下改进：（1）选取路网边缘某一顶点，让滚动圆从此顶点开始围绕节点集 V 滚动，可避免对路网内部节点的检测，减少了计算量；（2）根据路网路段集 E 中存储的路段信息，计算路网中路段长度的中值，从中值附近选取合适的半径大小。

识别路网边缘节点的 A-shapes 算法的具体步骤为：

Step 1：建立路网边缘节点集 B_y，将路网节点集 V 按照 y 坐标由大到小重新排序，选取 y 坐标值最大的点记为 v_0 并作为初始点，将 v_0 加入 B_y；

Step 2：计算路网中路段长度的中值，设定合理的滚动圆半径 R_v；

Step 3：从路网点集 V 中搜索与点 v_0 距离在 $2R_v$ 内的所有点，记为点集 P_b；

Step 4：将点集 P_b 中的点以 v_0 为原点按照极坐标角度从小到大进行排序，选取极坐标角度最小的点为 v_a，根据 v_0, v_a 两点坐标和 R_v 计算出圆心坐标，分别记为圆心 O_1, O_2；

Step 5：计算点集 P_b 中除 v_0, v_a 外的其他各点到两个圆心 O_1, O_2 的距离，判断所有点到圆心 O_1 或 O_2 的距离是否均大于 R_v；若是，则表明 v_a 为路网边缘节点，转 Step 7；否则，v_a 不是路网边缘节点，转 Step 6；

Step 6：按照顺序遍历 P_b 中所有点并轮换作为点 v_a，直到找到满足 Step 5 条件的点；

Step 7：将点 v_a 作为点 v_0 并加入 B_y，重复 Step 3~Step 7，直到找不到新的路网边缘节点或者找到的新的节点为之前已经找到的路网边缘节点；

Step 8：根据路网交通子区划分结果，识别 B_y 中节点所属的交通控制子区，将各路网边缘节点加入其所属的交通控制子区边界点集中。

4.3.2.3　路网交通子区间共享边界点识别

当交通子区划分之后，每条路段以及路段两端的端点也随之被划分。由于交通子区相互紧邻，而边界点为连接不同交通子区的道路节点，所以路网内部的交通子区边界点所连接的路段一定分属于至少两个交通子区。基于此，在寻找内部交通子区之间共享的边界点时，需遍历除路网边缘节点外所有道路的起终点，判断是否有不同区域的起终点相互连接；若有，则根据路网划分结果识别其所属交通子区，将其加入所属交通子区的边界点集并标记为交通子区边界点。

图 4-5 为根据上述两个步骤识别的完整的路网中各交通子区边界点，其中浅色节点为根据

A-shapes 算法识别的路网边缘节点，即交通子区独有的外围边界；深色节点为由 A-shapes 算法识别的交通子区共享边界点。

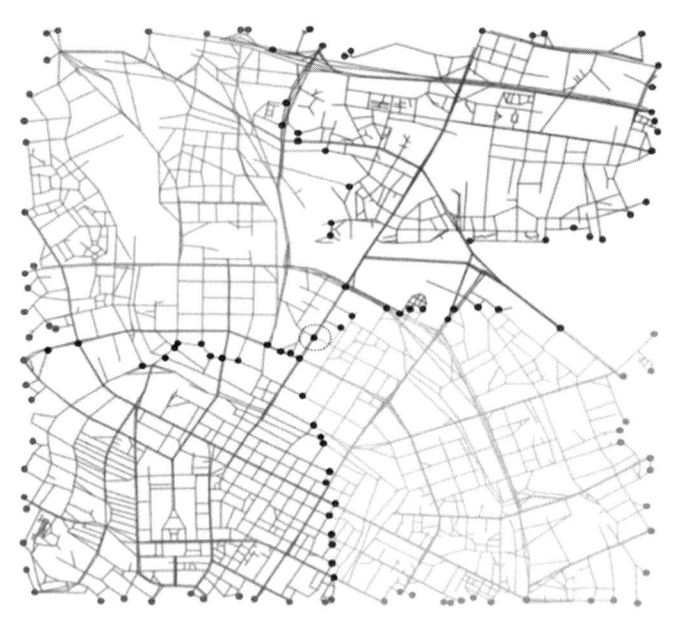

图 4-5　路网中各交通子区边界点识别示意图

闭合边界模型的表达就是通过数学算法寻找各交通子区边界点，使之能够根据约束条件自动地将每个交通子区的边界点依次连接起来，形成的闭合边界能完整地覆盖整个交通子区，进而与交通控制模型对接。整体的交通子区划分以及边界点的确定流程如图 4-6 所示。

所谓控制子区的闭合边界是地理坐标不连续的虚拟数据边界，即根据路网交通子区划分结果和各交通子区边界点的识别，获得一系列离散的边界点（交叉口或路段端点），将这些边界点按照一定的顺序进行连接，从而将路网中的交通子区变为虚拟的、相对封闭的受控区域。由此可知，对交通子区闭合边界准确表达的难点主要在于：如何使一系列无序的、离散的边界点按照特定的顺序进行连接，并且使交通子区内的所有路段都包含在闭合边界内。综合分析以上因素，对闭合数据边界进行准确表达的具体步骤如下：

Step 1：根据路网划分结果，获取边界点信息，将边界点坐标以特定形式的集合进行存储（明确定义的点集）；

Step 2：获取交通控制子区内的边界点所属路段及其端点坐标，则边界点所在路段为边界点与端点的连线；

Step 3：根据边界点坐标数据计算对应的中心点坐标；

Step 4：边界点坐标减去中心点坐标，得到边界点相对于中心点的坐标值；

Step 5：将中心点作为原点，计算各边界点相对中心点的极坐标角度；

Step 6：根据极坐标角度进行排序并顺次连接边界点；

Step 7：判断各端点坐标是否在闭合区域内，若是，转 Step 8，否则，转 Step 9；

Step 8：判断闭合区域是否与路段有交叉，若是，转 Step 9，否则，停止迭代，所连边界为最终边界；

Step 9：确定端点对应的边界点，调换此边界点与其前后边界点的顺序，重复 Step 7 和 Step 8，直到所有端点和路段符合条件时结束。

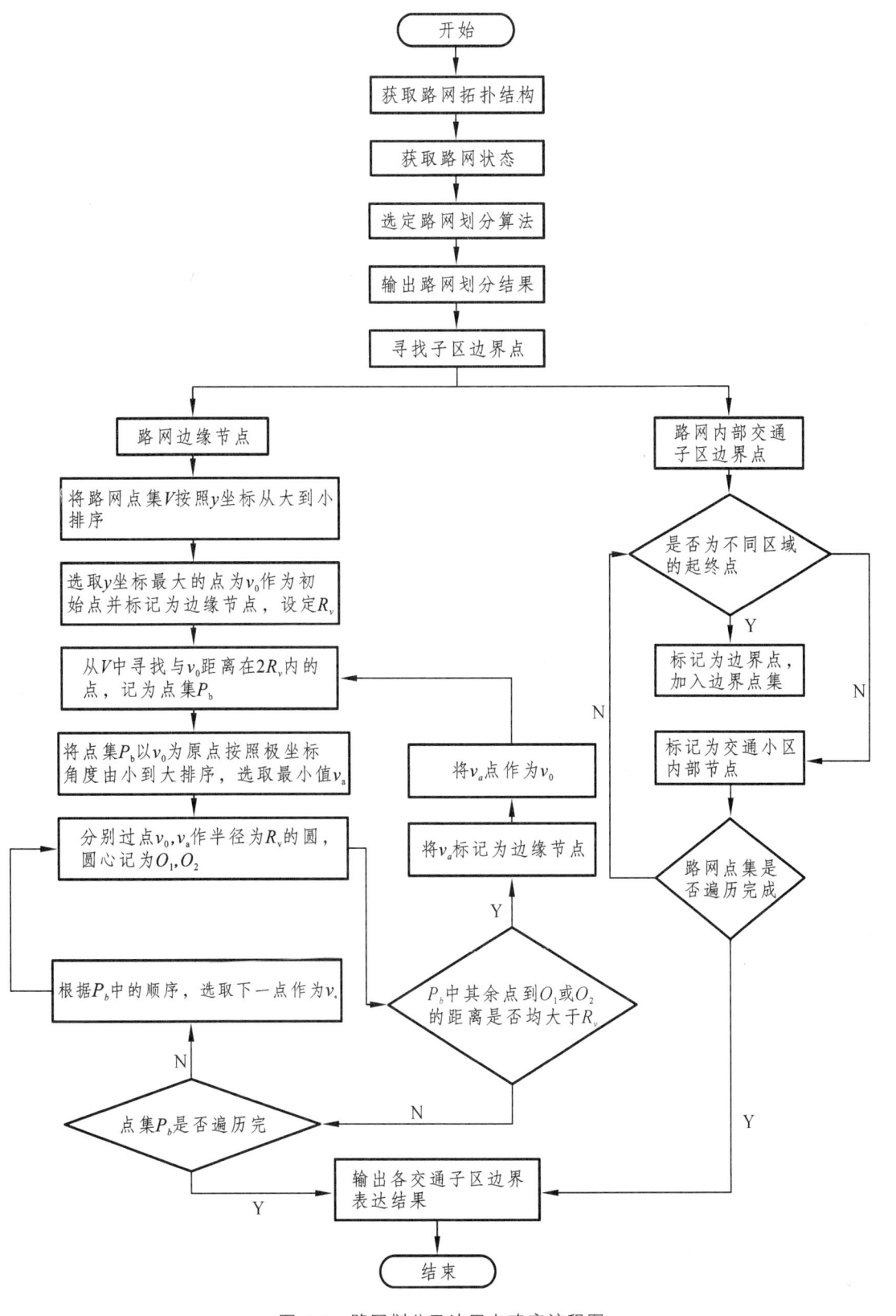

4 路网控制子区划分及边界模型表达

图 4-6 路网划分及边界点确定流程图

4.3.3 闭合边界模型

假设 $P:\{(x_1,y_1),(x_2,y_2),(x_3,y_3),\cdots,(x_{f'},y_{f'})\}$ 表示某交通子区边界点的集合，f' 为边界点数目，$P\in P^z$，其中 $P_{f_i}=(x_{f_i},y_{f_i})\in P$，表示第 f_i 个边界点，$\overline{P}=(\overline{x},\overline{y})$ 表示边界中心点坐标；$P':\{(x'_1,y'_1),(x'_2,y'_2),(x'_3,y'_3),\cdots,(x'_{f'},y'_{f'})\}$ 表示边界点相对于边界中心点的坐标集，$P'_{f_i}=(x'_{f_i},y'_{f_i})\in P'$。相应地，$P'':\{(x''_1,y''_1),(x''_2,y''_2),(x''_3,y''_3),\cdots,(x''_{f'},y''_{f'})\}$ 表示边界点所在路段的另一端点，$P''_{f_i}=(x''_{f_i},y''_{f_i})\in P''$ 表示第 f_i 个路段端点。θ_{f_i} 表示边界点相对于中心点的极坐标角度；$E_{f_i}^{f_j}:\{E_1^2,E_2^3,\cdots,E_{f_i}^{f_j}\}$ 表示连接边界点所形成的闭合边界的边集，f_i 为起点，f_j 为终点；$E_{f_i}^{f_j'}:\{E_1^{2'},E_2^{3'},\cdots,E_{f_i}^{f_j'}\}$ 表示边界点所在路段的集合；$D_k^{df_i}:\{(x_1^{df_i},y_1^{df_i}),(x_2^{df_i},y_2^{df_i}),\cdots,(x_k^{df_i},y_k^{df_i})\}$ 表示过点 P''_{f_i} 所作的水平射线与闭合边界的交点集，k 表示交点个数。闭合边界表达要确保各边界点按照一定顺序连接，要将本交通子区内所有路段和交叉口都包含在内，具体如式（4-23）~（4-32）所示：

$$P:\{(x_1,y_1),(x_2,y_2),(x_3,y_3),\cdots,(x_{f'},y_{f'})\} \tag{4-23}$$

$$\begin{cases}\overline{x}=\dfrac{1}{f'}\sum_{f_i=1}^{f'}x_{f_i},\\ \overline{y}=\dfrac{1}{f'}\sum_{f_i=1}^{f'}y_{f_i},\end{cases} f_i=1,2,\cdots,f' \tag{4-24}$$

$$\begin{cases}x'_{f_i}=x_{f_i}-\overline{x},\\ y'_{f_i}=y_{f_i}-\overline{y},\end{cases} f_i=1,2,\cdots,f' \tag{4-25}$$

$$\theta_{f_i}=\arctan\dfrac{x'_{f_i}}{y'_{f_i}},\ f_i=1,2,\cdots,f' \tag{4-26}$$

$$\theta_{f_i}\leqslant\theta_{f_i+1},\ f_i=1,2,\cdots,f' \tag{4-27}$$

$$E_{f_i}^{f_j}:\{E_1^2,E_2^3,\cdots,E_{f_i}^{f_j}\},\ \forall f_i,f_j\in\{1,2,\cdots,f'\}$$

$$\begin{cases}f_j=2,f',f_i=1\\ f_j=f_i\pm1,f_i\neq1\end{cases} \tag{4-28}$$

$$q_{f_i}=P''_{f_i}+t\vec{\mu},\ f_i=1,2,\cdots,f' \tag{4-29}$$

$$q_{f_i}\cap E_{f_i}^{f_j}=D_k^{df_i},\ \forall f_i,f_j\in\{1,2,\cdots,f'\} \tag{4-30}$$

$$D_k^{df_i}:\{(x_1^{df_i},y_1^{df_i}),(x_2^{df_i},y_2^{df_i}),\cdots,(x_k^{df_i},y_k^{df_i})\},\ k=2m+1,\ m\in\mathbf{Z},\ f_i=1,2,\cdots,f' \tag{4-31}$$

$$E_{f_i}^{f_j}\cap E_{f_i}^{f_j'}=P_{f_i},\ \forall f_i,f_j\in\{1,2,\cdots,f'\} \tag{4-32}$$

交通子区闭合的虚拟数据边界由式（4-23）表示的坐标点集连接而成；式（4-27）是对初始坐标点集的约束条件，即各坐标点按照极坐标角度增大的方向进行排序，极坐标角度增大的方向为逆时针方向。

式（4-28）是根据以上条件得到的边界点之间依次虚拟连线的集合。需要说明的是，此处连成的边界图形为无向图，所以边集为无向边集。式（4-28）表示闭合边界多边形的形成规则，即一个坐标点只能与周围两个坐标点连线形成两条边。此约束规定了坐标点只能根据排序与其前方和后方两个坐标点进行连线形成两条边，而坐标点 1 为闭合边界的起点，前方为坐标点 2，后方为闭合边界的终点，即坐标点 f''。依据以上步骤可得到图 4-7 所示的初始划分结果。

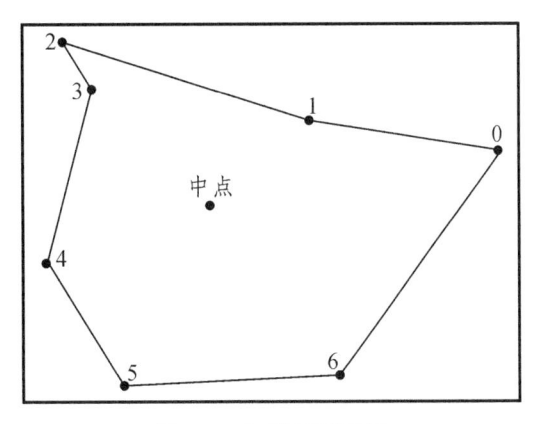

图 4-7　初始子区边界

根据路段邻接关系，找到边界点在目标子区内所在路段的另一端点，并将此路段标出来，如图 4-8 所示。式（4-29）为过路段端点 P_i'' 所作的水平射线的方程；式（4-30）和（4-31）表示射线与闭合边界相交的点集；式（4-31）对交点个数进行了约束，即个数只能为奇数，通过此约束可确保路段端点都在闭合边界内部。以上步骤的主要依据为：从路段端点沿 x 轴正方向引一条射线，计算此射线与闭合边界每条边的交点个数，当端点在闭合边界内部时，交点个数必为奇数。

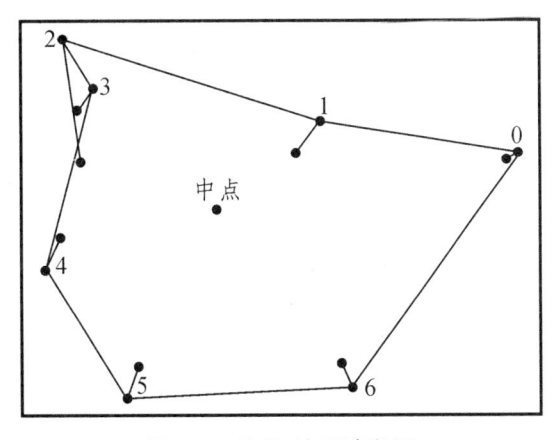

图 4-8　边界-边界路段图

由图 4-8 可以看出，边界点 3 所对应的路段及路段端点均在闭合边界的外部，需要调整边界点连接顺序以使所有路段的端点都在闭合边界内部。式（4-31）约束了所有路段端点都必须在闭合边界内部，但路段端点在闭合边界内部不一定能完全保证交通子区内所有路段都在闭合边界内。例如，图 4-8 中边界点 2 所对应的路段端点在闭合边界内部，但是其所在的路段只有一部分在边界内，另一部分却在边界外。此时，需要继续增加约束条件式（4-32）；式（4-32）表示闭合边界的边和边界点所在路段的交点只能为边界点，否则视为此路段没有在闭合边界内部。增加了两个约束条件后的闭合边界如图 4-9 所示。通过约束条件检验后，由图 4-9 可知，边界点 2 和边界点 3 改变了连接顺序，使得所有的路段端点和路段都包含在闭合边界内。

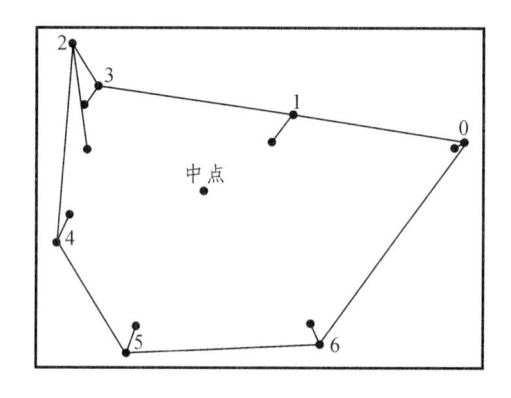

图 4-9 调整后的子区边界

为了验证上述边界表达的有效性，下面引入示例：交通子区路网，如图 4-10 所示。读取路网中的边界点坐标以及边界点所在路段端点的坐标，根据式（4-28）初步将闭合边界绘制出来，如图 4-11（a）所示。经过约束条件式（4-31）和（4-32）的检验，发现边界点 3 及边界点 16 所对应的路段及路段端点不符合条件，改变部分边界点的连接顺序，得到了满足条件的闭合边界，如图 4-11（b）所示。最后得到的交通子区闭合边界如图 4-12 所示。特别地，此处只展示了对一个交通子区边界的描述过程，面对路网划分后的多个不同的交通控制子区，只需根据路网划分后的边界点集 P^z，按照所提出的闭合边界模型分别对路网中的每个交通控制子区进行边界识别即可。

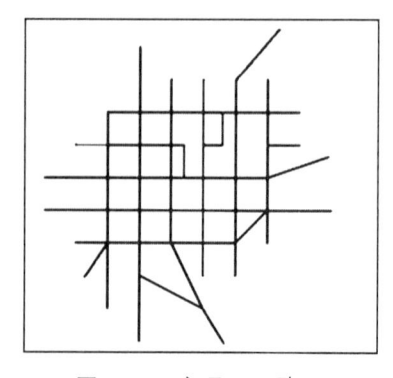

图 4-10 交通子区路网

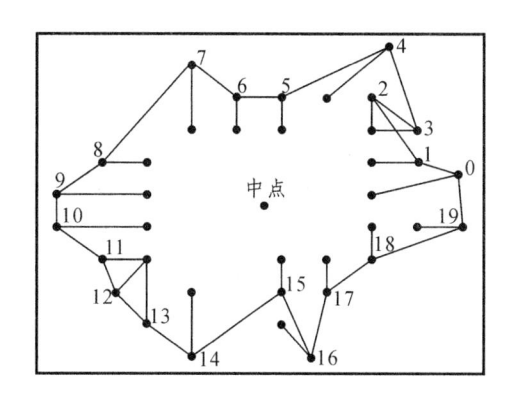

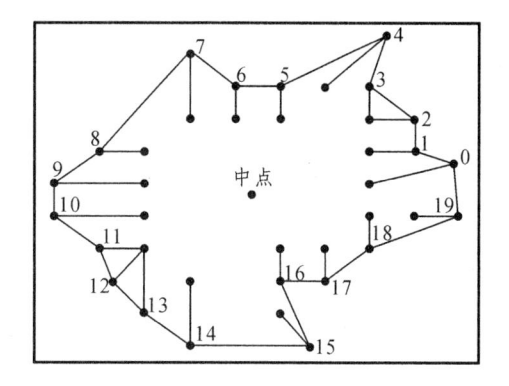

（a）初始子区边界　　　　　　　　　（b）调整后子区边界

图 4-11　示例交通子区边界

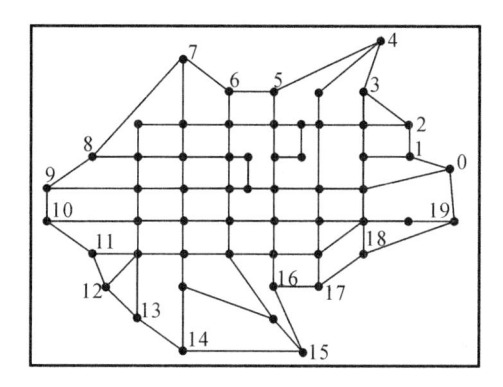

图 4-12　具有闭合数据边界的交通子区

5 交通拥堵溯源与预测

无论是针对路段、交叉口，还是针对网络交通流的拥挤控制理论，都主要集中在尽可能逼近交通流运动的随机性、时变性方面，以凸显交通信息对驾驶员行为的影响；然而，这些理论缺乏对交通拥挤发生的过程性追溯，无法全面准确地把握所控区域交通通行的动态平衡关系。虽然现在已经有多种区域交通控制算法，但是对网络交通流的有效控制基本局限在单个交叉口和主要干线等局部范围内，缺乏对网络交通流的变化过程的追溯和完整把控；这种做法虽然可以提高局部交通运输效率，但容易导致交通拥挤在路网中无序扩散，在实施过程中效果有限。

而拥挤的产生和其发展过程具有一定的相似性。通常，道路上拥挤的产生是以交通出行需求剧增或者突发事件为触发条件，从一个或者多个路段的某个点开始，由点拥挤逐渐演变至整条路段的线拥挤，随后向其他路段蔓延，直至影响相关区域路网形成面拥挤。因此，在治理拥挤之前，对城市道路拥挤发生的特性和规律进行辨识和挖掘是很有必要的。

针对拥挤传播规律的已有研究，大多以相关性判断路段或交叉口之间的交通流是否相互联系，并以此探寻交通流在路网上的流动情况。事实上，统计学上的关联性、相关性只是一个类似、相像的概念，并不能准确反映交通网络交通流相互作用的动态关系。近年来，部分研究者注意到了该问题，并在交通网络中引入了因果分析概念，但也只是简单地用因果理论直接代替以往的相关性或关联性概念，未能进一步完整、实时、动态地对交通流拥挤运动的来龙去脉进行探究。

本章抓住拥挤在道路网络传播的时空因果关系，首先，设计一种能够实时对道路上监测到的拥挤进行历史传播路径溯源的模型，采用该模型可找到拥挤的源头和历史传播路径；其次，为了评估拥挤可能造成的影响，把握拥挤演变的全过程，建立一种基于多任务学习的拥挤传播路径预测模型；最后，联合以上两个模型从时空维度把握拥挤产生、发展直到消散的整个过程。

5.1 拥挤时空传播规律与拥挤因果树模型

城市路网的拥挤具有一定的发生规律和变化特征，本节将从时空角度来探寻该规律和特征，总结拥挤的演化过程，并将拥挤演化过程分析具体化为拥挤传播路径的溯源和预测。为此，将采用新的树结构模型来表示城市路网的拥挤特性与过程。

5.1.1 城市交通网络拥挤特性与过程

拥挤具有明显的时空分布特征。就时间分布特征来说，拥挤的出现有很大的随机性和不确定性，由交通事件或事故引发的拥堵是高速公路和城市道路交通的常见现象，在城市路网中比较典型的统计规律就是早、晚拥挤高峰时段；就空间分布特征来说，拥挤在城市路网上的分布往往是不均匀的，常见于一些主干道和交叉路口或特定的位置上，并且其规模也有所差异。一般将拥挤分为三种类型：一是点拥挤，此类交通拥挤往往只产生于路网的一个微观单元，可以是局部路段或者单个交叉口；二是线拥挤，此类交通拥挤是由点拥挤逐渐蔓延直至整条道路被车流拥塞形成的；三是面拥挤，随着拥挤由交叉口蔓延至区域内各条路段，此时交通拥挤分布于整个区域的路网中，形成面上的拥挤。综合时空两个维度来看，拥挤的演变一般表现为从点到线、最后成面的规律。

拥挤从形成、演变直到消散的整个演化过程可以具体描述为：交通需求剧增导致某局部路段（交叉口）的交通量超过其通行能力，在该位置形成交通瓶颈，使瓶颈路段（交叉口）周边车流的整体速度下降，车辆走走停停，出现拥挤；紧接着，从瓶颈路段（交叉口）上游行驶而来的车辆在到达该交通瓶颈路段（交叉口）后，受拥挤影响，降低行驶速度或停止前行，使拥挤进一步扩大，并回溯蔓延至拥挤瓶颈路段（交叉口）上游；扩大后的拥挤对路段上游产生连续影响，使拥挤在道路上沿着车辆行驶方向的逆方向蔓延，直到整条道路同时处于拥挤状态，此时，线拥挤形成。在线拥挤形成后，整条道路的车速都有所降低。拥挤道路在路网中并非孤立存在，而是通过交叉口与其他道路密切关联。若交通需求未减少且已有的拥挤未得到有效管控，计划驶入拥挤路段的车辆，为了避开拥挤，可能在交叉口处选择驶向其他路段，也可能无法驶入交叉口，在进口道形成排队现象。此时，与拥挤道路连接的路段累积的排队车辆会逐渐增多，形成新的拥挤，当这种拥挤逐渐蔓延至多条路段，覆盖一片路网后，就形成了一定规模的面拥挤，且存在进一步扩大的可能。

有时，有些区域的面拥挤区域会和其他区域的点拥挤、线拥挤道路或面拥挤区域结合，形成更大范围的拥挤区域，即可能存在由多处独立产生的拥挤，最后融合成一个整体的情况。因此，大型的面拥挤也可能是由多个点拥挤逐渐演变和扩大之后相互融合形成的。

拥挤的消散往往是需求减小、拥挤得到了有效管控，或者两者共同作用的结果。当交通需求减小时，拥挤区域整体的车辆驶入量下降，拥挤区域内部的车辆能够顺利驶出拥挤区域，使得路网整体的车辆驶出量大于驶入量；在交通诱导信息引导下，拥挤区域内部的车辆向相对通畅且不会对拥挤产生进一步影响的区域行驶时，拥堵道路下游的交通状况也会得到缓解，使拥挤逐步消散，即有效的管控可以使这种趋势逐步影响到整个拥堵区域。

5.1.2 拥挤因果树模型

拥挤是从一个点出发，沿着城市道路网逐渐蔓延，直到覆盖一定范围路网形成面拥挤的过程。这类似于一棵树从根部开始萌芽，逐渐生长，到了一定程度再在原有树枝基础上分叉形成新的树枝，并且不断重复此环节，直至成熟成型的过程[151]。本节将采用拥挤因果树概念来描述拥挤形成和发展的整个过程。

树也是计算机领域常用的一种数据结构，现在存在许多对应的基于树的算法。相比于既有文献中经常提及的拥挤图[152]，这里提出的拥挤树更适用于拥挤传播过程的分析：树结构定义中的根节点和叶节点的概念，正好与拥挤传播过程中拥挤开始产生的路段、拥挤传播最后到达的路段相对应；对父节点和子孙节点所做的定义，也能用来概括路段之间拥挤传递的先后关系。当一棵拥挤传播树绘制成型，拥挤的源头、过程以及消散点都可以直观地得到展示。因此，借用树的概念以及基于树的算法，更能刻画拥挤演化过程的全过程，也更加便于对拥挤进行溯源。

借用树结构在计算机领域中的定义，对拥挤因果树做出如下定义：

拥挤因果树是 $n(n>1)$ 个节点（即路段）的有限集，它包含两部分：节点以及连接节点的有向弧线。$n=1$ 时，表明路段的拥挤并未传播至其他路段，仅仅是小规模的线拥挤；$n>1$ 且至少存在一个节点的前驱节点数大于 1 时，拥挤即可视为面拥挤。一棵非空的拥挤因果树有以下几个特征：

（1）树中存在一个称为根节点的节点 $(n=1)$，该节点只能有一个。

（2）当 $n>1$ 时，节点之间以一对多的方式连接存在，且该连接关系是单向的。即从一个节点出发，可到达与其相连的多个节点，而不能从多个节点出发到达一个节点；另外，将该种单向的连接关系中，出发的节点称为父节点，到达的节点称为子节点，树中的每个节点既是从属于其他节点的子节点，也可作为父节点，连接多个节点。

（3）可以将除了根节点之外的节点分为 $m(m>0)$ 个互不相交的有限集，每个有限集是一棵独立的树，这些树都是根的子树。

（4）拥挤因果树基于因果相关理论对两节点之间单向的关系进行建模。

（5）除了根节点之外的其他节点都有一个且只有一个前驱节点。

（6）包括根节点在内的每个节点的后继节点数可以为大于 0 的任意整数。

拥挤因果树在表示拥挤传播时，将经过路段的次序按照分层结构进行了排列。假设在拥挤因果树中，某路段在第 $k(k \geq 2)$ 层，表示拥挤从起始路段开始，到该目标路段为止，中间历经了 $k-2$ 条路段。

一个典型的拥挤因果树结果如图 5-1 所示。

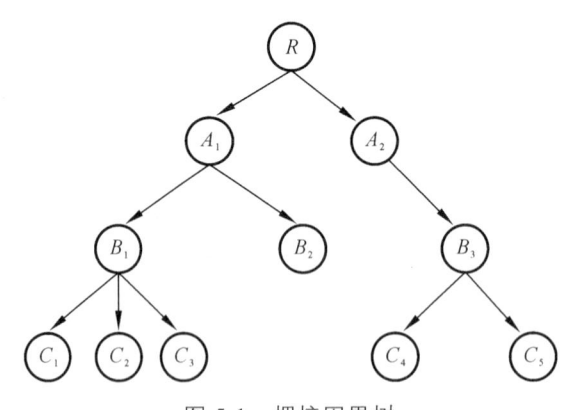

图 5-1 拥挤因果树

图 5-1 中的每个节点代表一条路段，节点 R 是根（root）节点，即拥挤开始产生的节点。拥挤因果树末端的节点 $\{C_1, C_2, C_3, B_2, C_4, C_5\}$ 表示拥挤最后传播到的位置的集合。该传播图表示拥挤从 R 产生传播至节点 $\{C_1, C_2, C_3, B_2, C_4, C_5\}$ 消散的一次拥挤事件的全过程。从图中可看出，拥挤的起始点和终点非常明确，这也是用拥挤因果树表示拥挤传播过程的优点。

从图 5-1 可看出，由 R 产生的拥挤依次传播到了 10 条路段上。拥挤因果树呈现出明显的层次结构，由上往下就是拥挤随时间逐渐传播的过程，而下层的节点代表与其相连的上层节点的上游路段。例如，可用传播链 R-A_1-B_1-C_3 表示从节点 R 产生，依次传播至 A_1 路段，再向上游传播至 B_1 路段，最后到达 C_3 路段的拥挤传播过程。拥挤传播路径的溯源是一个逆向过程，假设在路段 C_2 观测到了拥挤，对其关联路段逐步搜索，就是对该拥挤因果树从 C_2 开始逐步往树的上层搜索的过程。

交通网络中的某条路段的拥挤可能由多条路段的拥挤共同作用导致，而树的每个节点只存在一个父节点，并不能表示上述情况下拥挤的传播过程。区别于普通的树结构，图 5-2 中的拥挤因果树还存在一种新结构：

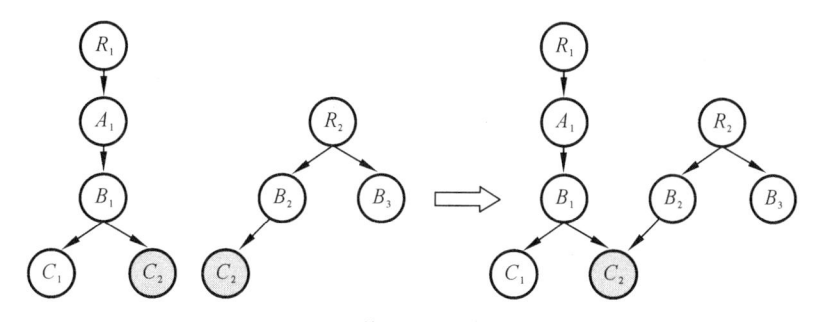

图 5-2　传统拥挤树的改良

图 5-2 中的 C_2 是一段拥挤路段，该路段拥挤分别来自以 R_1 为起始点的拥挤和以 R_2 为起始点的拥挤。为了更方便表达，将以 R_1 为根节点的拥挤因果树和以 R_2 为根节点的拥挤因果树在 C_2 处进行连接，得到一棵新的拥堵树，该拥堵树拥有两个根节点：R_1 和 R_2。新的拥挤树既弥补了传统拥挤树在表达拥挤路段间关系时的缺陷，又能够继承其便于寻找拥挤源头和终点的优点，更加便于描述拥挤的演变过程。

由此可见，本节研究中定义的拥挤因果树与传统的树有两点不同：

（1）传统的树结构只能有一个根节点，而这里的拥挤因果树允许存在多个根节点，用来描述多个不同的起始点的拥挤在某条路段汇聚的情况。

（2）传统的树结构中每个节点只允许存在一个父节点，而这里的拥挤因果树允许存在多个父节点，这样便于描述多个节点的拥挤汇聚至一个节点的情况。

在拥挤的演化过程中，如果在某条路段发生了严重影响交通秩序和通行效率、威胁到出行安全的拥挤，而现有的交通监测手段只能获取实时呈现的拥挤分布和拥挤程度信息，此时仅仅根据这种结果信息进行拥挤的控制和交通管制，并不能从根本上解决拥挤问题。倘若能够找到这种拥挤从何处开始、经由哪些路段传播至当前路段，即推测拥挤演变的整个时空过程，并对涉及的路段进行协同管控，则会起到更好的拥挤控制效果。

从获取的监测数据中直接得到拥挤的整个演化过程是不现实的，这时，需要一种逆时间序列的分析方法，即以当前严重拥挤路段为起始点，逆时间、逆拥挤传播过程，对拥挤路段的下游路段进行搜索，判断拥挤路段与其下游路段之间的拥挤是否有明显因果关系，并以此类推，将有因果关系的下游路段作为新的拥挤路段，对其下游路段进行同样的搜索。像这样循环逐一搜索，直到找到某条拥挤路段，其下游路段均不拥挤或者其下游路段拥挤无明确因果关系为止，此时搜寻到的路段为拥挤的起始地点。随后将该搜寻过程涉及的有因果关系的路段按照搜寻过程排序，形成整个拥挤传播路径。以上对拥挤的演变过程进行逆时间分析的过程称为拥挤的历史传播路径溯源。

为了对拥挤进行更好的管控，仅仅了解拥挤从开始产生到当前状态的演变过程是不够的，把握其未来的走向对于控制方案的设计至关重要，尤其是为了协同管控，对拥挤进一步传播直至消散经过的路段进行预测也是必要的。这样才能进一步评估拥挤在未来可能产生的影响，进而掌握拥挤的整个演化过程。因此，拥挤演变过程分析应该包含拥挤的历史传播路径溯源和拥挤的未来传播路径预测两方面内容。而且，不同于以往研究中的静态分析，考虑到拥挤的差异性和波动性，拥挤更难被预知，偶发拥挤的产生也会给拥挤带来更大的不确定性，为此，这里提出一种实时的拥挤溯源和拥挤预测方法，它能够更加有效地应对交通网络的突变状态，实施更加灵活的管理举措。

5.2 基于网络时空因果关系搜索的拥挤传播路径溯源

城市交通网络道路间彼此相通，若一地产生了拥挤，拥挤很可能会以该拥挤点为源头向相连的上游路段蔓延。所以说，拥挤的传播具有这样的规律：某地发生的拥挤势必会和一些相关地区的拥挤相关联。在描述不同路段拥挤之间的关系时，相关性分析是一种常用的方法[153]，但是在统计意义上，相关并不代表地区间的拥挤存在因果联系，也不能说明其拥挤之间存在相互作用。针对以上问题，本节提出挖掘不同道路拥挤之间的状态传递规律和相互作用机制的因果分析方法，基于该方法提出对拥挤历史进行过程性追溯的模型，从而对拥挤的产生、传播有一个完整的把握。

5.2.1 因果关系和传递熵

熵可以用来表示交通流的状态信息，以互信息熵构建的交通状态向量，能用于计算不同交通流之间的状态相似程度[154]。然而，互信息熵是一种无方向的熵，对因果性的解释有欠缺。相关研究指出[155]，利用传递熵可以更好地判断不同地点的拥挤之间的因果关系的存在性及其大小，因此，本节基于传递熵理论提出找寻拥挤在路网时空传播路径的方法。该方法便于探寻异常事件和事故的发生地，为尽快开展救援和疏导工作提供帮助，而且在发现拥挤的源头后，可以在拥挤源头地及其上游进行有效的管控和疏导，以免拥挤传播至下游路段，从而从源头遏制拥挤的传播。

5.2.1.1 因果关系、关联规则和相关关系区别

在现有基于数据驱动的拥挤传播分析的相关研究中，相关性分析和关联规则分析是被广泛采纳的两种建模理论，不过它们与下面所引入的因果关系分析有本质的不同。

简单来说，相关性指的是所有统计学意义上的关联。而相关性的实际意义则表示两个变量之间线性相关的程度。从形式上来讨论，不满足统计学上的两个独立的随机变量是相关的。从本质上讲，相关性是衡量两个或多个变量如何相互关联的量度。相关性系数则是相关性的一种朴素的度量指标，最常见的相关性系数是皮尔逊相关系数及 Spearman 相关系数。信息熵理论中的互信息也是一种常用的变量间相关性的度量方式。

因果关系是一个变量作用于另一个变量时产生的影响。如果将产生影响的变量称为原因变量，受到影响的变量称为结果变量，那么原因变量要对结果变量的变化部分负责，反之结

果变量的变化部分取决于原因变量。然而，结果变量和原因变量之间的关系并非固定的，一个变量也并非只是单一的因果变量，一个变量的变化是由很多原因共同作用导致的，这些原因变量的作用在结果变量变化之前，同时该结果变量也可能是影响其他变量的原因变量。

关联挖掘就是在交易数据、关系数据或其他信息载体中，查找存在于项目集合或对象集合之间的关联、相关性或因果结构[156]。关联分析更多的是一种通过分析从多变量集合中找到若干变量之间关系的手段，但没有阐明该关系指代何种关系，它可以是任何关系。

假设存在事件 A、事件 B 和事件 C，事件 A 以一定概率引起事件 B 和事件 C 的发生，该关系是交通领域中最容易造成误判的情况；在该关系中，一个原因引出两个结果，原因与结果之间存在因果关系，但两个结果之间没有因果关系。例如，在路网中观测到有一定距离的两条路段 B 和 C 的交通状态的变化趋势极为相似，此时两者存在相关性，但这并不能代表路段 B 影响了路段 C 的状态，或者路段 C 影响了路段 B 的状态，因为两者并不一定存在因果关系。究其原因，可能在于它们都处于某一个交通热点路段 A 的周边，在高峰时期，大量来自路段 A 的车辆同时涌入路段 B 和路段 C，造成了这两条路段的相似的交通流。这一情况的图解如图 5-3 所示。在该路网中观测到的两路段 B,C 的交通量一起增长变化时，并不能代表它们之间存在相互影响和作用，它们的相关性可能仅仅是因为它们是某个因素同时作用的结果，它们的关系仅仅是非因果的相关关系。

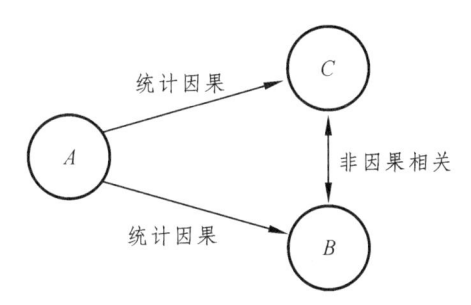

图 5-3　易混淆的相关关系和因果关系

我们可以得出以下结论：相关关系包含了因果关系，但是相关关系并不一定是因果关系，而因果关系一定是相关关系。不同事件发展的趋势相近，并不能代表它们之间存在因果关系，也有可能是它们共同作为另一个事件的结果存在；如果简单采用相关关系的结果分析路段之间的相互影响是有明显缺陷的。

5.2.1.2　熵和传递熵

熵理论来自 Shannon 于 1948 年定义的信息论中熵的概念。其定义如下：一个信息系统中的变量存在着不确定性，在信息论中，随机变量的熵是"不确定性"的平均值或者数学期望：

假设离散的序列 X 有 n 个状态 $x_i(i=1,2,3,\cdots,n)$，每个状态出现的概率为 $P(x_i)(i=1,2,3,\cdots,n)$（$P(x_i)$ 满足 $0 \leqslant P(x_i) \leqslant 1$ 及 $\sum_{i=1}^{n} P(x_i) = 1$），则 x_i 的信息量计算公式为

$$I(x_i) = -\ln P_i \tag{5-1}$$

式中，$I(x_i)$ 为随机变量，可量化某个变量 x_i 的不确定性（或者说复杂度）。

量化系统的不确定性需要将熵（Entropy）的概念融入信息量，系统整体的信息量是对系

统中每个子变量的信息量计算数学期望。仅当 X 是离散序列时，信息熵的计算公式为

$$H(x) = E(I(x_i)) = -\sum_{i=1}^{n} P_i \ln P_i \quad (5\text{-}2)$$

而连续变量的信息熵是对系统中所有变量的信息量求积分：

$$H(x) = -\int P(x) \ln P(x) \mathrm{d}x \quad (5\text{-}3)$$

由式（5-2）和（5-3）可以推测得知，信息熵的本质是描述整个信息系统中各随机变量的不确定性（离散程度）的统计量，它也是系统中各个变量的信息量的期望。信息熵反映出系统整体信息量的大小，信息熵的值越大，系统也就越混乱，不确定性越大；信息熵的值越小，系统的混乱度越小，代表系统处于更加确定的状态，因而，信息熵在交通中拥有的含义就是交通流状态的不确定性。

Shannon 在给出信息熵的定义和公式后，指出该公式的函数形式是确定且唯一的。后来其他的信息熵公式大多是式（5-2）的拓展。Shannon 认为，信息熵具有以下三个基本性质：

（1）单调性：事件的发生概率与其包含的信息量成反比。

（2）非负性：信息熵作为一种广度量必然具有非负性。

（3）累加性：不同随机事件的不确定度是可以累加的，系统中多个随机事件的总的不确定度可表示为不同随机事件的不确定度之和。

Shannon 从数学上严格证明了式（5-2）是满足以上三个条件的唯一形式的系统随机变量的不确定性表达式。

Thomas Schreiber 将子系统之间相互作用的思想引入条件熵中，提出了传递熵概念，他是基于互信息熵的不足进行改良得到的传递熵。传递熵可以估计两个变量之间非对称且有方向的信息传递量；针对时间序列信息传递问题，传递熵有很大的优势。

已知两个稳态马尔可夫链 x 和 y，传递熵的本质是：未来的 x 和 y 都是未知的，如果 y 的历史信息已知，且获取的 y 的历史信息能够降低 x 的未来的不确定度，那么这个降低的不确定度就是传递熵值的大小。假如 x 的未来不受过去的 y 的影响，那么 y 的历史信息不会给未来的 x 的不确定度带来任何的降低，因此，传递熵 $T_{y \to x}$ 为 0；反之，$T_{y \to x} > 0$。以上概念可以用传递熵的计算公式来表达：

$$T_{y \to x}(x(n) | x^{(k_x)}, y^{(l_y)}) = \iiint p(x(n), x^{(k_x)}, y^{(l_y)}) \log_2 \left(\frac{p(x(n), x^{(k_x)}, y^{(l_y)})}{p(x(n) | x^{(k_x)})} \right) \mathrm{d}x(n) \mathrm{d}x^{(k_x)} \mathrm{d}y^{(l_y)}$$

$$(5\text{-}4)$$

式中，x 与 y 分别为两个马尔可夫过程的过去的值，$x(w)$ 表示马尔可夫过程 x 的现在（或未来）的值，k_x, l_y 分别为 x 和 y 的阶数。当变量是动态的信息且目的在于探究动态信息间的传递情况时，x 与 y 的取值可均为 1，即 $k_x = l_y = 1$。

采用一阶参数计算可以在很大程度上减少计算的复杂度。与采用高阶参数计算相比，采用一阶参数计算，在耦合程度可靠性相同的情况下，虽然会带来一定的误差，但是其可靠性还是在可接受的范围内，而且，在交通领域相关的研究中，这也是很常见的做法。

因为变量间的信息传递可能存在延滞，如果给因变量添加一个延滞参数 τ，令 $k_x = l_y = 1$，则考虑信息传递时间延迟的传递熵公式为[157]

$$T_{y \to x}(x(n)|x^{(k_x)}, y^{(l_y)}(\tau)) = \iiint p(x(n), x^{(k_x)}, y^{(l_y)}(\tau)) \log_2 \left(\frac{p(x(n), x^{(k_x)}, y^{(l_y)}(\tau))}{p(x(n)|x^{(k_x)})} \right) \mathrm{d}x(n) \mathrm{d}x^{(k_x)} \mathrm{d}y^{(l_y)}(\tau)$$

（5-5）

式中，τ 表示时间延滞。当因变量 y 对变量 x 的影响产生的时刻和 x 受到 y 的影响并产生变化的时刻不一致时，即 y 先对 x 施加影响而后经过一定的时间 x 才对 y 的影响有所反应，那么可以用时间延滞参数 τ 来表示这个影响在施加和生效之间的时间间隔。若 τ 为 0，则表示 y 对 x 的作用立刻产生了效果。

5.2.1.3 传递熵计算方法

由上文可知，为了能够实时计算不同路段之间的传递熵，联合概率的计算是必要的，但其数量庞大，对此，采用核密度估计函数（Probability Density Functions）来估计各道路之间的联合概率密度。在众多的概率密度估计方法当中，核密度估计是最常用的一个。它的优点在于：在数据先验分布未知时，依然能得到数据的概率密度。通常，根据公式（5-6）可以估计变量 x 的分布的概率密度 $p(x)$：

$$p(x) = \frac{1}{N} \sum_{i=1}^{N} K(x - x_i)$$

（5-6）

式中，$K(x - x_i)$ 是 x 位于 x_i 处的核函数。核函数 $K(x - x_i)$ 在此处采用高斯核函数，其计算公式为

$$K(x - x_i) = \frac{1}{\sqrt{2\pi\Theta}} e^{-\frac{(x - x_i)^2}{2\theta^2}}$$

（5-7）

式中，Θ 是核函数的必要的参数窗宽。核函数的值与 x_i，x 间的距离呈相反的变化趋势。

而 $p(x, y)$ 用于估计 x，y 的联合概率密度，其计算公式为

$$p(x, y) = \frac{1}{N} \sum_{i=1}^{N} K(x - x_i, y - y_i)$$

（5-8）

根据高斯核函数和联合概率密度计算公式，可以得到联合高斯核函数的计算公式：

$$K(x - x_i, y - y_i) = K(x - x_i) K(y - y_i) = \frac{1}{2\pi\Theta^2} e^{-\frac{(x - x_i)^2 + (y - y_i)^2}{2\theta^2}}$$

（5-9）

拥挤从一条道路传播到另一条道路需要一定的时间，因此，此处采用含时间延迟 τ 的传递熵，τ 代表两条具有因果关系的路段发生拥挤的时间延迟。而路段之间的传递熵大小会随着时间推移而发生变化，因此，需要实时地、动态地计算路段间的传递熵，其过程如图 5-4 所示。图中包含的两条路段分别为路段 e_0 和 e_1；滑动时间窗的宽度为 tw，它以步长 l 实时采样以更新数据；tw 和 l 的大小设置均会影响采样效果，因此要保证其大小适中，且 $l < tw$。

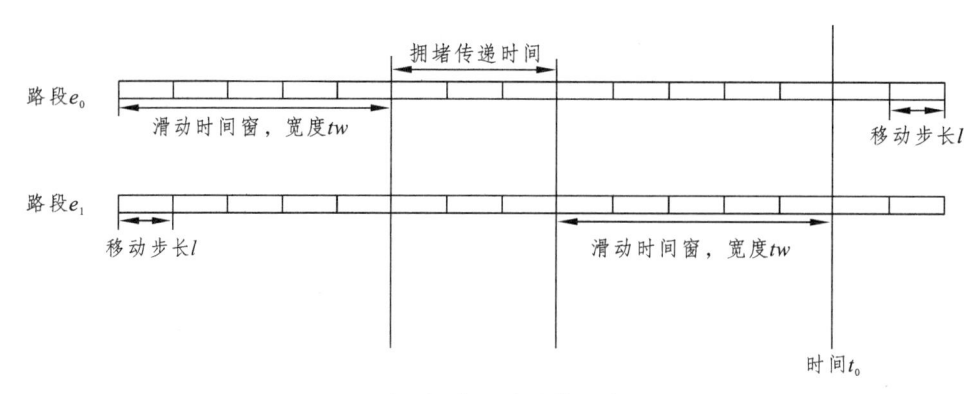

图 5-4 路段间传递熵计算方法示意图

接下来以路段 e_0 和 e_1 作为示例说明两条路段之间的传递熵的计算方法。假设路段 e_0 是路段 e_1 的下游路段，若滑动时间窗在 t_0 时刻在路段 e_1 检测到拥挤，而 e_1 是 e_0 的上游路段，因此，路段 e_1 发生的拥挤可能是从路段 e_0 开始传播并到达的。为了验证该猜想，需要计算路段 e_0 和 e_1 之间的传递熵。计算传递熵需要先推测拥挤从路段 e_0 传递至 e_1 所需的时间 τ，再根据时间 τ 找到 t_0 时刻对路段 e_1 的拥挤产生影响的路段 e_0 的速度序列。

为了简化整个溯源过程的计算复杂度，可采用以下方法确定时间 τ 的取值：

首先给定两条路段之间的拥挤传播时间阈值 τ_M，假设 τ_M 的值为 M，对 τ_M 进行 M 阶滞后处理，可得到长度为 $M-1$ 的序列 $\tau_M, \tau_M-1, \tau_M-2, \tau_M-3, \cdots, 1$，再依次采用该序列中的值作为时间延迟值，按照式（5-5）计算传递熵，可得到一个包含不同时间延迟值情况下的传递熵序列。在该传递熵序列中，选取取值最大的作为真正的传递熵，该传递熵对应的延迟时间就是估计的拥挤传播时间。

5.2.1.4 因果关系判定

传递熵的值从数量上反映了致因变量和结果变量之间的因果关系：一般情况下，致因变量 Y 对结果变量 X 具有因果关系，其传递熵值 $Te_{Y \to X}$ 通常为一个大于 0 的数；反之，等于 0。而事实上，对 X 产生影响的不仅仅是变量 Y，可能还存在其他变量，包括噪声、偶然事件的干扰等，也就是说，不存在因果关系的变量间的传递熵值也可能大于 0（但往往不够显著）。因此，如果仅仅依据传递熵值是否大于 0 来判断变量之间是否存在因果关系是不够的，通常做法是：确定一个传递熵阈作为因果关系是否显著的判定标准，对于那些大于传递熵阈值的变量可认为它们之间存在因果关系。

首先对原始的 X 和 Y 序列进行部分截取得到以下新序列：

$$X^d = (X_i, X_{i+1}, \cdots, X_{i+d_n-1}), Y^d = (Y_j, Y_{j+1}, \cdots, Y_{j+d_n-1}) \tag{5-10}$$

式中，d_n 表示构造的新序列的样本长度，用 d_o 表示原序列的长度，具体到式（5-10）中，i 和 j 的取值范围为 $[1, d_o - d_n + 1]$；另外，需保证 i 和 j 的值的差大于一个足够大的整数 ε。

这样做的目的在于：首先从两个变量序列中各自截取一段，以保证两段新序列都有与原序列相似的统计特性；另外，保证 i 和 j 的差值的绝对值大于 ε，可以保证截取的两段序列中保留的原序列本身存在的因果性尽量小，在这种情况下，当原序列各自的统计特性得到保留，且原序列中本身的因果关系被消除后，再计算两者之间的传递熵，可以得到噪声和干扰影响的 X 与 Y 之间的伪因果性大小。改变 i 和 j 的值，得到多组 X^d 和 Y^d 序列，假设得到 K 组截断序列，计算 K 次传递熵，第 k 次计算的传递熵结果记为 $TE_{Y \to X}^k$，针对所有计算的 $TE_{Y \to X}^k$，得到熵的序列 NS，计算其均值 μ_{NS} 和方差 σ_{NS}，即可得到用于因果关系判定的传递熵阈值的计算方法：

$$\alpha_{Y \to X} = \mu_{NS} + 3\sigma_{NS} \tag{5-11}$$

式中，$\alpha_{Y \to X}$ 指变量 X 与 Y 的传递熵阈值；μ_{NS} 指序列 NS 的均值；σ_{NS} 指序列 NS 的方差。

5.2.2 基于广度优先因果关系搜索的拥挤历史传播路径追溯

拥挤本身具有时空特性，如果某条路段在某个时段的拥挤是由另一条路段在另一个时段的拥挤蔓延而来的，那么可以说这两条路段之间存在因果性。本节借用广度有限搜索算法思想，引入传递熵理论，提出一种交通网络的广度优先因果关系搜索理论，并采用双时间序列滑动窗在网络的时间维度上进行逆拥挤传播过程的拥挤溯源。

5.2.2.1 网络广度优先搜索

城市道路交通网络是一种非常典型的拓扑网络，网络中的道路彼此直接或者间接相连，关系很复杂。当拥挤沿着道路交通网络传播时，采用一般的网络分析方法无法准确地捕捉整个拓扑网络上复杂的拥挤演变过程，为此，采用广度优先搜索算法，以某个拥挤路段为起始点，逆时间、逆拥挤演变过程，向过去追溯，进而找到拥挤的传播路径和源头。作为最简洁有效的图遍历算法之一，广度优先搜索算法（Breadth-First-Search，BFS）[158]对有向图和无向图都是适用的。图论中的许多经典算法，如 Dijkstra 最短路径算法以及 Prim 最小生成树的提出，都借鉴了广度优先搜索思想。广度优先算法能充分考虑演变的每一种情况，在确保最大限度地减少遗漏情况下完成网络的检索目标。

给定一个图 $G(V,E)$，其中 V 代表图的节点，E 代表图的边。假定 v_0 为初始节点，下面从该初始节点出发搜寻符合条件的其他节点，搜寻过程中的状态空间是以树为结构表示的。首先，将初始节点作为父节点，访问与 v_0 有共同边连接的其他所有节点，找出符合条件的节点，放入广度优先树中，作为节点 v_0 的子孙节点；当距离初始节点边数为 1 的节点遍历后，结束此轮搜寻。当距离初始节点距离为 k 的节点全部遍历后，第 k 轮搜寻结束。随后，将上一轮找到的所有子孙节点依次作为父节点，重复以上步骤，直至搜索到需要寻找的节点或者剩下的所有节点都不满足条件为止。

在广度优先搜索中，目标节点 p 和初始节点之间经过的边的集合为图 G 中两点之间的最短路径集合。可以发现，广度优先搜索只有在搜寻完与初始节点相距 k 条边的节点之后才会继续搜寻距离 $k+1$ 条边的节点，这也是广度优先搜索最大的特点。整个过程可以描述为从初始节点出发，向远距离一层一层地拓展访问范围。

广度优先算法的实施步骤为：定义已经访问的节点为 u，与它相邻接的节点为 v，对与 u 邻接的节点集合进行遍历，逐个判断其是否满足条件或者已经被访问，将符合要求且未被访问的相邻节点 v 以及两者之间的边 (u,v) 放入广度优先树，并确定 u 为 v 的父节点。在广度优先算法中，每一个节点都只有一个父节点（除了初始根节点）。针对该广度优先树，可以推断出各节点之间的关系。在广度优先树上层的节点 u 如果和下层的节点 v 有连接，且可以找到到达的路径，那么 u 叫做 v 的祖先节点，v 是 u 的子孙节点。

在给出广度优先算法的伪代码之前，先给出以下三个变量定义：

假设一个节点 u 是待搜索图 G 中的某个节点，那么有：

（1）变量 u.visited，此变量表征节点 u 是否被遍历，变量的数据类型为布尔变量，结果为 TRUE 或者 FALSE，其中，TRUE 代表该变量已经被遍历，FALSE 则代表没有被遍历。

（2）指针变量 u.p，该指针变量是一个前驱指针，代指节点 u 的前一个节点。如果 u 的前置节点不存在，则 u.p = NIL。

（3）整数量 u.d，代指以节点 s 为起点、节点 u 为终点时所经过的边的数量之和。

该算法如下：

算法：广度优先搜索算法

1: for each vertex $u \in GV - \{s\}$
2:     u.visited = FALSE
3:     u.d = ∞
4:     u.p = NIL
5: s.visited = TURE
6: s.d = 0
7: s.p = NIL
8: Q = ∅
9: ENQUEUE(Q,s)
10: while Q is not null:
11:     U = DEQUEUE(Q)
12:     for each v in G.Adj[u] :
13:         if v.visited = FALSE :
14:             v.visited = TRUE
15:             v.d = u.d + 1
16:             v.p = u
17:             ENQUEUE(Q,v)

5.2.2.2 广度优先因果关系搜索

广度优先搜索算法是一种能对所有潜在的可能性进行搜索的网络遍历算法，但是无法将其直接用于交通拥挤溯源。这里结合拥挤在交通网络上传播的特征，将传递熵融入广度优先搜索算法，提出一种广度优先时空因果关系搜索算法。该算法的主要步骤如下（此处假设实时监测的状态参数为速度）：

交通监控系统实时监测路网各路段的实时平均速度，监测程序的具体运行方式如下：程序以宽度为 w 和步长为 l 的滑动时间窗运行，每隔 l min 传输一条长度为 w 的实时速度数据。当检测器在某时间段某路段 L 上监测到拥挤，由于拥挤传播方向是由下游路段传播至上游路段，因此，如果要进行溯源，系统就要自动提取该路段的下游路段编号，同时给出这些下游路段在同时间段的速度值以及往前回溯若干时长的速度序列。

Step 1：对于每一条下游路段，系统计算待溯源路段在该时段的速度数据与下游路段的同时段以及多个回溯时段的速度数据之间的传递熵。若确定具有因果性，取传递熵值最大的回溯时段的速度序列，确定为因果相关的拥挤序列（默认拥挤是从该时段由该路段演化而来），其回溯的时间差就是拥挤在两路段之间传递时所需的时间。

Step 2：重复 Step 1，直到下游路段集都被遍历。此时，将待溯源路段更改为所有因果关系显著的路段。

Step 3：重复 Step 2，直到无法再找到新的拥堵致因路段。此时便得到了以路段 L 为终点的一棵拥挤传播因果树。

定义相应集合和拥挤树变量，可建立通过溯源得到的拥挤传播因果树。广度优先因果关系搜索算法的整个运算过程如图 5-5 所示。

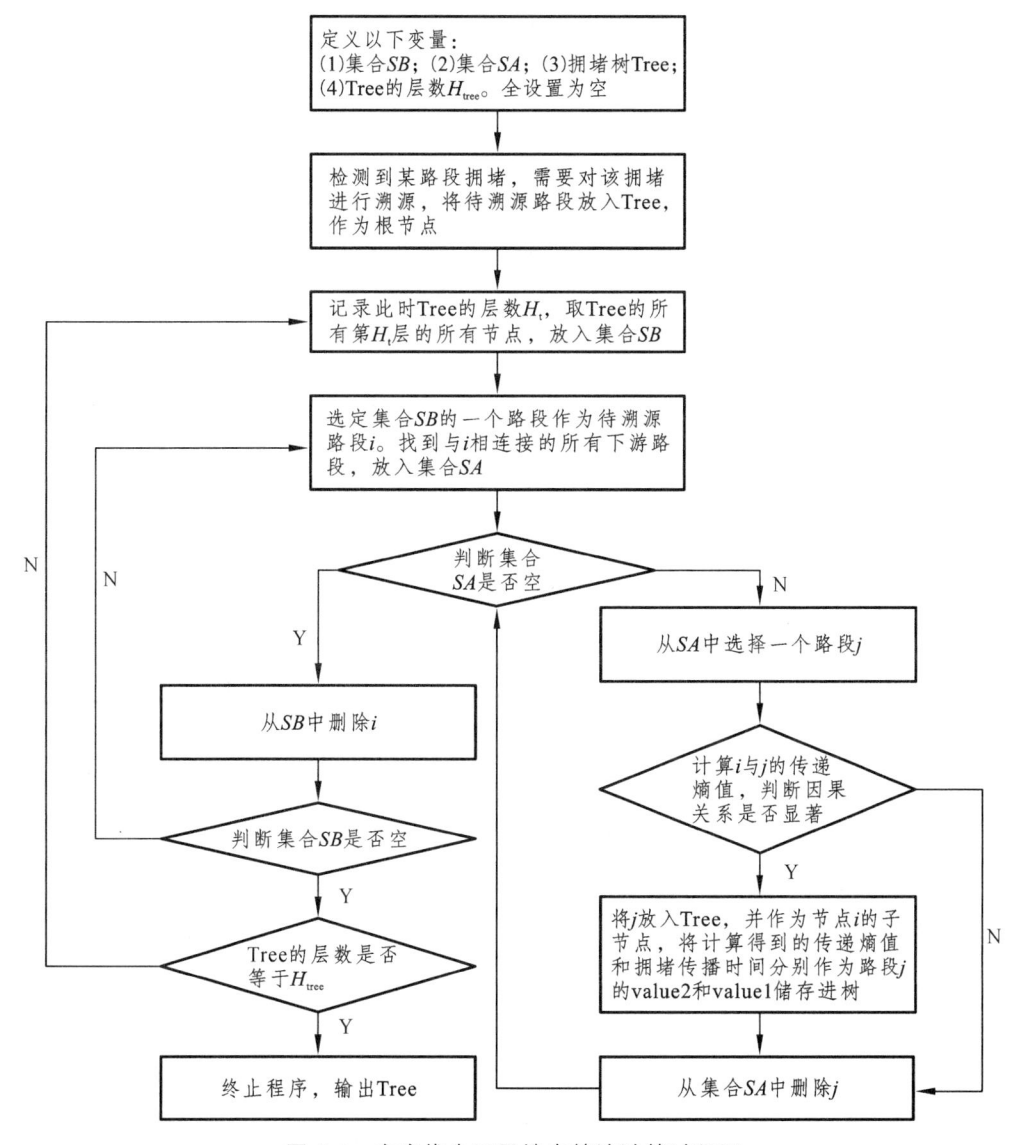

图 5-5　广度优先因果搜索算法计算过程图

（1）集合 SB：存放待溯源路段编号。

（2）集合 SA：存放待溯源路段的所有下游邻接路段编号。

（3）拥挤树 Tree：存放拥挤溯源因果树；Tree 的每个节点设置为一种特殊的键值对，形式为"key=value1, value2"，其中，key 代表路段，value1 记录拥挤从该路段传播至某上游路段花费的时间，value2 记录该路段与上游路段的传递熵值（因为是溯源，每条树上的路段只记录一条它的上游路段，不会造成混淆）。

（4）Tree 的层数 H_{tree}。

5.2.3 实例验证

采用真实的网约车 GPS 轨迹数据，对本章提出的基于传递熵的历史拥挤传播轨迹挖掘算法的有效性进行验证，并进一步研究城市道路拥挤在时空上的因果关系。

实例实验选择了成都市内一个矩形区域，如图 5-6 所示，路网数据包含了 1 270 个节点和 2 831 条路段。实验使用的网约车 GPS 轨迹数据来自滴滴出行公司盖亚计划，该数据集由公开的地图网站 OpenStreetMap 获取，包含了 2016 年 11 月在成都市内运行的出租车的实时 GPS 位置，GPS 的记录频率为 3 s。每条数据包含出租车 ID、订单号、时间戳、经度和纬度等五个字段。路网数据地图格式为.Shape，以便导入 Arcgis 软件时与浮动车的 GPS 轨迹进行匹配。

图 5-6 研究区域位置

在对 GPS 轨迹数据进行地图匹配时[159]，需要将 GPS 数据转换成能直接反映交通运行状况的路段平均速度，以下简称为速度。在得到速度矩阵之前，需要确定速度的时间粒度。由于拥挤的传播速度有快有慢，因此，为了更加精确地估计拥挤在路段之间的传播时间，粒度需要足够细；但是如果时间粒度过于细，在网约车较少经过的路段，所记录的 GPS 数据会稀少，处理后会有大量的数据缺失。因此，考虑到以上两点，再借鉴相关研究的经验，下面采用 5 min 作为处理速度数据的粒度。

经过数据处理，可得到一张包含路段名、时间段以及路段速度平均值等若干字段的数据表格。由于作为浮动车的出租车本身数据获取途径的缺陷，车辆轨迹并不会覆盖到全部时间段和全部路段，因此，在某些路段或时段，数据会有缺失，缺失率高时甚至达到70%至80%，这些缺失的数据无法提供完备的交通信息，补全也会失去意义，因此，在后续的研究中删除了数据缺失率高于60%的路段。

在将数据输入模型之前，需要先确定交通拥挤的判别标准。北京交通研究院编写的《城市道路交通拥挤评价指标体系》对支路、快速路、次干路以及主干路的交通状况的判定标准进行了划分，具体划分情况见表5-1。

表 5-1 道路交通状态的划分标准

道路等级	畅通	基本畅通	缓行	拥挤	严重拥挤
快速路	>65	(50, 65]	(35, 45]	(20, 35]	≤20
主干路	>45	(35, 45]	(25, 35]	(15, 25]	≤15
次干路	>35	(25, 35]	(15, 25]	(10, 15]	≤10
支路	>35	(25, 35]	(15, 25]	(10, 15]	≤10

依据表5-1中的标准，可根据路段的平均行驶速度判定其拥挤的状态。

为了模拟真实的城市路网中实时交通拥挤监测系统，我们编写了一个实时监测器仿真程序，并将5.2节提出的拥挤溯源模型植入其中。下面以表5-1中的评价体系作为拥挤判别标准，从拥挤路段集合中选择人民南路二段作为此次实验的监测对象。人民南路二段北接成都市中心——天府广场，南连锦江桥，毗邻成都市最繁华的商业区之一——春熙路，是贯通成都市南北的交通要道。在早晚出行高峰时期，上班族、逛街休闲的市民、远道而来的游客等出行者乘坐交通工具涌入该道路，会带来交通拥挤。该路段在地图上的位置如图5-7所示。

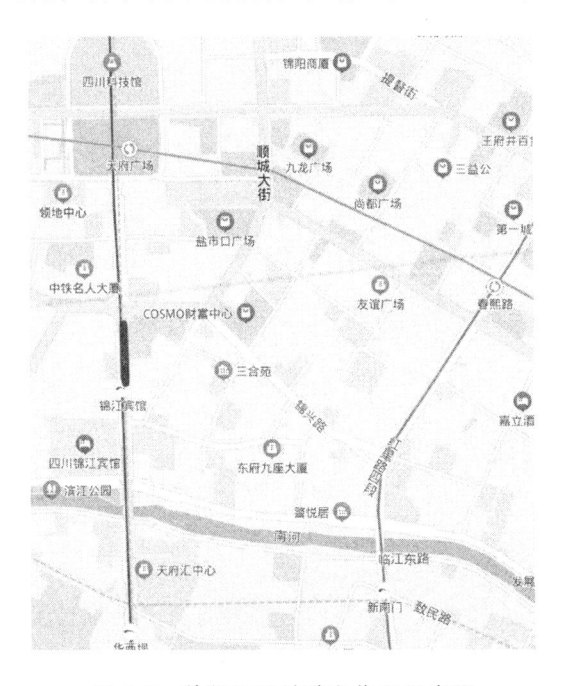

图 5-7 待溯源用地路段位置示意图

选取了待溯源路段之后，将拥挤检测的时段定为晚高峰。交通状况监测器程序模拟运行结果显示，在 2016 年 11 月 15 日 16 时 25 分左右，在人民南路二段检测到了拥挤，此时拥挤溯源程序启动，输出结果如表 5-2 所示。

表 5-2 溯源程序输出

溯源递进层数	拥挤路段	拥挤时间	传递熵值	传播链
第一层	新光华街	16 时 20 分	0.72	传播链一
	新光华街	16 时 20 分	0.72	传播链二
第二层	大业路南段	16 时 15 分	0.64	传播链一
	锦兴路	16 时 10 分	0.55	传播链二
第三层	大业路北段	16 时 10 分	0.52	传播链一
	—	—	—	—
第四层	顺城大街	16 时 10 分	0.61	传播链一
	—	—	—	—

拥挤溯源程序的运行结果显示：以大业路南到北方向路段作为终点，有两条传播链，传播链一：顺城大街—大业路北段—大业路南段—新光华街—人民南路二段；传播链二：锦兴路—新光华街—人民南路二段。以上两条传播链在地图上可视化的结果如图 5-8 和图 5-9 所示。

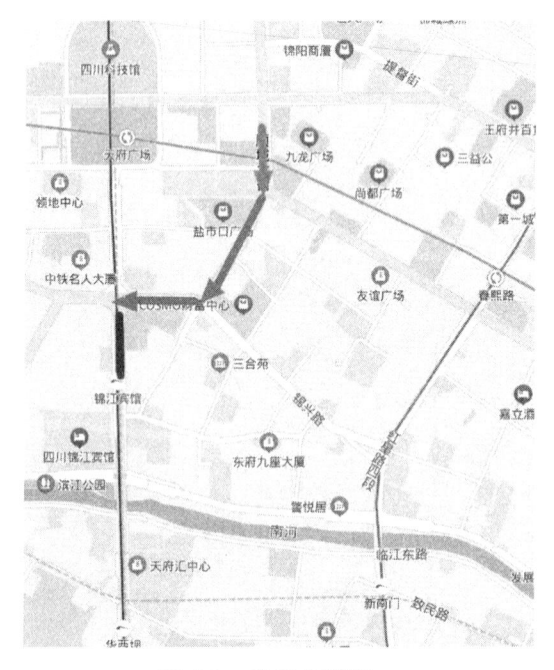

图 5-8 拥挤传播链一

图 5-9　拥挤传播链二

除了传播链外，程序还输出了拥挤从一条路段传播至另一条路段的时间，据此可以推测拥挤到达各个路段的时间。传播链一的数据显示，拥挤于 16 时 10 分在顺城大街产生，在 5 min 之内，蔓延到大业路北段，而此时顺城大街的拥挤并没有散去。16 时 15 分，拥挤进一步散播到大业路南段，再进一步，16 时 20 分拥挤传播至新光华街，16 时 25 分左右，人民南路二段开始拥挤。而此时，顺城大街的拥挤稍有消散，表示拥挤源头已经有了消散的趋势，但未来拥挤是进一步扩大还是由源头开始消散还有待验证。研究结果表明，人民南路二段和顺城大街的拥挤之间具有较大的前后因果关系，人民南路二段此次拥挤的源头是顺城大街，大致的传播路径为顺城大街—大业路北段—大业路南段—新光华街—人民南路二段，其中，大业路南段和大业路北段为成都市该区域内的交通干道，如果能在顺城大街以诱导或者需求管理等方法将拥挤引导疏解，会产生较大收益。

另一条以人民南路二段为终点的传播链的大致走向如图 5-9 所示，它经过的路径大致为锦兴路—新光华街—人民南路二段，其中，锦兴路南段的拥挤程度为严重拥挤。由于复兴桥是一座贯通磨底河（亦称摸底河），是连接成都市南北的重要桥梁之一，是成都市南边去往商业街春熙路等地的最近通道，因此，拥挤在此地时常发生，而锦兴路距复兴桥较近，初步估计可能是上述原因导致锦兴路严重拥挤。程序输出的结果显示，大约在 16 时 10 分，拥挤在锦兴路产生，随后到 16 时 20 分，拥挤进入新光华街，再后来到 16 时 25 分，该传播链的拥挤随传播链一同将拥挤传播至人民南路二段。

接下来需要对溯源得到的轨迹与实际情况进行对比验证。此处，根据表 5-2 中的拥挤产生时间选取了相应各路段的原始数据，依据表 5-1 中的拥挤判定标准，将原速度数据转化为各路段的交通态势，并绘制成交通态势演变快照，如图 5-10 所示。

（a）16∶10分拥挤态势图 　　　　　　　　（b）16∶15分拥挤态势图

（c）16∶20分拥挤态势图 　　　　　　　　（d）16∶25分拥挤态势图

图 5-10　各时间拥挤态势演变快照

从图 5-10 可看出，模型溯源的结果和交通态势反映的演变过程基本上相符合。

需要进一步说明的是，由于研究区域范围有限，真正的拥挤源头可能位于研究区域范围之外，本节只是提供了一个拥挤传播路径溯源方法及其可行性的论证方法。

5.3 基于多任务学习的拥挤传播路径预测

5.2 节提出的模型通过溯源能够确定拥挤发生的时段和地点，从而把握过去的拥挤演变情况，以便从源头化解拥挤。同时，如果能进一步预测未来的拥挤传播路径，可预先对拥挤的发展情况采取措施提前疏解，进而将路网中未来可能产生的拥挤化解于成形之前。另外，它还可用于评估拥挤的潜在影响。

本节将拥挤传播路径预测分为两个阶段：先预测未来一段时间的路段之间的传递熵，再根据路段间的传递熵来推测拥挤的传播轨迹。其中，预测传递熵有两种较为简单的方法：

（1）直接预测。此方法直接将历史的传递熵值输入到预测模型中，再将未来的预测结果输出。但两路段之间的传递熵随时间变化曲线的波动幅度较大，如果直接将传递熵值作为输入进行预测，模型较难拟合其规律，效果不太好。

（2）间接预测。先预测速度序列以及道路间拥挤传播所需时间的序列，再将求得的速度和拥挤传播时间输入传递熵公式，求得传递熵值。但速度预测和拥挤传播时间预测这两个预测问题彼此独立，因此，该方法需要同时建立两个不同的预测模型，要占用更多的计算资源、花费更多的时间。

实际上，直接预测和间接预测方法之间是有一定联系的。一方面，根据速度、拥挤传播时间可以计算出传递熵值；另一方面，传递熵可以联系不同路段的过去和未来的速度，因此传递熵的预测也有助于速度的预测。

既然上述预测任务与方法之间也是有联系的，那么，可以考虑将它们结合起来进行预测。为此，引入多任务学习模型来建立一种能够同时预测传递熵及其速度的多任务预测模型，该多任务预测模型以传递熵预测为主任务，速度预测为副任务。这两个不同的预测任务之间相辅相成，彼此独立却又相互依赖，能提高彼此的任务精度。

多任务学习模型[160]的基本结构框架参见图 5-11。可以看出，多任务学习模型可以同时学习多个任务，所需计算资源相对较少，并且通过共享层能够充分挖掘各个任务之间的相关性，以达到提高预测准确度的目的。而在现有的研究中，交通预测任务包括交通流、交通速度、

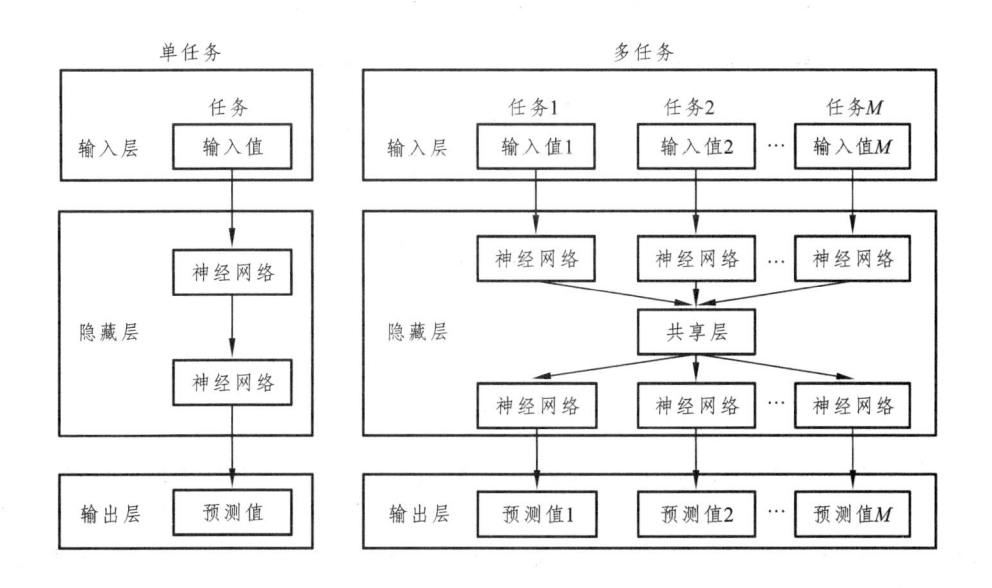

图 5-11 单任务模型和多任务模型的一般结构图

交通占用率、交通延误和行程时间等，这些任务一般都是作为独立问题来处理的。事实上，这些不同的交通预测任务之间有着不可忽视的关联性，不同时间和空间内的同一交通变量，甚至不同交通变量之间也存在着很强的相关性。考虑到这些相关性，若一起优化这些不同的交通预测任务，可以得到更准确的预测结果。而本方法能够辨析一条路段的过去交通流和另一条路段的未来交通流之间是否有明显的时空因果关系；因果性较相关性具有更强的解释性，能够为交通流的预测提供稳定依据。

通常，机器学习分为有监督学习方式（即有标签）和无监督学习方式（即无标签）。但是在工业界，多以研究有监督学习任务为主。有监督学习任务，即通过为模型算法指定一个学习目标，让模型针对该目标进行学习。如果专注于单项任务，会使该模型忽略相关的信息。为此，可以让模型在对某个目标进行学习时，让其分出一部分能力来学习另一个目标，这有助于提升模型的效果。当然，在让模型学习多个目标时，这些目标之间的关联性应该比较强，而且能起到相互促进的作用，这样模型可以通过对两个及以上任务的学习，得到更强的模型泛化能力。从机器学习的视角出发，多任务学习是迁移学习的一种特殊情况，通常会利用一个数据量较大的任务作为辅助任务，来提升主任务的效果。多任务模型和单任务模型的对比如图5-11所示。

多任务学习的实现方式主要是共享不同任务之间的参数。按照共享参数方式的不同，多任务学习可以分为两种：

（1）硬参数共享（Hard Parameter Sharing）。该共享方式将不同任务的底层网络参数进行共享，针对不同的任务设计出与其相适应的输出层结构。该共享方式能够有效优化模型的过拟合问题，使不同任务的泛化性有所提升。多任务学习的硬参数共享也是工业界运用最为广泛的方式；同时，共享权重也会使网络的整体参数减少，在降低线上线下计算量的同时增强了模型的泛化能力。硬参数共享的实现逻辑如图5-12所示。

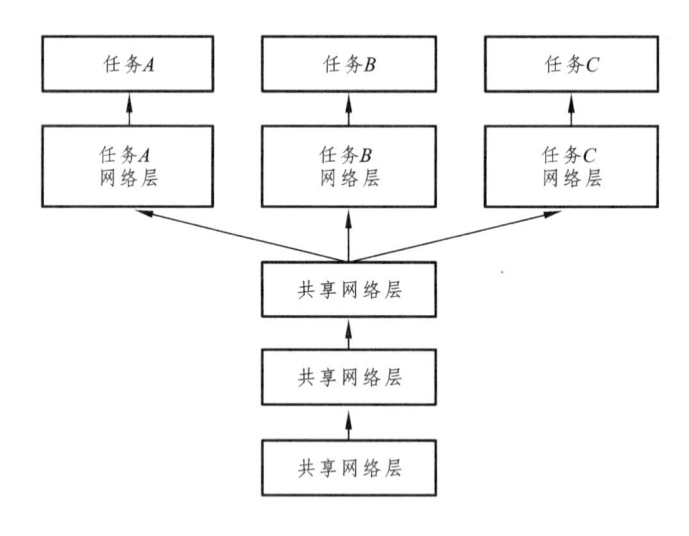

图 5-12　硬参数共享多任务学习模型

（2）软参数共享（Soft Parameter Sharing）。该共享模式中，每个任务都拥有它独有的模型参数，该模式针对不同的任务在输出阶段会提出不同的约束从而进行学习。如果给软参数共享多任务学习模型添加L2正则化，则可以将该模型视为硬参数共享学习模型。典型的软参数共享多任务学习模型如图5-13所示。

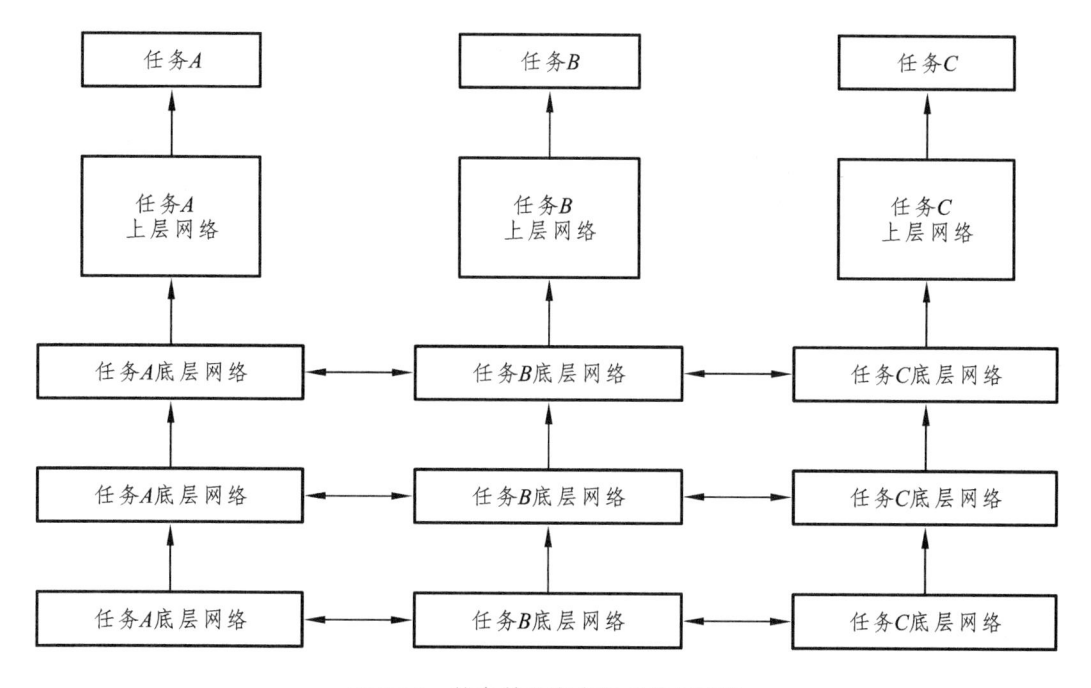

图 5-13　软参数共享多任务学习模型

多任务学习主要有以下三个优点：

（1）单个学习任务可能存在噪声，而多个相关任务共同学习可以平衡噪声，这在一定程度上增强了数据。

（2）一些学习任务由于数据本身的规律特征不易通过学习得到，但是可以通过添加易捕捉特征的辅助任务来协助主任务的学习。

（3）当学习的假设空间规模足够大时，多任务学习模型在后续的新任务中同样会具有较好的效果。

多任务学习已经在深度学习的多个领域被广泛采用，在工业界也具有一席之地。

5.3.1　多任务模型架构

本节以 Google 提出的 MMOE 模型为基础架构，提出一种能实现传递熵和交通速度联合预测的多任务学习模型——基于传递熵的多任务学习模型（Transfer Entropy based MultiTask Learning，TE-MTL），该模型的整体架构如图 5-14 所示。该模型将预测的特征提取过程分为直接特征提取和间接特征提取两个子步骤，其中，直接特征提取指直接提取待预测路段交通状态参数的历史信息特征；间接特征提取指提取待预测路段邻近路段的状态参数信息特征，即借用间接提取的特征来协助待预测路段的预测工作。除了基本的输入层和输出层之外，该模型的核心层共有三个：直接特征提取层、交互层和融合预测层。其中，直接特征提取层有三个模块，分别负责处理每种输入数据的直接特征提取；交互层有 f 和 g 两个模块，分别负责融合每种参数直接提取和间接提取的特征，并输入到融合预测层；融合预测层分别接收来自各交互层的多维数据，并将它们的特征提取融合而得到预测结果，并作为模型的输出。

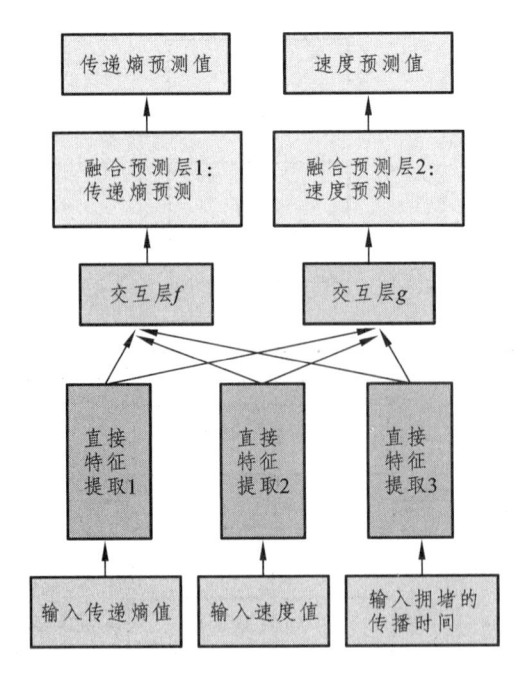

图 5-14 多任务总框架

5.3.2 交互层模块设计

已有的交通预测相关研究广泛考虑了交通网络的时空相关性，这些研究的共同特点是，拟预测道路的交通状态主要与两部分信息有关：首先，该路段未来的状态与自身的历史状态有关；其次，该道路未来的车流来自相邻的上游路段。因此，该路段的未来状态与其邻接的其他路段的历史状态有关。卷积神经网络（CNN）和图神经网络（GNN）是两种典型的考虑邻接路段带来影响的机器学习模型，是目前考虑空间相关性优先采用的模型。而这两个模型中，图神经网络引入了路网的拓扑图，其预测效果通常比卷积神经网络预测的效果好。但图神经网络作为一种机器学习模型，无法解释交通状态在相邻路段之间的传播过程，它仅仅根据"学习"而来的参数，构造出路段间速度时空关系的非线性关系模型。

据 5.3.1 节的研究结论，传递熵可以表征一条路段影响另一条路段状态的因果性大小，因此，可以直接采用传递熵值作为对上游路段历史状态进行加权时的权重值。这样，可在一定程度上解决现有模型缺乏解释性的问题。

为此，针对已有研究的缺陷，利用传递熵可以联系不同路段的历史和未来信息的特点，采用不同路段在不同时段之间的传递熵构造模型，来代替传统的神经网络进行路段之间时空关系的挖掘，可以解释路段状态传递的因果性和交通状态在不同路段传递的过程，而不是仅仅局限于通过机器学习模型构建的回归模型所反映的相关性。

这里应用传递熵特征来引入一种基于图的状态传递机制：如果交通状态参数为流量，由于一条路段上的流量必来自其上游的相邻路段（包括本地产生流量），因此，可以直接预估上游流量到达的时间，以及该时段内上游路段可能到达的流量大小，再通过对上游所有路段预估时间段内的流量进行相加，即可得到该路段的未来流量；而如果交通状态参数非流量，例如需要预测拥挤，可认定待预测路段的状态与下游路段的历史状态相关，同样需要先估计拥挤到达的时间，再通过对下游路段历史速度进行加权来估计路段现在的状态。

多任务模型设计的关键在于：不同任务模型之间所涉及参数的交互和融合。由于传递熵和速度之间存在固有的逻辑关系，不同于以往模型，这里提出的交互模型需要进行额外设计。

（1）速度预测模块。

直接特征提取可采用常规机器学习模型进行（在 5.3.3 节介绍）。本节重点在于：如何充分利用下游路段的信息进行间接特征提取。此处以某路段 a 和其上游路段集合中的一条路段 b 为例进行分析，两路段的关系如图 5-15 所示。

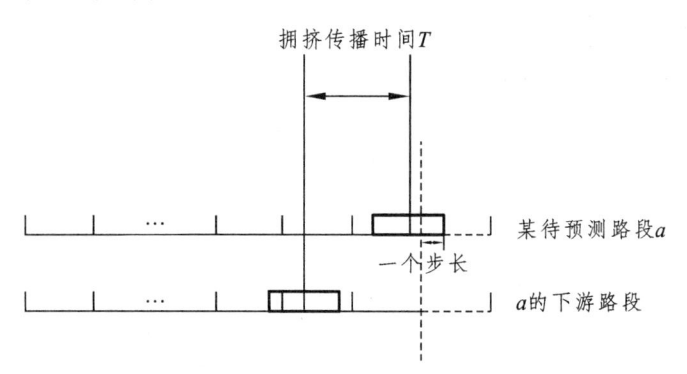

图 5-15　两上下游路段间传递熵关系示意

当拥挤从路段 a 的下游路段 b 传递至 a 时，路段 b 对 a 施加影响的时间相对滞后于 b 对 a 开始产生影响的时间，此处称该滞后的时间为拥挤传播时间 T。当需要间接预测路段 a 在现在时刻 t 的下一个步长的时刻 $t+1$ 的状态时，需要确定对路段 a 产生影响的路段 b 的序列以及该序列的路段 b 对 a 产生的影响（该影响的计算需要知道对路段 a 产生影响的路段 b 的序列以及该序列和 $t+1$ 时刻路段 a 的序列之间的传递熵，具体的计算方法将在下文给出），其中，估计前者需要知道路段 b 对 a 施加影响的时间延迟（拥挤传播时间）T_{t+1}^{ab}，估计后者需要知道 T_{t+1}^{ab} 以及传递熵 TE_{t+1}^{ab}。此时这三个变量都是未知的，而且这种路段 b 对 $t+1$ 时刻的路段 a 的状态的影响是无法估计的。模型设定该交互层接收未知的两种参数 T_{t+1}^{ab} 和 TE_{t+1}^{ab} 的预测值，根据这两种输入参数，速度预测交互层再整合参数即可得到历史时刻和 $t+1$ 时刻路段 b 对路段 a 的影响特征。

在得到了历史时刻和 $t+1$ 时刻路段 b 对路段 a 的传递熵 TE_{t+1}^{ab}、拥挤传播时间 T_{t+1}^{ab} 之后，便可以得到 $t+1$ 时刻对路段 a 产生影响的路段 b 的具体数据 $V_{t-T_{t+1}^{ab}+1}^{b}$。因为 $t+1$ 时刻路段 a 受到了 $t-T_{t+1}^{ab}+1$ 时刻的路段 b 的拥堵传递影响，而它们的传递熵 TE_{t+1}^{ab} 正好可以反映传递影响的程度，因此，可以将 $t-T_{t+1}^{ab}+1$ 时刻的 $V_{t-T_{t+1}^{ab}+1}^{b}$ 作为路段 a 的速度预测的参考值，将传递熵 TE_{t+1}^{ab} 作为权重，以两者的积 $TE_{t+1}^{ab}V_{t-T_{t+1}^{ab}+1}^{b}$ 作为路段 b 在 $t-T_{t+1}^{ab}+1$ 时刻的状态给 $t+1$ 时刻路段 a 传递的状态。通过计算得到路段 a 下游的所有路段在过去对 $t+1$ 时刻的路段 a 的传递状态，并将所有影响进行求和，即得到了路段 a 在 $t+1$ 时刻受到的来自其下游所有路段的状态影响，即间接特征。令路段 a 在 $t+1$ 时刻受到的来自其下游路段的状态影响特征为 $V_{t+1,d}^{a}$，即有以下公式：

$$V_{t+1,d}^{a} = \sum_{i \in Rod} \frac{TE_{t+1}^{ai}}{\sum_{i \in Rod} TE_{t+1}^{ai}} V_{t-T_{t+1}^{ai}+1}^{i} \qquad (5-12)$$

以上内容是通过间接分析得到的其他路段对拥挤路段 a 的影响特征。下一步，将直接提取的路段 a 的特征 $V_{t+1,nd}^{a}$ 和间接提取的特征 $V_{t+1,nd}^{a}$ 组合成向量 $(V_{t+1,d}^{a}, V_{t+1,ud}^{a})$，输入到融合预测层，该模型即可从自身历史数据的影响和其他路段的影响两方面进行预测,得到最终的预测值 V_{t+1}^a。

速度预测模块可用结构图 5-16 来表示。

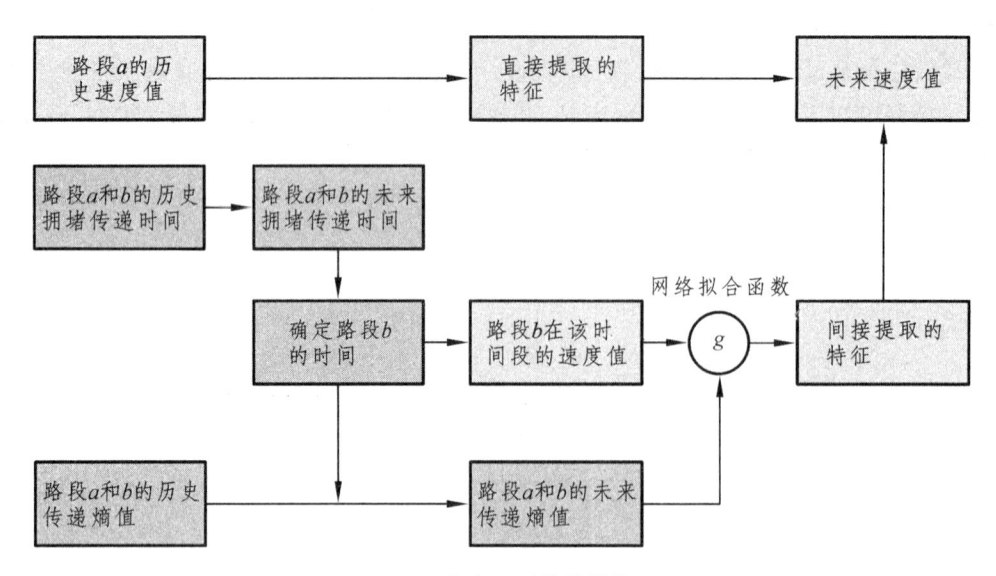

图 5-16 速度预测模块结构图

（2）传递熵预测模块。

传递熵预测模块同样分为两部分：直接特征提取和间接特征提取。同样，直接特征提取较为常规，采用的模型见 5.3.3 节；而间接特征提取则是当取得了计算未来时刻的传递熵所需要的所有交通状态参数的预测值之后，将预测值输入常规的传递熵计算公式进行计算即可。其过程如图 5-17 所示。

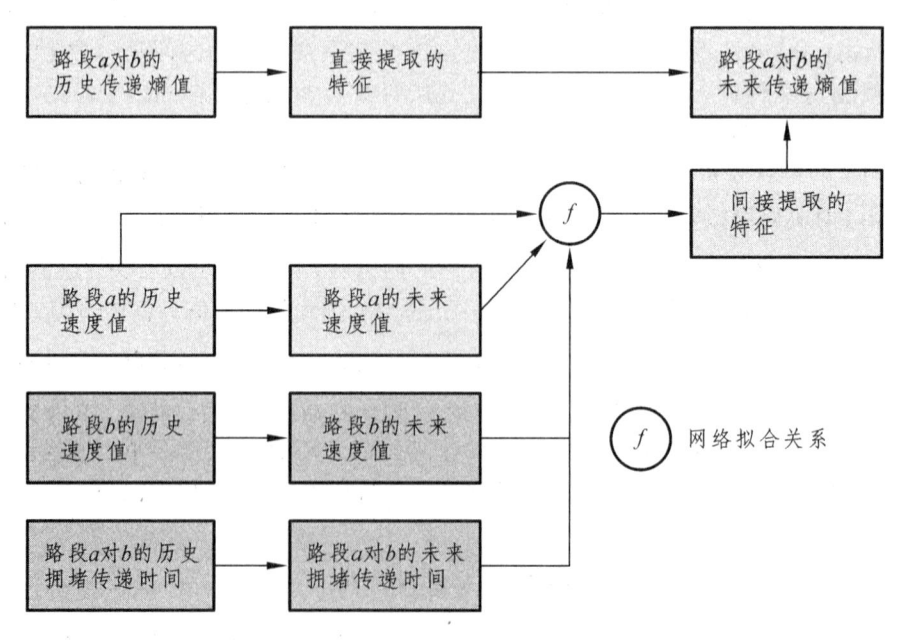

图 5-17 传递熵预测模块的结构图

5.3.3 直接特征提取层和融合预测层结构

5.3.3.1 直接特征提取层

1. 时序神经网络

交通预测问题是一种典型的时间序列预测问题。机器学习研究者已经提出了以时序神经网络（RNN）为基础的一系列神经网络，以解决时间序列预测问题。

最基本的 RNN 模型结构及其内部构造如图 5-18 所示。RNN 模型通常为三层结构，分别是输入层、隐藏层和输出层。其中，左图中参数的含义分别为：x 表示输入层的输入向量，h 表示隐藏层的隐藏状态，o 表示输出层的输出向量；U,H,W 分别表示输入层和隐藏层之间、隐藏层和输出层之间、上一时刻的隐藏层和当前时刻的隐藏层之间的连接权重矩阵。右图为作图网络按时间维度展开的形式，它以每个小网络单元相连的形式呈现，每个小单元在 t 时刻的输出 t_o 取决于两方面因素：一是 t 时刻的输入 t_x；二是 $t-1$ 时刻的隐藏层的隐藏状态 h_{t-1}。对于一个序列数据，在 t 时刻，整个循环神经网络的隐藏层状态 h_t 和输出向量 o_t 的计算方法可以用下面的公式来表示：

$$h_t = f(Wh_{t-1} + Ux_t + b) \tag{5-13}$$

$$o_t = g(Hh_t + c) \tag{5-14}$$

式中，参数 b 和参数 c 分别对应于输入层到隐藏层、隐藏层到输出层的偏置向量；f 表示隐藏单元的激活函数，一般使用双曲正切函数；g 表示输出层函数，一般使用 $softmax$ 函数来获得输出的概率分布。以上公式所用到的特征信息可以在已有的历史时间序列中提取，通过计算可以推测出该序列在未来时刻取值的概率分布。

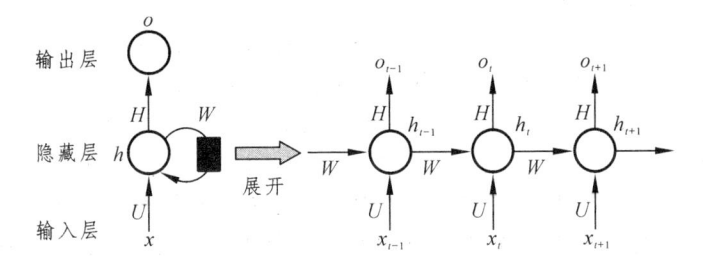

图 5-18　循环神经网络及其展开结构

一个传统的 RNN 神经网络的信息传播方向是由前向后，换句话说，t 时刻的输出信息只能从当前的输入信息 t_x 和过去的序列中捕获。然而，在许多应用中，当前时刻的输出不仅取决于前一个时刻的状态，也可能与前几个时刻的状态有关系。

2. 门控制循环单元（GRU）模型

基于 RNN，有研究提出了长短时记忆网络模型（Long-Short-Term Memory，LSTM）。这是一种特殊设计的循环神经网络，它可以避免梯度消失问题，能够更加有效地提取较长序列中上下文的信息特征。后来，新的研究对网络的重点——门结构，进行了调整，提出了一种新的循环神经网络模型——门控制循环单元（Gated Recurrent Unit，GRU）。该模型采用控制门来处理循环神经网络中存在的数据长期依赖和记忆丢失问题，进一步优化了神经元的结构，并且有了更快速的训练速度，在动态过程建模上更加有优势。GRU 模型结构如图 5-19 所示。

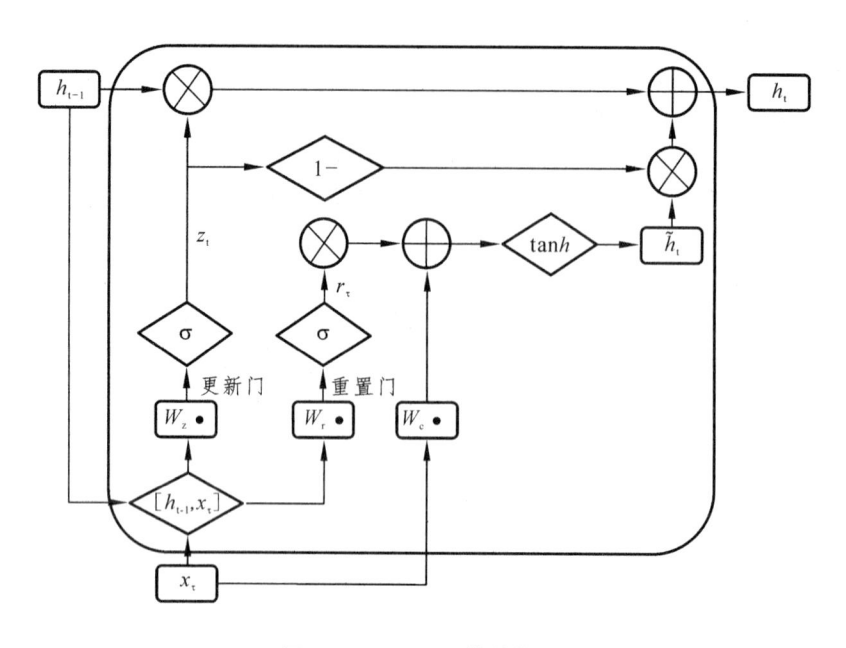

图 5-19　GRU 网络结构图

GRU 增加了一个新的控制门从而形成两个控制门，分别称为更新门和重置门。GRU 网络可以根据条件自主选择保留一部分历史的重要信息，以拒绝由过度冗余信息引起的问题，并且能根据预测结果和实际标签对比来选择保留或者清除记忆单元中的哪一部分信息，这些功能都依赖于控制门内部的一些参数调整。

控制门结构存在的直接意义，是解决传统的循环神经网络存在的当输入数据的信息过长时，对历史信息的追踪能力不足或者历史数据的快速变化带来的梯度上的问题。

GRU 采取了比长短时记忆网络更加精简的控制门结构，它将原始网络中接收全部输入信息的结构和选择性"遗忘"部分信息的结构相结合，可使模块接收两个输入信息并对多个状态进行同步决策。其中，模型中的控制门结构相比传统的循环神经网络结构，依然可以使得模型更好地收敛；同时，GRU 中新的控制门的另一个优点就是减少了训练所需的时间。网络存在记忆功能，记录 GRU 中所有重要的特征；该模块与 LSTM 的细胞状态类似，如在交通预测时，个别与未来特征最相关的历史信息特征会被传承。更新门的作用是决定在该时刻的输出中保留历史状态的数量，以及候选状态的输出数量。更新门的功能由以下公式实现：

$$z_t = \sigma(W_z h_{t-1} + W_z x_t + b_z) \tag{5-15}$$

式（5-15）表示更新门的输出参数 σ 和候选状态以及历史状态的乘积。网络在当前时刻的最终输出为

$$h_t = z_t \otimes h_{t-1} + (1-z_t) \otimes \tilde{h}_t \tag{5-16}$$

重置门的作用是评估系统输入的数据中上一个时间步长数据对该时间步长数据影响的大

小；当影响较小或无影响时，筛选去除输入的数据参数，反之，适当增大输入影响参数，最后将该数据输出到下一个阶段。该门的作用机理可以用式（5-17）表示：

$$r_t = \sigma(W_r h_{t-1} + W_r x_t + b_r) \tag{5-17}$$

式中，r_t 为决定候选状态 h_t 作用于过去一个时间步长的状态 h_{t-1} 影响大小的参数，而候选状态 h_t 的计算公式如式（5-18）所示：

$$\tilde{h}_t = \tan h[W_c x_t + W_c(r_t \otimes h_{t-1}) + b_c] \tag{5-18}$$

根据以上公式可以判断 GRU 神经网络在训练过程中的重点。其中，前面的第一个控制门负责将当前数据输入并和过去的数据进行比较，形成与前者关联的数据或者参数；第二个控制门则起到"筛选"和"遗忘"的作用，用来权衡历史数据对当前数据的可参考程度的比重，两个控制门协同工作共同计算模型所需的历史信息。该模型比传统的其他循环神经网络结构更加简洁，参数更少，计算复杂程度更小。把单个 GRU 单元按顺序前后串联，可得到图 5-20 所示的 GRU 网络结构：

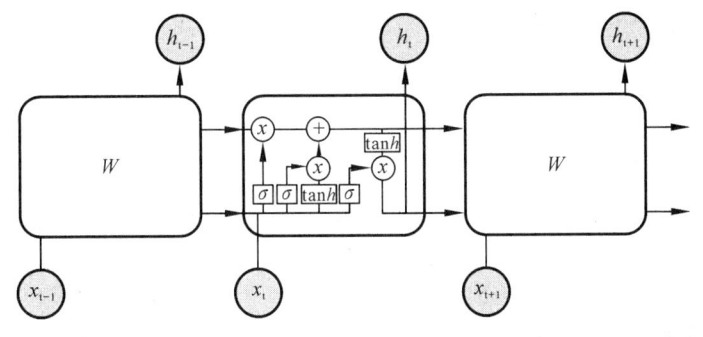

图 5-20　GRU 单元串联结构图

5.3.3.2　融合预测层

融合预测层的目的在于将直接特征提取和间接特征提取的不同结果相融合，此处，采用全连接神经网络。

全连接神经网络的本质是多层感知器（MLP），其结构如图 5-21 所示。

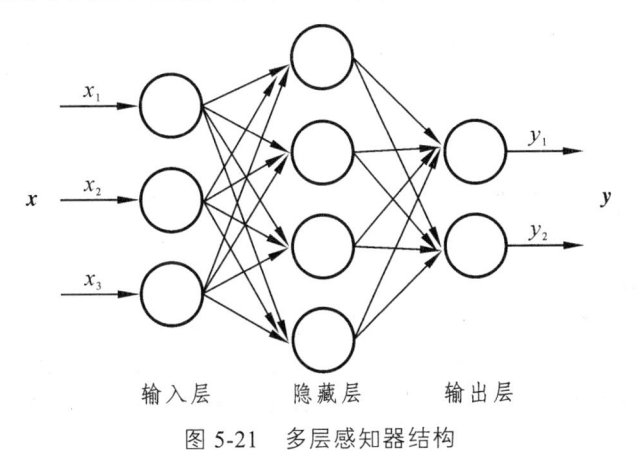

图 5-21　多层感知器结构

多层感知器由若干个简单的感知器单元构成，感知器单元的结构如图 5-22 所示。感知器单元的本质是进行一个线性计算后将计算结果输入激活函数，其表达式为

$$y = f\left(\sum_{i=1}^{n} W_i x_i + b\right) \quad (5-19)$$

单个感知器的参数学习能力很弱，面对线性不可分问题时，拟合效果很差。而多层感知器解决了感知器单元的缺陷，对更加复杂函数的拟合能力大大提高了，可以通过增加隐含层的数量实现复杂函数的拟合。

在多层感知器中，每一层的单个神经元接收前一层全部神经元的输出作为输入，而它的输出又会输入到下一层的全部神经元中；每个神经元和它的上一层及下一层的所有神经元都有联系，互为输入输出，因此它也被称为"全连接"网络。在图 5-21 中，全连接网络的隐藏层通常不止一层，隐藏层越多，非线性特征关系的拟合效果就越好，但过多的层数会带来训练时间的增加以及模型的过拟合，其中的偏置 b 和权重 W_i 是神经网络通过学习而得到的。

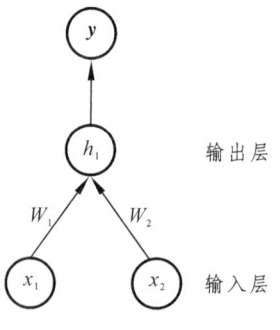

图 5-22 感知器单元

5.3.4 实例验证

5.3.4.1 实验准备

为了验证本章所提出的算法的实际效果，下面设计一个包含交通预测和拥挤未来传播路径预测的两阶段实验。该实验使用的数据同 5.2.3 节，经过处理得到整个数据集的每条路段的频率是 5 min 一次，一天有 288 条数据记录，总共 30 天有 8 640 条记录。将整个数据集划分为训练集、测试集和验证集，这三个数据集的数据记录数量比例设定为 6∶2∶2，即训练集包含 5 184 组数据、测试集和验证集各包含 1 728 组数据。机器学习预测模型的预测步数设置为 3，用 6 个时间窗的数据预测 3 个时间窗的数据。

在对比实验中，选择了两个单任务预测模型，即 GRU 模型和 GCN-GRU 模型，分别预测交通速度和传递熵。通过这两个模型的实验结果与所提模型的预测结果之间的对比，验证了本节所提出的多任务学习模型所具有的优势。

（1）模型训练。

实验的训练过程初步设置为：最大训练次数为 300；batch_size 设置为 64；学习率参考已有的研究，初步设置为 0.001。

（2）实验环境配置。

实验采用 Python 编程语言实现，采用 Pytorch 包搭建整体网络，其中，CUDA 版本为 11.1，Python 版本为 3.9。实验采用基于 Windows10 平台的联想 R7000P 型号计算机，搭载了 AMD R5800 处理器和 NVDIA GEFOECE RTX3060 显卡，16GB 内存，满足实验要求。

（3）结果评价指标。

误差结果评价指标有三个，分别是均方根误差（Root Mean Square Error，RMSE）、平均绝对误差（Mean Absolute Error，MAE）以及平均绝对百分比误差（Mean Absolute Percentage Error，MAPE）。这三种指标的数值越小，代表模型预测的误差越小，精度越高。三种指标的计算公式如下：

$$\begin{cases} MAE = \dfrac{1}{s \times n} \sum_{j=1}^{s} \sum_{i=1}^{n} |\hat{y}_{ij} - y_{ij}| \\ RMSE = \sqrt{\dfrac{1}{s \times n} \sum_{j=1}^{s} \sum_{i=1}^{n} (\hat{y}_{ij} - y_{ij})^2} \\ MAPE = \dfrac{1}{s \times n} \sum_{j=1}^{s} \sum_{i=1}^{n} \left| \dfrac{\hat{y}_{ij} - y_{ij}}{y_{ij}} \right| \times 100\% \end{cases} \quad (5\text{-}20)$$

5.3.4.2 实验结果分析

1. 预测实验分析

表 5-3 是在三种评价指标下三种模型的速度预测误差。

表 5-3 不同模型的速度预测误差对比

	RMSE	MAPE	MAE
GRU	4.08	5.36%	2.53
GCN-GRU	3.35	4.76%	2.19
TE-MTL	3.15	4.52%	2.01

表 5-4 是在三种评价指标下三种模型的传递熵预测误差。

表 5-4 不同模型的传递熵预测误差对比

	RMSE	MAPE	MAE
GRU	0.040	9.59%	0.032
GCN-GRU	0.033	7.11%	0.025
TE-MTL	0.030	6.53%	0.023

此外，还选取了编号分别为 120 和 56 的两条路段，以比较这两条路段在 2016 年 11 月 20 日和 25 日这两天的数据在不同模型下传递熵和速度的预测值与实际值的差，并绘制出图 5-23（a）~（d）和图 5-24（a）~（d）。

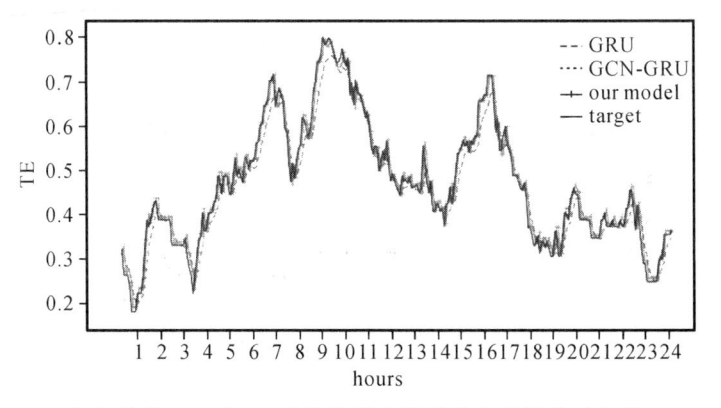

（a）路段 120 在 20 日传递熵的预测值与实际值对比图

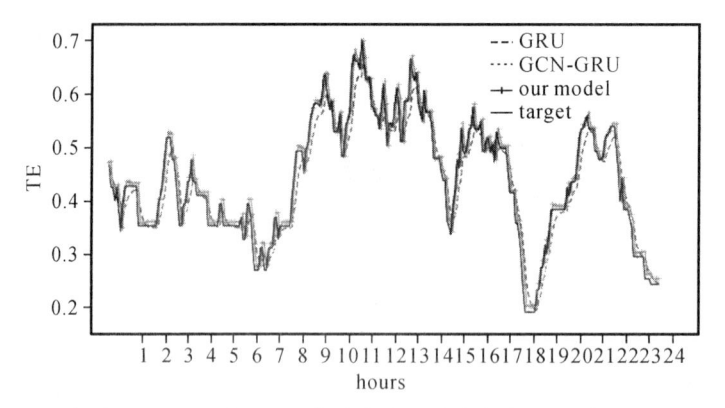

（b）路段 120 在 25 日传递熵的预测值与实际值对比图

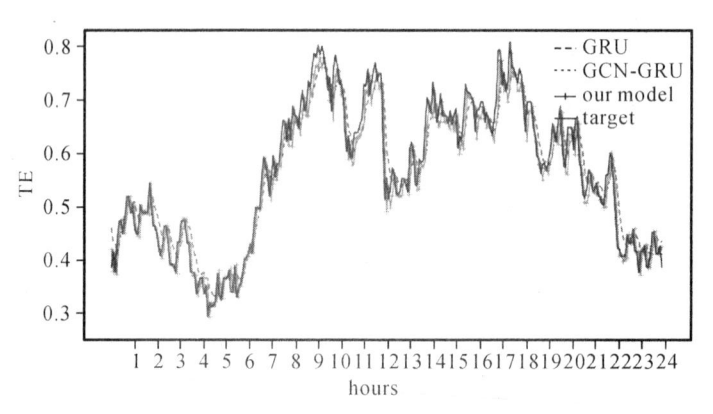

（c）路段 56 在 20 日传递熵的预测值与实际值对比图

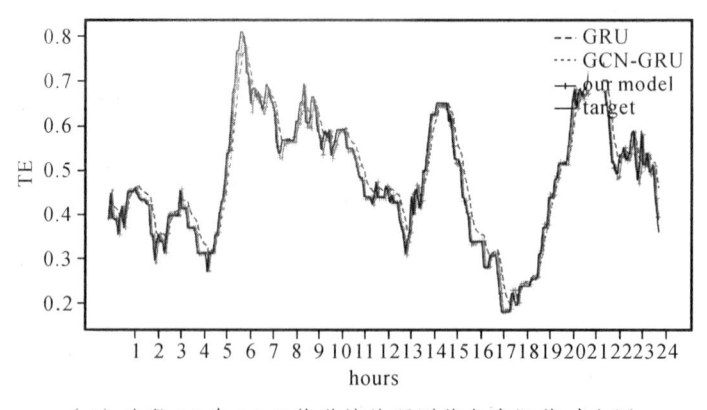

（d）路段 56 在 25 日传递熵的预测值与实际值对比图

图 5-23　路段 56 和路段 120 在不同情形下传递熵的预测值与实际值对比

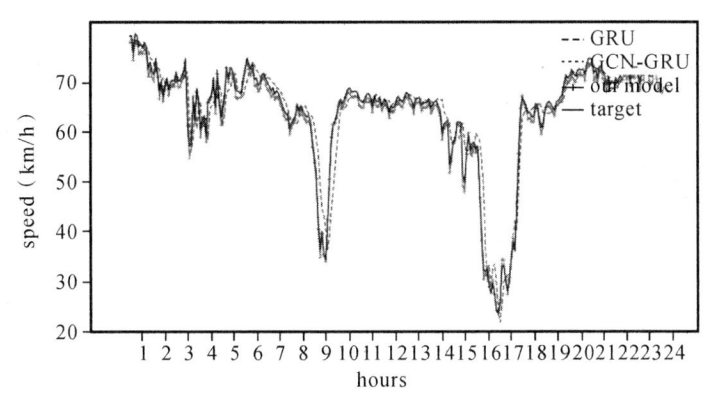

（a）路段 120 在 20 日速度的预测值与实际值对比图

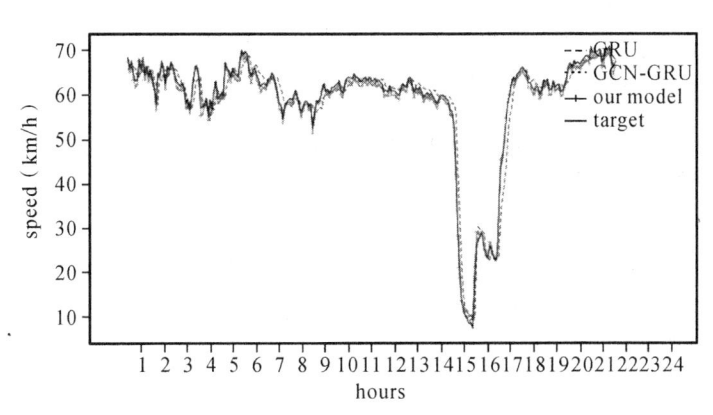

（b）路段 120 在 25 日速度的预测值与实际值对比图

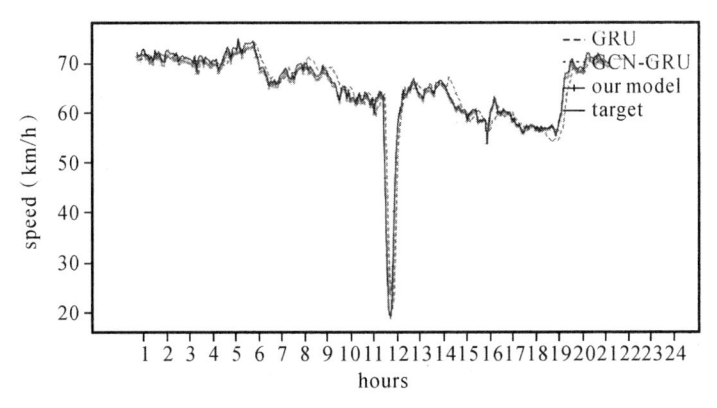

（c）路段 56 在 20 日速度的预测值与实际值对比图

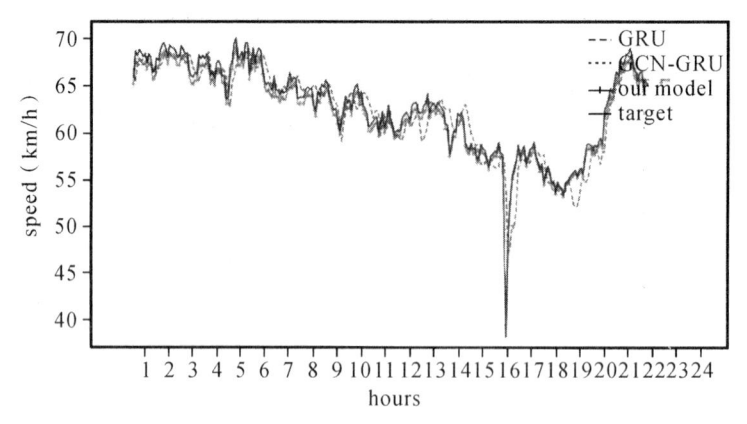

（d）路段 56 在 25 日速度的预测值与实际值对比图

图 5-24　路段 56 和路段 120 在不同情形下速度的预测值与实际值对比

从图 5-23 和 5-24 可以看出，本章所提出的模型无论在趋势平滑变化时期还是在剧烈变化时期，在传递熵和速度的预测上均较其他模型有更优秀的预测效果。

2. 拥挤传播路径预测结果分析

深度学习预测模型预测的结果包含了全部路段，这里，依然以晚高峰为例来验证预测模型对拥挤传播路径预测的效果。

将实际数据导入编写的模拟监测器进行程序运行，结果显示，在 2016 年 11 月 15 日 16 时 25 分左右，在该路段检测到了有拥挤出现，此时拥挤溯源程序开始启动。

拥挤溯源程序结果显示，以大业路南到北方向的路段为终点，有这样一条传播链：大业路北段—大业路南段—新光华街—人民南路二段。上述传播链在地图上的可视化结果如图 5-25 所示。

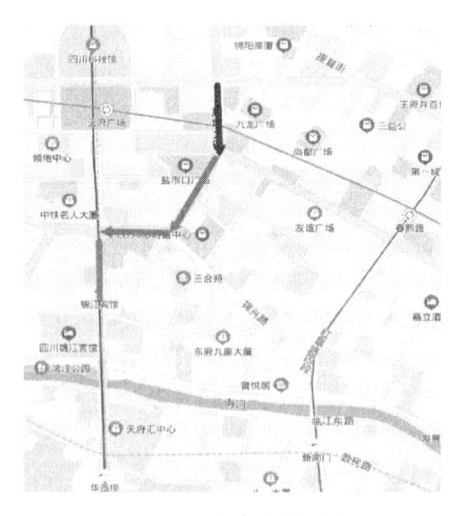

图 5-25　实际拥挤路径

而将预测数据放入拥挤溯源程序中，程序输出了以下传播链：大业路北段—大业路南段—新光华街—人民南路二段，以及大业路北段—大业路南段—新光华街—红照壁街—上南大街，即在新光华街，该拥挤树分叉一次，分别在两条路段蔓延开来，如图 5-26 所示。

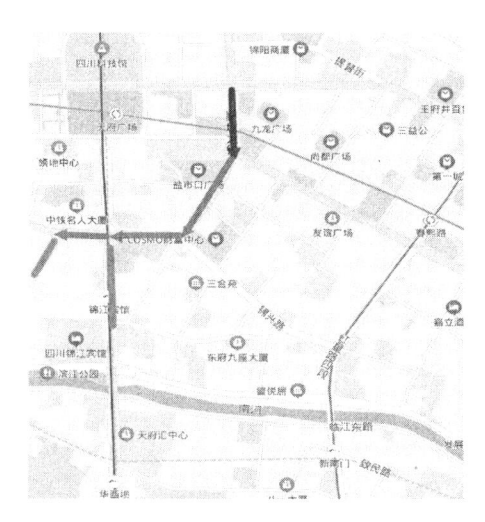

图 5-26　预测拥挤路径

对比图 5-25 和图 5-26 结果可以看出，预测结果大致符合实际的拥挤演化情况，尤其在前期，路径基本吻合；而在后期，预测结果认为，拥挤会在新光华街和人民南路的交叉口进行分叉，向另一个路口蔓延，但这点与实际数据显示的结果不符合。经过对比实际观测数据和预测数据，发现上南大街在此时并未发生拥挤，这使得预测结果与实际情况相违背，产生了误差。

以上分析表明，本章所提出的拥堵传播路径预测模型的预测结果与实际情况存在一定的误差，但从总体来看，结果在可接受的范围内。

6 完全供需闭合的交通平衡模型

交通系统供需平衡主要是从城市交通总体层面来研究交通供给与交通需求之间的相互关系。依据国内外城市交通的发展进程,交通系统供需平衡研究大致经历了三个阶段:(1)早期研究主要是通过城市道路基础设施建设,增加交通供给来满足交通需求;(2)随着建设进程的放缓以及环境问题的突出,研究转向通过交通系统管理,提高已有交通网络的利用率,充分发挥和利用道路通行能力来满足交通需求;(3)在 Downs 定律和 Braess's 悖论被提出以后,学者们提出了交通需求管理概念,他们结合交通系统管理提出,对交通供给和交通需求进行同步管理,以提高交通网络的运行效率,实现交通系统供需平衡。

交通流在城市交通网络上的分布和运行过程是交通系统供给与需求关系的实际反映,系统供需平衡最终反映在城市交通网络上就是交通流平衡。Wardrop 假设所有道路使用者都确切知道网络的交通状态并试图在出行过程中选择最短路径,由此分别从道路使用者、规划及管理者角度提出了用户均衡原理(User Equilibrium,UE)和系统最优原理(System Optimization,SO)。这两个原理成为该领域中经典的交通流平衡理论,得到了广泛运用和发展。后续的大量交通流平衡研究都是基于 Wardrop 平衡理论的。

在动态车辆诱导过程中,动态交通分配计算模块需要实时计算整个路网中每条路段的时空演变过程,这极大地限制了动态交通分配的实时应用。而在实际的动态交通诱导过程中,只有宏观交通平衡模型是不足以表达车辆的实时行驶路径的,还需要将宏观交通平衡与实际交通分配相结合,因为宏观交通平衡是一种总体态势的表现,不能直接用于描述微观交通流运动管控的需求。因此,需要根据 MFD 理论建立一种完全供需闭合情况下的平衡模型加以刻画,并将所研究区域依据路段车辆密度的同质特性划分为虚拟闭合的 MFD 交通子区,再依据各交通子区内部的宏观映射聚合关系得到交通子区的某项宏观指标,如平均出行速度、平均出行时间等。用上述状态指标和交通平衡理论就可建立起一种车辆在交通小区之间转移的平衡分配。

因此,本章借助具有宏观聚合优势的 MFD 函数以及传统的交通平衡理论,构建宏微观交通视角下的交通平衡模型。该模型利用 MFD 的宏观映射信息,在上层考虑车辆在路网宏观层面的交通平衡分布,通过构建异质宏观路径下的约简网络,将上层宏观流平衡分配的计算结果传递到下层微观路径上。为了验证该平衡模型的实用效能,本章将测试网络数据输入到 Simulation of Urban Mobility(SUMO)[161]仿真中,在仿真运行过程中实时读取交通需求数据并按照交通流分配策略对车辆的行驶动态进行诱导。

6.1 MFD 路网的宏观特性

众所周知，在微观层面，路网交通流变化具有复杂的时空演变特征，若将每条路段的交通流时空变化动态特性精确表达，需要耗费大量的电脑内存及计算资源。根据 Daganzo 和 Geroliminis[125]的研究成果可知，路网车流在宏观层面的分布具有一定的统计学特征，因此，只需要获取城市路网路段的固有属性和时变的基础交通流信息，就可以得到较为精确的路网动态宏观信息，再由不同的宏观指标就可以得到不同种类的 MFD 曲线。图 6-1 给出了路网交通产出量的（Production，以下简称产量）宏观基本图和路网平均速度基本图。

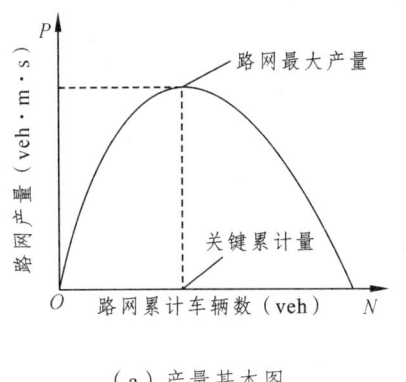

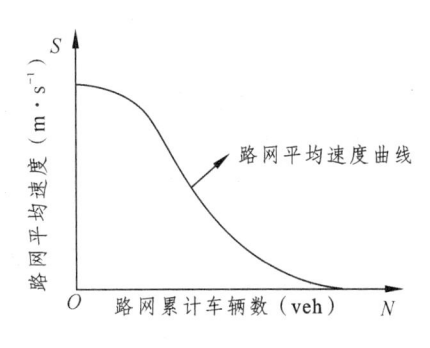

（a）产量基本图　　　　　　　　　　（b）速度基本图

图 6-1　宏观基本图

产量基本图中[见图 6-1（a）]，P 表示路网空间平均流量与路网车道总长度的乘积，单位为 $veh \cdot m \cdot s^{-1}$。由该图可看出，路网产量与路网累计交通量之间存在抛物线式的映射关系，即 $P(\cdot)$ 随着路网累计量 $N(k)$ 的增加呈现出先增加后减少的趋势，并且可以用函数形式表示 $P(N(k))$ 与 $N(k)$ 的映射关系。同时由产量 MFD 可以得到路网平均速度 MFD 与路网流出 MFD，具体见下式：

$$S(\cdot) = \frac{P(\cdot)}{N(k)} \qquad (6-1)$$

$$H(\cdot) = \frac{P(\cdot)}{E(L)} \qquad (6-2)$$

$$E(L) = \frac{\sum_{a \in \xi, b \in \zeta} E(L_{ab})}{\sum_{a \in \xi, b \in \zeta} l} \qquad (6-3)$$

式中，$S(\cdot)$ 是某时刻 k 路网的平均速度，单位为 $m \cdot s^{-1}$，即假设在时刻 k 同一区域所有路段上车辆的行驶速度一致；路网平均速度也可以表示为与路网车辆累计量的映射关系，见图 6-1（b）。$E(L)$ 为 MFD 区域的宏观出行长度，单位为 m，即宏观路径；L_{ab} 表示 MFD 区域内起点 a 到终点 b 之间的某一条路径长度；$E(L_{ab})$ 表示 a,b 之间所有路径的期望长度；ξ 是区域内起点 a 的集合，ζ 是区域内终点 b 的集合。

同理，也可以将路网流出率 $O(\cdot)$ 与路网累计量 N 表示为映射关系，其映射曲线与图 6-1(a) 的形式类似，同时 $O(\cdot)$ 也被称为出行完成率，单位为 $veh \cdot s^{-1}$。

宏观路径是对 MFD 区域总体路径的高度抽象与总结，传统做法是将划分的 MFD 区域作为一个宏观通道且长度恒定，计算方法如式（6-3）。宏观路径诱导的主要思想是依据 MFD 区域的宏观聚合特性将路网需求的分配流程粗糙化，以免某一区域涌入过多车辆。如图 6-2 所示（为方便计，Acc 和 Pro 分别表示路网累计量和路网产量），将所研究的网络划分为 F 个子区域，记为 $\Re=\{R_1,R_2,\cdots,R_F\}$，每个子区域都有定义良好的 MFD 映射关系，对动态特征依据 MFD 映射关系得出的宏观信息为交通流分配提供了决策依据。因此，宏观路径是以区域的形式表达的，例如图 6-2 中所示的宏观路径：（1）R_1,R_2,R_4；（2）R_1,R_3,R_4。通过对宏观路径的分析可知，MFD 路线的诱导方案一般考虑的是交通流的区域性走向问题，即车辆集中汇总式方案。为了将交通流区域性走行转换为车辆的实际微观路径，本章开发了闭合区域路网宏微观视角下的交通流分配框架。需要注意的是，宏观路径的意义是相对于微观路径而言的，微观路径是指车辆在实际运行过程中所经过的起点、路段、交叉口等实际走行路径。

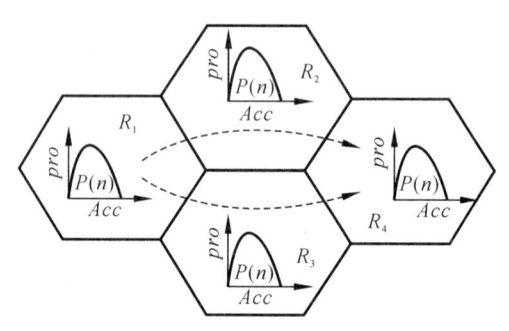

图 6-2　城市路网信息聚合化表达

6.2　宏微观交通视角下交通流分配模型

1. 多区域交通流守恒原理

区域交通量守恒原理是交通流演化的客观规律，其主要含义是：该地区交通流的变化是流入量减去流出量。由于 MFD 理论中有车辆流出率的宏观表达式[见式（6-2）]，因此，可直接将其写入守恒公式中。根据 MFD 流量守恒原理[162]，多 MFD 区域交通流的更新过程如下：

$$N_{ij}(k+\tau) - N_{ij}(k) = \tau \cdot \left(q_{ij}(k) + \sum_{m \in \phi_i} H_{mj}^i(k) - \sum_{m \in \phi_i} H_{ij}^m(k) \right), i \neq j \quad (6-4)$$

$$N_{ii}(k+\tau) - N_{ii}(k) = \tau \cdot \left(q_{ii}(k) + \sum_{m \in \phi_i} H_{mi}^i(k) - \sum_{m \in \phi_i} H_{ii}(k) \right) \quad (6-5)$$

式中，N_{ij} 表示处在 i 区域但将要离开 i 区域去往 j 区域的车辆，车流在运动过程中有时能直接到达 j 区域，也可能需要经过中间几个区域再到达 j 区域；N_{ii} 表示处在 i 区域但将要离开 i 区域的车辆，在区域内部退出；q_{ij} 表示从区域 i 到区域 j 的流量需求，称为外生需求；q_{ii} 表示区域 i 内部的流量需求，称为内生需求。L_{ij} 表示车辆从区域 i 到达区域 i 边界需要行驶的宏观长度；L_{ii} 表示区域 i 内部出入口路径的宏观长度；ϕ_i 表示与区域 i 直接相连的其他区域的集合；Δt_k 表示间隔为 k 时持续的时间；其中，宏观路径流在转移过程中需要考虑边界处的供求关系，如下式：

$$H_{mj}^{i}(k) = \min\left\{ u_{mj}^{i}(k) \cdot \frac{P_m(N_m(k))}{E(L_{mj})} \cdot \frac{N_{mj}(k)}{N_m(k)}, C_i^m(k) \right\} \qquad (6\text{-}6)$$

$$H_{ij}^{m}(k) = \min\left\{ u_{ij}^{m}(k) \cdot \frac{P_i(N_i(k))}{E(L_{ij})} \cdot \frac{N_{ij}(k)}{N_i(k)}, C_m^i(k) \right\} \qquad (6\text{-}7)$$

$$H_{mi}^{i}(k) = \min\left\{ \frac{P_m(N_m(k))}{E(L_{mi})} \cdot \frac{N_{mi}(k)}{N_m(k)}, C_i^m(k) \right\} \qquad (6\text{-}8)$$

式中，$H_{ij}^{m}(k)$ 表示位于区域 i 的流量目的地是区域 j，但先要经过与区域 i 相邻的区域 m，其他同理；$\frac{P_i(N_i(k))}{E(L_{ij})} \cdot \frac{N_{ij}(k)}{N_i(k)}$ 表示 k 时刻从区域 i 到区域 j 的理论流出量；$\frac{P_i(N_i(k))}{E(L_{ii})} \cdot \frac{N_{ii}(k)}{N_i(k)}$ 表示 k 时刻在区域 i 内部完成出行的理论流量；$C_i^m(k)$ 表示区域 i 在 k 时刻与区域 m 直接相连的路段的容量；m 为从区域 i 到区域 j 的车辆经常要经过与区域 i 相邻的区域；$u_{ij}^{m}(k)$ 表示以区域 j 为目的地，从区域 i 进入区域 m 的车辆占时刻 k 时总流出车辆数的比例。

在某种程度上，宏观交通流分配是通过调整守恒方程中 $u_{ij}^{m}(k)$ 的值来确定的。然而，在高度聚合的动态环境下合理确定宏观分割率并非易事（见图 6-2），为此，下面提出网络聚合结构（见图 6-4），以便从异构宏观路径角度来分配流量。

2. 宏观交通流平衡分配模型

在这一阶段，宏观平衡计算的主要目的是为起点交通流分配一组宏观路线方案，因此，可将简化网络中的 od 点作为实际网络中的 od 点，其中，$o \in O$ 表示简化网络的起点集，$d \in D$ 表示简化网络的终点集；宏观道路长度为微观路径长度的期望值，简化网络中的路线流优化问题可表示为式（6-9）：

$$\tilde{Z} = \underset{f^*}{\arg\min} \sum_{k=1}^{K} \sum_{o \in O} \sum_{d \in D} \sum_{w \in W_{od}} f_{od}^{w}(k) \cdot (\Upsilon_{od}^{w}(k) - \Upsilon_{od}^{\bar{w}}(k)) \qquad (6\text{-}9)$$

式中，$\tilde{Z}$ 表示简化网络中网络的总目标函数值，它需要对每个时间 k 取得的值进行求和。$(\Upsilon_{od}^{w}(k) - \Upsilon_{od}^{\bar{w}}(k))$ 表示交通需求分配过程中，同一 od 对下非最短路径上路径流的出行成本与最短路径流出行成本之差；f^* 是需要求解的最优路径流；Υ_{od}^{w} 是 od 对之间第 w 条路径的出行费用；$\Upsilon_{od}^{\bar{w}}$ 是 od 对之间最短路径的出行费用；通过计算得到的路径出行成本是各条路段出行费用之和；由于本章建模及求解过程是基于仿真的二次开发，离散区间设为仿真步长 $k=1,2,\cdots,K$。

求解 f^* 的过程与求解 UE 不动点问题类似，但与求解 UE 不动点问题不同的是，简化网络中的宏观交通均衡计算要采用上一步交通流动态演化的实际信息及路网宏观变量的数据。

求解 $\tilde{Z}$ 的过程相当于求解 K 次最优路径流的不动点问题。

宏观交通网络的交通需求约束为

$$\sum_{w \in W_{od}} f_{od}^w(k) = q_{od}(k) \qquad (6\text{-}10)$$

式中，od 表示路网中的一对起点和终点；W_{od} 表示 od 对之间的宏观路径集合；$q_{od}(k)$ 表示 od 对在时间 k 时的交通需求；$f_{od}^w(k)$ 表示 od 对的第 w 条路径在时间 k 时的交通流量，其值总大于等于零，即

$$f_{od}^w(k) \geqslant 0, \ w \in W_{od} \qquad (6\text{-}11)$$

在求解最优路径流的过程中，每一步迭代都需要找到最短路径和最短路径流，用 $f_{od}^{\bar{w}_{od}}$ 表示 od 对之间的最短路径流：

$$f_{od}^{\bar{w}_{od}}(k) = q_{od}(k) - \sum_{\substack{w \neq \bar{w}_{od} \\ w \in W_{od}}} f_{od}^w(k) \qquad (6\text{-}12)$$

在异质简化路网中，每条宏观路段的出行时间的计算方式为

$$T_{R_i}^l(k) = \frac{L_{R_i}^l}{S_{R_i}(N_{R_i}(k))} \qquad (6\text{-}13)$$

式中，$T_{R_i}^l(k)$ 表示简化路网的第 i 个子区中宏观路段 l 在时间 k 时的出行时间；$L_{R_i}^l$ 表示第 i 个子区中宏观路段 l 的出行长度；$S_{R_i}(N_{R_i}(k))$ 表示子区域 i 中所有车辆的平均宏观出行速度，是异质简化路网中每条路段的宏观速度估计值，可由前面提及的速度 MFD 函数计算得到。

在计算交通流平衡分布问题时，许多算法已经获得了较好的效果，这里将使用连续平均法（Method of Successive Averages, MSA）求解本章所提及的简化网络中的交通平衡分布问题。MSA 算法的具体求解步骤如下：

Step 1：初始化，加载简化路网，加载子区域路网间的宏观聚合映射关系。

Step 2：依据 $k = 1, \cdots, K$ 进行时间步长迭代 $k = k + 1$，如果 $k > K$，迭代停止，转向 Step 3。

Step 3：读取交通需求 $q_{od}(k), \forall od, o \in O, d \in D$ 和路网中的宏观动态交通信息。

Step 4：更新宏观路段出行费用 $T_{R_i}^l(n_{R_i}, k), \forall l$，获取路网的宏观路径出行费用；利用全有全无分配算法得到最短路径 $\bar{w}_{od}$，获得初始可行解 $f_{od,1}^w(k), \forall od, w \in W_{od}$，并将最短路径添加至最短路径集 $\Omega_{od}^k, \forall o, \forall d$ 中，设置迭代次数为 $I = 1$；依据路径流分配结果更新各路段流量 $h_l^l(k), \forall l$。

Step 5：更新路段出行费用 $T_{R_i}^{l,I}\left(\left(n_{R_i} + \sum_{l \in R_i} h_l^I\right), k\right), \forall l$，利用 Dijkstra 算法寻找每对 od 在第 I 次迭代中的最短路径 $\bar{w}_{od}^I(k)$；如果该路径不存在于最短路径集中，需要将其加入最短路径集 Ω_{od}^k 中；最短路径 $\bar{w}_{od}^I(k)$ 的辅助流量是 $y_I^{\bar{w}}(k) = q_{od}$；同一 od 对下，其他路径的辅助流量是 $y_I^w(k) = 0, w \in W_{od}$；路网中路径流的迭代算子为

$$f_{I+1}^w(k) = f_I^w(k) + \frac{y_I^w(k) - f_I^w(k)}{I}, \forall od, w \in W_{od}$$

Step 6：收敛判定 $GAP < \varepsilon$ 或 $I > 100$；如果收敛，返回 Step 2；若不收敛 $I = I+1$，返回 Step 5。

由此可知，连续平均法（MSA）只需要计算迭代次数的倒数。与 Frank-Wolfe 方法和梯度投影方法相比，MSA 方法更快、更直观，更适合实时路径诱导计算。为防止迭代算子不收敛，可将最大迭代次数设置为 100 次。

3. 微观路径诱导

上层宏观交通需求平衡分配过程，实际上求得的是区域交通流的宏观转移量，这并不能为路网中车辆的实际走行路径提供明确信息。因此，为了使宏观微观交通量协调统一，本章从 od 对之间的路径出发构建网络约简技术方案，包括具体约简情况和规则。

约简网络中，宏观路径代表的是微观路径集合，交通需求宏观分配过程是在约简网络层面进行的，约简网络获得流量分配结果之后会激活由宏观路径代表的微观路径集；接下来，再在微观路径集中利用 Logit 路径选择模型将宏观路径流分配到微观路径上。之所以采用 Logit 路径选择模型是因为它在表示车辆路径选择方面具有简单、易用、高效等特点，Logit 算法所求结果也比较符合现实场景中人们的实际出发规律。

利用 Logit 模型进行路径选择时需要对路网预期出行成本进行定义。由随机效用理论可知，预期出行成本包括感知成本和随机误差项之和，具体形式为

$$\widehat{\varUpsilon}_{Rou[od(w)]}^{rou}(k) = \varUpsilon_{Rou[od(w)]}^{rou}(k) + \varepsilon_{Rou[od(w)]}^{rou}(k) \tag{6-14}$$

式中，rou 为路网中某 od 对之间的某条微观路径；$\varepsilon_{Rou[od(w)]}^{rou}(k)$ 是误差项，它独立且服从甘贝尔分布（Gumbel）。

由此多项式 Logit 模型可以推导出公式（6-15）：

$$\begin{aligned} &Pr\{\varUpsilon_{Rou[od(w)]}^{rou}(k) + \varepsilon_{Rou[od(w)]}^{rou}(k) \leqslant \varUpsilon_{Rou[od(w)]}^{rou'}(k) + \varepsilon_{Rou[od(w)]}^{rou'}(k), \forall rou \neq rou'\} \\ &= \frac{\exp(-\theta \cdot \varUpsilon_{Rou[od(w)]}^{rou}(k))}{\sum_{rou'' \in Rou[od(w)]} \exp(-\theta \cdot \varUpsilon_{Rou[od(w)]}^{rou''}(k))} \end{aligned} \tag{6-15}$$

式中，$\theta(\theta > 0)$ 是 Gumbel 分布的比例参数，在路径流分配过程中，θ 表示决策者对路网出行信息的感知程度；$\varUpsilon_{od}^w(k)$ 是 od 对的第 w 条路径在时间 k 时的出行费用。

本章不考虑广义出行成本，仅考虑路径出行时间费用；使用 od(w) 标志可以激活微观路径集。宏观交通流量传递到微观交通路径上的流程如下所示：

首先，将前面在约简网络中每一步宏观平衡计算后得到的宏观路径流结果表示式（6-16）：

$$\overline{f}_{od}^w(k), \forall od, o \in O, d \in D, w \in W_{od}, k \in 1, \cdots, K \tag{6-16}$$

式中，$\overline{f}_{od}^w(k)$ 表示第 k 个计算步长约简网络 od 之间第 w 条宏观路径上最终被分配的流量。

其次，利用宏观路径流标志 od(w) 激活微观路径集 Rou[od(w)]，其中，微观路径表示为

$rou \in Rou[od(w)]$，微观路径 $rou \in Rou[od(w)]$ 上分配的流量可表述为式（6-17）：

$$x^{rou}(k) = f_{od}^{w}(k) * Pr_{Rou[od(w)]}^{rou}(k) \qquad (6\text{-}17)$$

需要注意的是，这里，宏观路径的意义是相对于微观路径而言的，微观路径是指车辆在实际运行过程中所经过的起点、路段和交叉口等。

6.3 仿真实验过程及结果

1. 路网基础数据

案例的网络形式一般采用 Qian Ge 等人[135]改进的 Nguyen network 网络，但需要说明的是，此处的案例并没有采用 Qian Ge 等人的网络参数和数据，只是添加了四条到发路段。将每条路段的车辆密度作为样本点，进行多次聚类分析，综合比较得到图 6-3 所示的路网子区划分结果。图中共划分为三个子区：R_1 代表子区 1，O_1, O_4 为车辆出发路段；R_2 代表子区 2；R_3 代表子区 3，D_2, D_3 为车辆到达路段；节点 6, 9, 11 为边界节点；A001 等为路段编号。

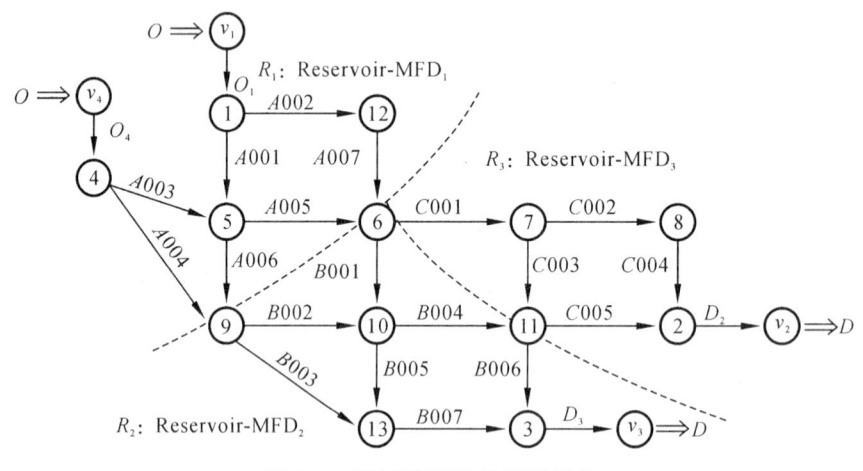

图 6-3 测试路网及其子区划分

2. 异构宏观路径简化方案

以往的宏观路径诱导方案很少探讨 MFD 子区（亦称蓄水池）内部的异质路径情况，一个区域就代表一个固定出行长度，这是对路网的高度概括与约简。然而，路网子区之间进出口连接是复杂多变的，只采用一条假定的宏观路径具有相当大的局限性。为了克服上述问题并尽可能地真实还原区域内部的实际路径演化状况，Leclercq 等人[163]首先提出约简化的区域构成方案，定义了宏观 od 节点，并将同区域 od 节点进行聚类，定义了宏观边界节点、宏观路径等；Ge 等人[135]提出了一种更加现实的网络约简技术，即将真实的源节点、目的节点、边界节点保留，只对区域内部的节点与路线进行聚合。

关于宏观异质路径，目前有上述两种网络约简方案，但这两种方案与本章的交通流分配框架并不匹配。本章建模的重点是实现路网交通流的合理均衡分布与车辆宏微观走行路线的实时协调与统一，这也是上述两种建模框架所忽视的。为了更好地适配本章的建模框架，下面提出一种适用于宏微观交通视角平衡分配的网络约简方案，路网的约简流程如图 6-4 所示，主要分为以下三步：

Step 1：将详细路网划分为高度抽象的 MFD 子区路网；

Step 2：依据 o,d 关系寻找区域路径走行方案，例如，od 对 v_1,v_2 之间的宏观路径可表示为：R_1,R_3；R_1,R_2,R_3；

Step 3：依据 od 对之间的区域路径寻找相应的详细路径集，并根据微观路径集计算宏观路径的期望值。

测试路网异质宏观路径的网络拓扑图如图 6-4 中右侧图所示，真实节点为源节点：v_1,v_4；目的节点：v_2,v_3；虚拟节点：A,B,C，构建虚拟节点的主要目的是它可以表示宏观路径之间的连接关系；宏观路径：R_{1-1} 表示区域 P_1 内的第一条宏观通道，R_{1-2} 表示第二条宏观通道，其他同理。

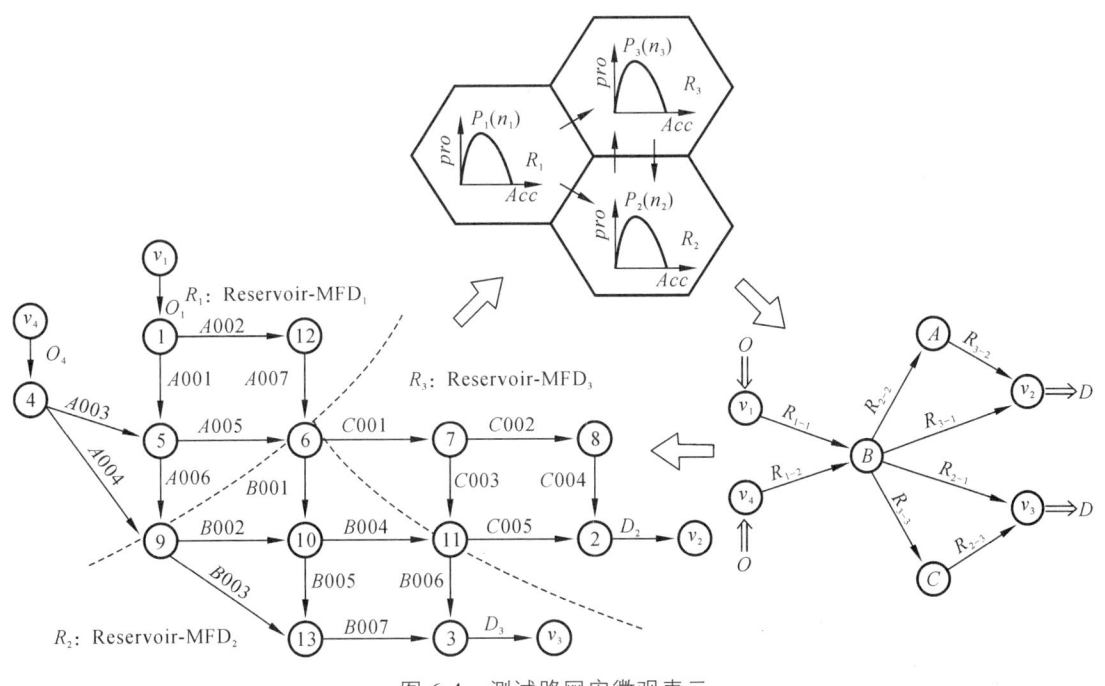

图 6-4 测试路网宏微观表示

3. 子区路网 MFD 聚合映射函数

这里的测试路网结构如图 6-3 所示，样本点的采集在 SUMO 软件中进行，需求采集的是高峰时段需求。某些交通信息需要在路网中布设感应线圈才能检测，仿真网络中检测器的位置位于路段中央，数据的采集周期为 1 min。本节只展示产量基本图与速度基本图。

子区 1 的宏观基本图如图 6-5 所示，子区 1 的产量表示为

$$P_1(N_1) = -0.0169042N_1^2 + 9.1715446N_1 + 4.50839347$$

子区 1 的速度表示为

$$S_1(N_1) = 0.0000214N_1^2 - 0.02672086N_1 + 9.99064864$$

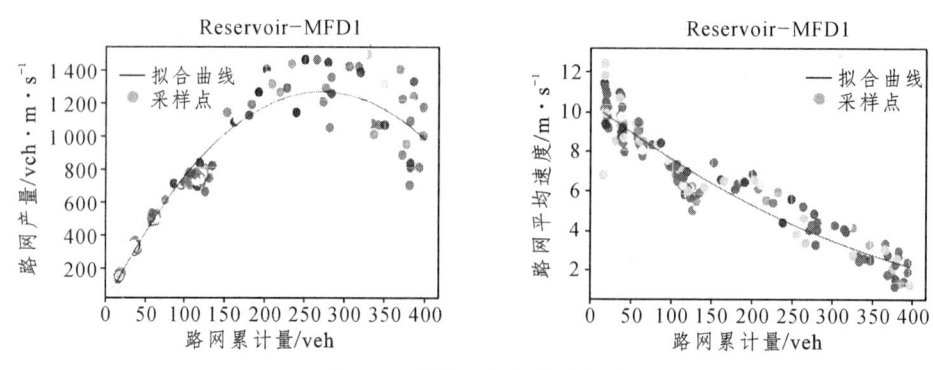

图 6-5 子区 1 的宏观基本图

子区 2 的宏观基本图如图 6-6 所示，子区 2 的产量表示为

$$P_2(N_2) = -0.046586N_2^2 + 12.281308N_2 - 29.46477$$

子区 2 的速度表示为

$$S_2(N_2) = -0.00021518N_2^2 + 0.00251269N_2 + 9.5094969$$

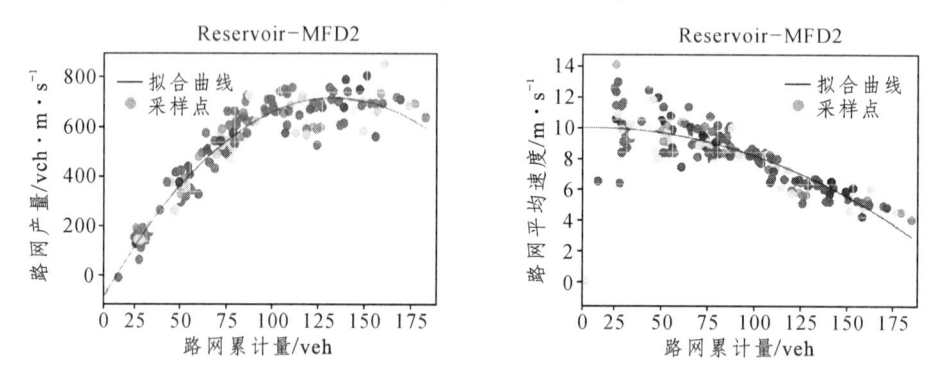

图 6-6 子区 2 的宏观基本图

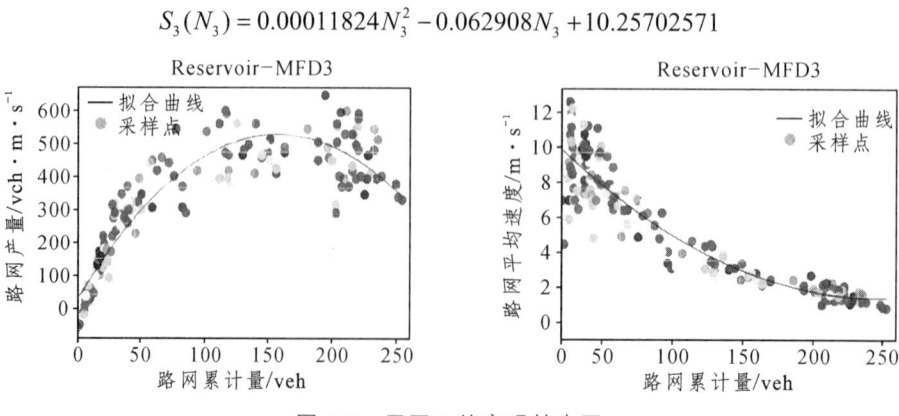

子区 3 的宏观基本图如图 6-7 所示，子区 3 的产量表示为

$$P_3(N_3) = -0.0162313N_3^2 + 5.5314377N_3 + 80.100122$$

子区 3 的速度表示为

$$S_3(N_3) = 0.00011824N_3^2 - 0.062908N_3 + 10.25702571$$

图 6-7 子区 3 的宏观基本图

4. 仿真实验

本节选择 SUMO 来验证以上讨论的宏微观交通视角下交通流平衡分配问题。SUMO 是开源的交通仿真软件，它支持 Traci 接口进行二次开发。Traci 与开发程序交互使用可以在仿真实际运行过程中实现车辆路径的更改。图 6-4 所示的测试网络共 4 组 od 对，8 条宏观路径，30 条微观路径，仿真时长为 4.5 h，路网交通需求与城市高峰时段的交通流演化情况基本一致。

宏微观视角下交通流平衡分配的主要目的是使任意时刻出发的车辆找寻一条合适的行驶路径。本节主要通过二次开发调用 SUMO 的 Traci 接口来实现测试网络交通信息的实时交互。仿真运行过程是一个动态实时反馈过程，程序语言利用 Traci 读取每一仿真步长路网中车辆的信息，并进行车辆路径动态诱导计算，然后利用 Traci 将计算结果反馈给车辆。宏观交通流需求平衡计算的离散步长是仿真中的实际演进步长，故 $K = 16\,200$。宏微观交通视角下交通流平衡计算的具体流程如图 6-8 所示。

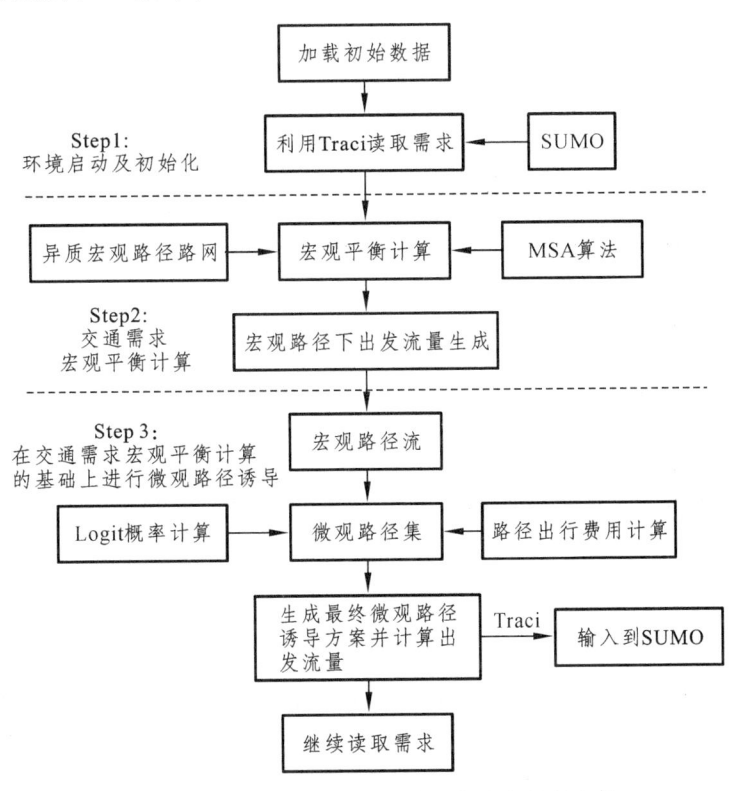

图 6-8　宏微观视角下交通流平衡分布计算架构

下面从三个角度分析宏微观视角下交通流的平衡动态分配效果：①全聚合宏微观视角下交通流的分配策略；②微观信息视角下的最快车辆路径分配（类似于一步 one-shot 分配），这里称为 one-shot 分配；③宏微观视角分配模式下宏观交通流分配与微观路径详细信息诱导相结合。其中，宏微观交通流平衡分配策略①和③的主要差别在于图 6-8 架构中 Step3 路径出行费用计算部分：策略①在 Step3 采用的是根据速度基本图得出的平均速度；策略③在 Step3 采用的是利用 Traci 读取路段的具体速度信息。

在程序中经过多次测试确定，策略①的 Logit 模型中 Gumbel 分布比例参数 θ 的最优值为 0.1，而策略③的 θ 最优值为 0.001。

5. 仿真结果分析

（1）宏观平衡计算分析。

宏观视角下交通流平衡分配中的 K 是 16 200，即需要调用宏观交通流量分配计算的次数是 16 200 次。因为道路网络中的交通需求在交通仿真时运行的每一步都是变化的，所以，宏观路线交通流的分配结果不一样，调用算法时的收敛性能也不一样。因此，每个仿真步长目标函数的收敛性不同，计算效果如图 6-9 所示。GAP 表示路段前后两个分配过程的出行时间差的绝对值，选取的是路网中各路段时间差的最大值。

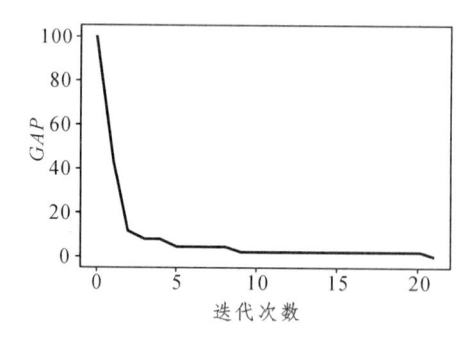

（a）某仿真步长中目标函数的收敛情况

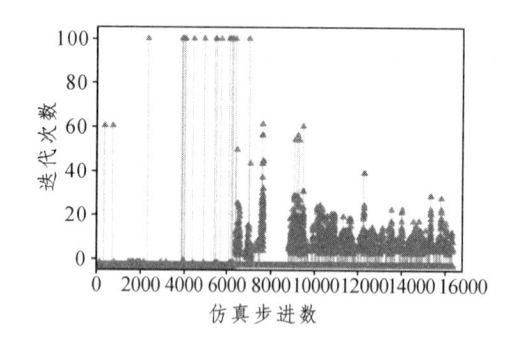

（b）策略①的宏观目标函数迭代情况　　（c）策略③的宏观目标函数迭代情况

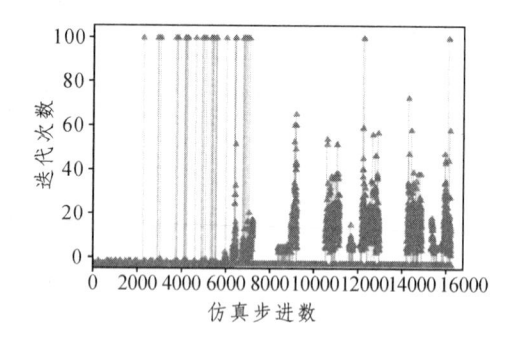

图 6-9　MSA 算法的收敛情况

图 6-9（a）给出了交通流分配策略①的目标函数在某仿真时刻的收敛性能；图 6-9（b）和（c）中的箭头表示每一仿真步长调用 MSA 算法求解定点问题时达到收敛状态需要迭代的次数。整体分析图 6-9（b）和（c）可知，策略②利用道路的信息详细，加快了 Step3 中宏观交通流需求均衡计算的收敛速度。

这种现象的出现可能是由于以下原因：在 Step3 中，宏观聚合信息下的交通流分配可能会导致 MFD 子区域内车辆密度分布呈现出特定的异质性，而较为详细信息下的交通流诱导会导致路网内车辆密度分布呈现较小的异质性。网络中车辆密度分布的同质性越高，子区域内宏观交通流的演化过程与 MFD 曲线的接近程度就越高，上层宏观路径分配时获得的宏观信息也就越准确，从而加快了上层交通流需求宏观均衡分布的计算速度。

（2）实际交通流诱导分配效果分析。

图 6-10 中，hiercontrol_1 表示全聚合宏微观视角下交通流的分配策略；hiercontrol_2 表示宏微观视角分配模式下宏观交通流分配与微观路径详细信息诱导相结合的策略。

不同交通流分配策略下各子区域车辆累计数比较如图 6-10 所示。

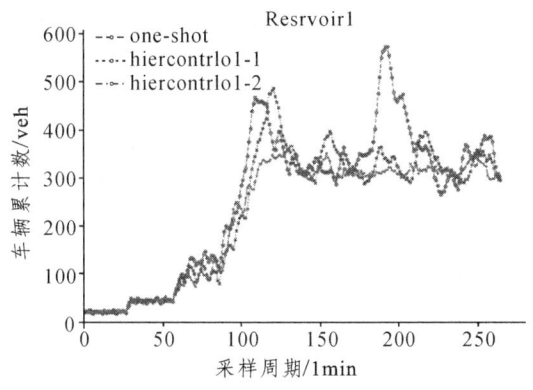

(a) 子区 1 内部的车辆累计数状态

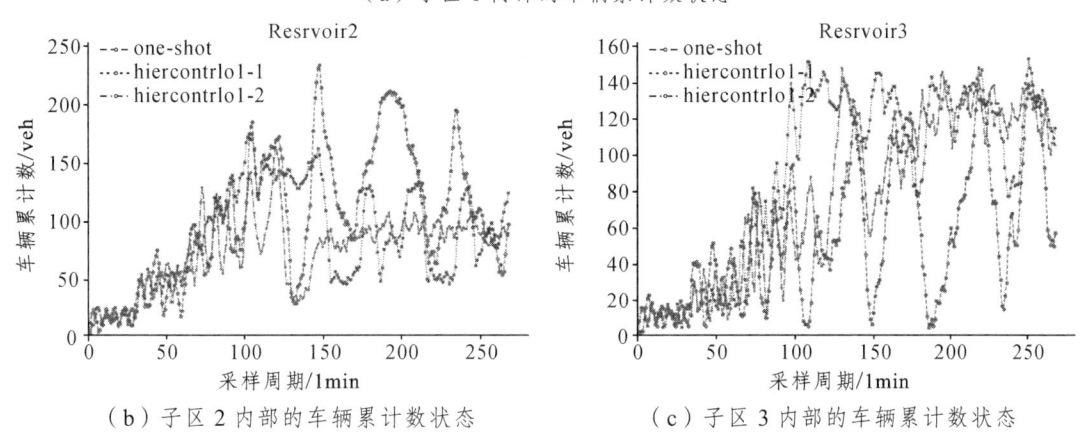

(b) 子区 2 内部的车辆累计数状态　　(c) 子区 3 内部的车辆累计数状态

图 6-10　不同交通流分配策略下各子区内部车辆累计状况

图 6-10（a）,（b）,（c）中，横轴表示采样周期时刻点数据，即在仿真运行中每隔 60 s 就采集一次数据，仿真共运行 16 200 s，共采集 270 组数据。如图 6-10（a）所示，通过分析仿真运行过程中子区域 1 的车辆累计状态得出：交通流分配策略③（hiercontrol_2）的效果最好，交通流分配策略①（hiercontrol_1）的效果次之，但最优路径诱导（one-shot）的效果不如本章提出的交通流分配策略效果好。这也符合宏微观建模视角下宏观平衡分配的主要思想：平均各个区域内车辆的累计数，使车辆从起点尽快地驶向目的地，完成出行。如图 6-10（b）所示，通过分析子区域 2 的车辆累计状态可知：交通流分配策略③的效果最好，交通流分配策略①的效果次之，但最优路径诱导（one-shot）的效果最差。如图 6-10（c）所示，通过分析子区域 3 的车辆累计状态可知：交通流分配策略①（hiercontrol_1）和交通流分配策略③（hiercontrol_2）在降低子区 3 内部车辆累计量方面的效果都不好，但车辆变化的状态比较稳定；最优路径诱导的效果较好，但车辆累计量的震动幅度较大。产生此现象的原因可能是交通子区 3 是目的地区域，交通流分配策略的主要目的是将车辆更快地送往目的地节点。

总体来看，通过分析交通子区域内部的车辆累计数动态变化效果可知：宏微观交通视角下的车辆路径分配策略比最优路径诱导（one-shot）的效果表现得更优，这也从侧面表明了本章所提出的宏微观交通视角下交通流分配策略的有效性。从本节的案例分析结果可知：宏观信息与微观信息相结合的诱导方式是比较准确的交通流诱导方案，这也比较符合实际情况，即在微观信息不好获取的情况下全部采用宏观信息进行车辆路径动态诱导也是可行的。

为进一步验证本章所提出的宏微观交通视角下交通流分配策略的有效性，下面给出三种策略仿真过程中的产量宏观基本图，图 6-11，6-12，6-13 分别为三种不同交通流分配策略下描绘的各子区宏观基本图演变过程。

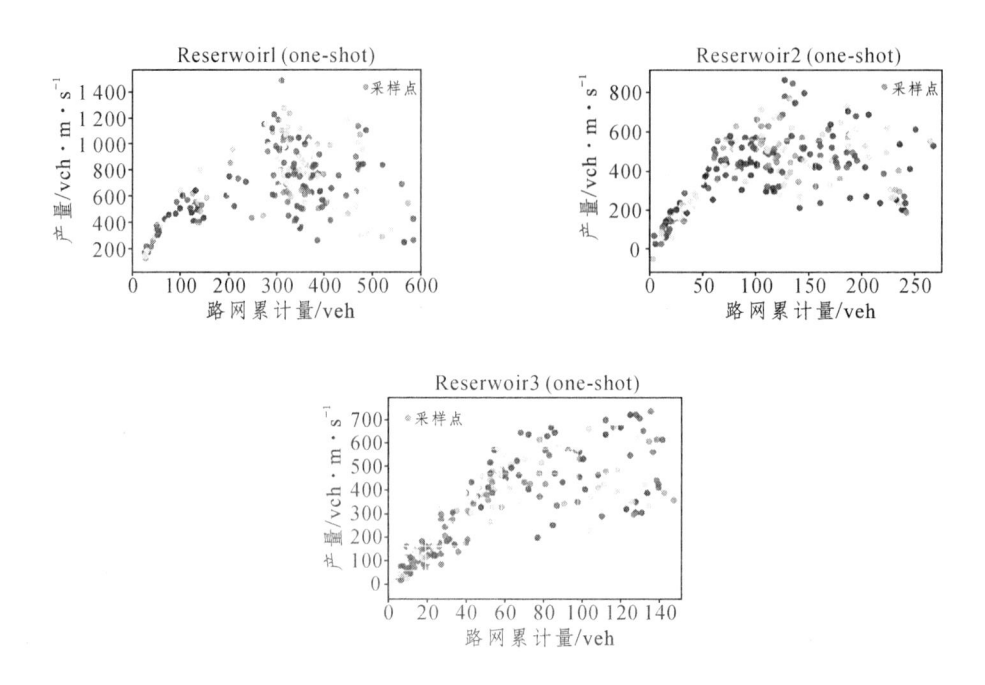

图 6-11 one-shot 车辆路径分配策略下的产量-MFD

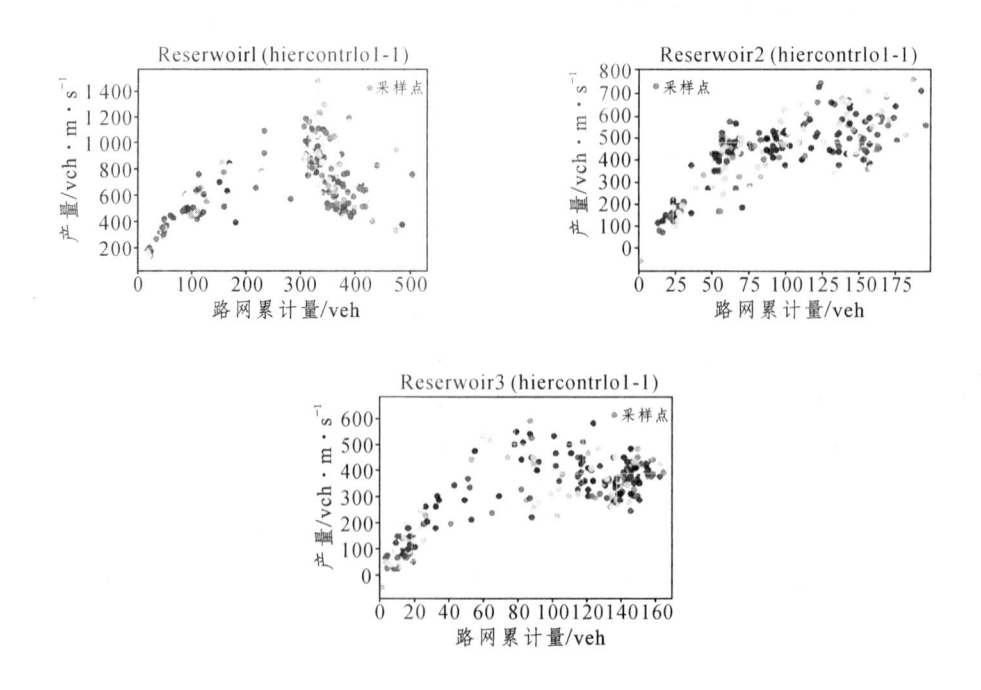

图 6-12 宏微观交通视角下交通流分配策略①下的产量-MFD

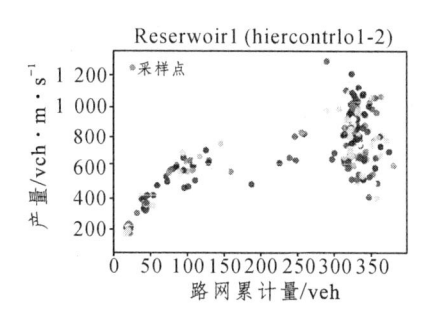

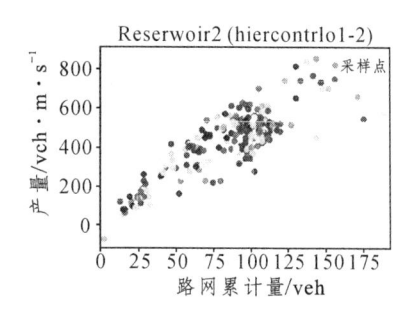

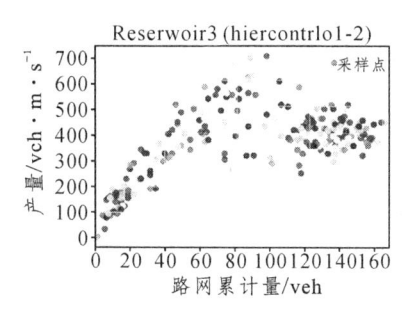

图 6-13　宏微观交通视角下交通流分配策略③下的产量-MFD

对比图 6-11,6-12,6-13 可知,最优路径诱导、交通流分配策略①、交通流分配策略③这三种交通流控制策略,基本都达到了使路网宏观基本图平稳过渡的功能,说明这三种车辆交通流分配策略在城市交通管控中都是有效且适用的。

最优路径诱导:分析图 6-11 得出,子区域 1(Reservoir1)、子区域 2(Reservoir2)和子区域 3(Reservoir3)的宏观基本图在拥堵区的散射现象都较为严重,都有较多车辆处在拥堵状态。

宏微观交通视角下交通流分配策略①:分析图 6-12 得出,子区域 1(Reservoir1)的产量宏观基本图出现了较为不稳定的状况,而且中间出现较为严重的断层现象,没有使大量车辆陷入拥堵状态;子区域 2(Reservoir2)的产量宏观基本图最为稳定,且几乎没有车辆陷入拥堵状态;子区域 3(Reservoir3)的产量宏观基本图在中间区域发生了散射现象,但并不严重,交通子区 3 的整体演变趋势较好,部分车辆陷入拥堵状态。

宏微观交通视角下交通流分配策略③:分析图 6-13 得出,子区域 1 的产量宏观基本图出现了较为不稳定的状况,而且中间出现较为严重的断层现象,但大部分车辆运行稳定,没有出现大面积拥堵状况;子区 2 的产量宏观基本图最为稳定,几乎所有车辆都处在畅通状态,但图像中拐点出现的趋势已经显现;子区域 3 的产量宏观基本图走势明朗,没有出现严重的散射现象,大部分车辆处在畅通区域。

整体比较图 6-11,6-12,6-13 得出,三种路网交通流分配策略下,宏微观交通视角下交通流分配策略③的产量基本图的演化过程是最优的;宏微观交通视角下交通流分配策略①的演变状态整体上比较符合产量宏观基本图的演变状况;最优路径诱导也基本符合产量宏观基本图的演变状态,但散射现象较为严重。

图 6-14 表示测试路网在 4.5 h 的仿真过程中,整个测试路网车辆的出行完成情况,即一个

车辆完整地从起始点出发并到达目的地,以上过程被认为完成了一次出行。由图 6-14 可知,宏微观交通视角下交通流分配策略③的表现最好,车辆完成数为 9 014 辆;宏微观交通视角下交通流分配策略①的表现次之,车辆完成数为 8 758 辆;最优路径控制的车辆完成数为 8 627 辆。策略③使路网的车辆通过数在较大程度上优于其他两种车辆路径控制策略。

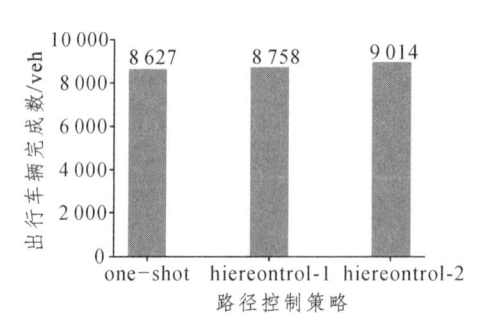

图 6-14 各分配策略下车辆出行完成情况

为了进一步验证宏微观交通视角下车辆路径分配模型的有效性,下面再从网络车辆车均延误角度进行比对分析。

车均延误是最能直接体现路网交通流分配模型有效性的核心指标。由图 6-15 可知,最优路径诱导(one-shot)的车均延误为 562.696 s;策略①的车均延误为 549.363 s,相较于一步分配(one-shot),车均延误降低了 13.333 s;策略③的车均延误为 463.778 s,相较于一步分配(one-shot),车均延误降低了 98.918 s,这也佐证了图 6-10, 6-11, 6-12 和 6-13 的分析结果。

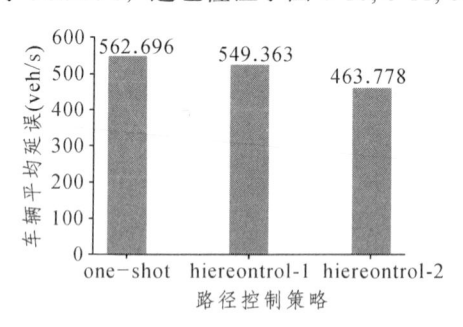

图 6-15 各分配策略下车辆平均延误

以上数据指标均表明宏微观交通视角下交通流分配策略的有效性及其在减少网络拥堵方面的前景,表 6-1 为详细指标值。

表 6-1 测试网络的统计指标对比

控制方案及效果	车辆出行完成数/veh	车均延误/(veh/s)
最优路径诱导	8 627	562.696
效果提升	0%	0%
交通流分配策略 1	8 758	549.363
效果提升	+1.518%	-2.369%
交通流分配策略 2	9 014	463.778
效果提升	+4.486%	-17.579%

上述理论建构和仿真实验均表明,运用 MFD 理论先将所研究路网划分成多个供需闭合的子区域,再从城市区域车辆路径分配与诱导的角度出发,利用子区域级别的宏观聚合信息可进行交通流平衡分配计算,并将路网宏观角度下平衡分配的交通流合理诱导到具体的路网路径上。计算方案的设计,向上要考虑 MFD 区域的异质路径问题,以使宏观交通流分配结果更加可靠;向下要考虑如何描述微观路径集。为此,本章提出了路网约简技术方案,该方案精简路网中的每一条路径代表实际网络中所有真实路径的集合,进而在精简网络上进行交通流需求平衡计算,实时读取路网中时变的交通需求,并将平衡计算结果传递到具体的网络路径上。在仿真演进过程中,下一步仿真时刻读取的区域累计车辆数会受到上一步计算结果的影响,因而在整个路网中宏观交通流的平衡分配过程与交通流的实际诱导是一个动态循环反馈的过程。

　　通过不同控制策略下的仿真实验,分析测试了网络车辆累计数状态、加权流量状态、宏观基本图的演化、路网车辆出行完成数、路网车均延误等指标,证明了所提出的宏微观交通视角下交通流分配模型有效且具有实用性。

7 主动式控制理论方法

要对城市交通运行状态实施主动式控制,把握各层次的总量平衡以及复杂过程的精准控制至关重要,而边界控制和基于学习的控制是体现主动式的预见性和智能化要义的关键理论技术。

7.1 边界控制思想方法

7.1.1 受控区域交通运行状态

对于受控区域,其内部车辆累计数与车辆出行完成率之间关系表达的 MFD 曲线如图 7-1 所示。

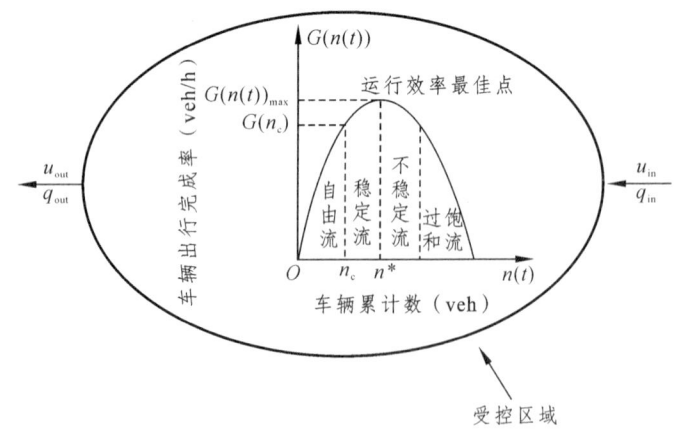

图 7-1 受控区域交通运行状况

由图 7-1 可知,当受控区域内部车辆累计数 $n(t)$ 小于 n^* 时,区域内部交通流位于 MFD 曲线左侧,受控区域的车辆出行完成率随着车辆累计数的增大而增大,区域路网交通运行效率逐渐提高;此阶段,受控区域内部交通运行状况良好,路网未出现交通拥堵现象,这时可以继续采用受控区域初始交通控制方案对流入流出交通流进行管控。当受控区域内部车辆累计数 $n(t)$ 等于 n^* 时,受控区域的车辆出行完成率达到最大值,此时,受控区域内部交通运行效率最高,路网交通运行状况最佳。当受控区域内部车辆累计数 $n(t)$ 大于 n^* 时,路网交通流位于 MFD 曲线右侧,受控区域的车辆出行完成率随着车辆累计数的增大而减小,区域路网交通运行效率逐渐降低，而且随着区域内部车辆累计数的继续增大，受控区域交通运行效率下降的趋势愈加明显，说明此时受控区域的交通运行受到阻碍，路网车辆行驶速度降低，出现了车辆排队拥挤现象，致使路网车辆的整体延误时间增加；若此时不改变现有交通管控措施，依旧按照受控区域既有信号控制方案进行管控，让外部车辆继续驶入该区域，将会导致整个区域路网出现交通死锁状态而无法控制。

7.1.2 受控区域参数信息

路网中的交通流会随着时间和空间的变化发生动态转移，具有很强的时空流动特性，当某交叉口、路段或小范围区域内发生交通拥堵时，若不及时采取相应管控措施，这种拥堵就可能会往周边蔓延，造成更大范围的交通拥堵。区域性交通拥堵往往是由路网内部车辆数超过其本身容纳能力引发的，此时路网交通供给能力相对低于其交通需求能力。然而，政策性调控并不适用于随机偶发的交通拥堵，而且在短时间内很难通过改造道路基础设施的方式来增大路网交通供给。因此，为了能够更及时、高效地实现对拥堵区域的有效管控，必须对交通信号控制方案进行调整和优化，以防发生路网性交通拥堵。为此，需要根据路网 MFD 拟合效果划定一定范围的交通控制区域，即进行边界控制的受控区域划分，将其余交通小区视为一个整体，统一定义为外围区域，分析受控区域与外围区域的宏观交通流动态平衡关系，以提高受控区域内部交通运行效率为目标，对宏观路网的交通拥堵边界控制策略进行研究。

根据边界控制思想，构建边界控制模型需要确定几个重要参数：控制目标、观测指标、与观测指标相对应的指标阈值、控制参数。

（1）控制目标。

控制目标要能够全面准确地反映整个受控区域的交通运行效率，同时通过调整控制目标，确保受控区域的交通运行效率稳定在最佳交通运行效率值附近。鉴于最佳车辆累计数与车辆累计数的差值可以直观反映受控区域的交通运行效率水平和控制程度，可选取受控区域内部车辆累计数与其最佳值的差值 $n(t)-n^*$ 作为受控区域边界控制的目标。将该差值控制在某一适当范围内，即令受控区域当前时刻的车辆累计数尽可能地接近其最佳值，可达到将受控区域交通运行效率始终维持在较高水平范围的目的。

（2）观测指标与指标阈值。

选择路网车辆累计数与路网车辆出行完成率两项指标之间的关系来拟合受控区域的 MFD 曲线。为此，将受控区域内部车辆累计数 $n(t)$ 作为边界控制的观测指标，结合受控区域 MFD 映射函数曲线提供的数据信息确定车辆累计数的最佳值 n^*，并将其作为观测指标阈值。对比观测指标 $n(t)$ 与观测阈值 n^* 的大小，可以对整个受控区域的宏观交通运行状态进行评估，两者的差值越小，说明受控区域内部车辆累计数越接近于最佳车辆累计数，受控区域的交通运行效率越高。

（3）控制参数。

将允许流入、流出受控区域的交通流占总流入、总流出交通流的比例 μ_{in}，μ_{out} 作为边界控制的控制参数。根据确立的受控区域边界控制目标，通过观察受控区域的交通运行状态，对当前受控区域内部交通拥堵情况进行辨识，再结合受控区域交通流状态对边界控制的控制参数 μ_{in}，μ_{out} 进行调整，进而实现受控区域内部车辆累计数的合理变化，并进一步得到受控区域边界控制的最优目标及最佳控制参数。

综上,边界控制策略的关键参数信息可汇总为表 7-1。

表 7-1 受控区域边界控制相关参数

参数	参数详解	参数符号
观测指标	受控区域车辆累计数	$n(t)$
观测阈值	受控区域最佳车辆累计数	n^*
控制目标	受控区域车辆累计数与受控区域最佳车辆累计数的差值	$n(t)-n^*$
控制参数	允许流入、流出受控区域的交通流占总流入、总流出交通流的比例	$u_{\text{in}}, u_{\text{out}}$

7.1.3 受控区域交通流动态平衡方程

图 7-2 描述了受控区域的交通流特征,设受控区域为区域 1,外围区域为区域 2。

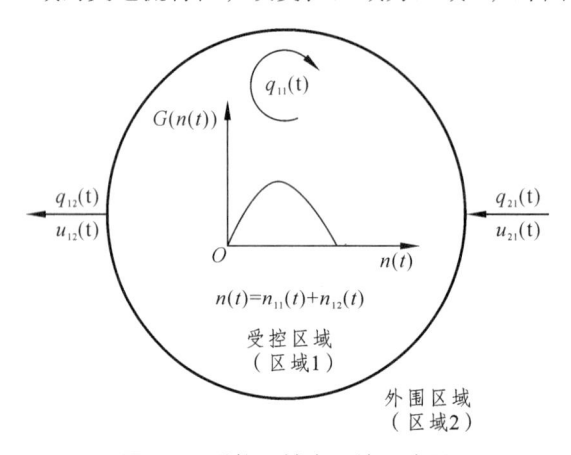

图 7-2 受控区域交通流示意图

受控区域的交通需求由两部分组成,分别是受控区域的内部需求和外围区域流入受控区域的外部需求。受控区域的车辆数由三部分组成,分别是由本区域产生且在本区域完成出行的车辆数(本地车辆数);由本区域流出且在外围区域完成出行的车辆数(流出车辆数);由外围区域流入且在受控区域内部完成出行的车辆数(流入车辆数)。其中,流出车辆数包含了由本区域产生且在外围区域完成出行的车辆数和由外围区域流入且在外围区域完成出行的车辆数(过境车辆数)。根据路网可检测交通数据,受控区域内部的车辆出行完成数由两部分组成,分别是本地车辆数和流入车辆数。

根据路网车辆守恒规律,受控区域车辆累计总数等于上述在受控区域内的车辆出行完成数和流出车辆数的总和。因此,受控区域的车辆累计数可以表示为

$$n(t) = n'_{11}(t) + n_{12}(t) + n_{21}(t) = n_{11}(t) + n_{12}(t) \quad (7\text{-}1)$$

式中,$n(t)$ 为 t 时刻受控区域内部车辆累计数,单位为 veh;$n'_{11}(t)$ 为本地车辆数,单位为 veh;$n_{12}(t)$ 为流出车辆数,单位为 veh;$n_{21}(t)$ 为流入车辆数,单位为 veh;$n_{11}(t)$ 为在受控区域内部完成出行的车辆累计数,计算方式为 $n_{11}(t) = n_{21}(t) + n'_{11}(t)$,单位为 veh。

令 t 时刻受控区域的车辆出行完成率为 $G(n(t))$,出行起点位于受控区域且在受控区域内部完成出行的车辆(包括在计算中转化的外部区域流入受控区域的车辆数)出行完成率为 $G_1(n(t))$,由受控区域流向外围区域且在外围区域完成出行的车辆出行完成率为 $G_2(n(t))$,则有

$$G(n(t)) = G_1(n(t)) + G_2(n(t)) \qquad (7\text{-}2)$$

式中，$G(n(t))$ 为受控区域的车辆出行完成率，单位为 veh/h；$G_1(n(t))$ 为出行起点位于受控区域（包括在计算中转化的外部区域流入受控区域的车辆数）且在受控区域内部完成出行的车辆出行完成率，单位为 veh/h；$G_2(n(t))$ 为由受控区域流向外围区域且在外围区域完成出行的车辆出行完成率，单位为 veh/h。

由于受控区域流入、流出交通量与总交通量成比例关系，$G_1(n(t))$ 和 $G_2(n(t))$ 还可以表示为

$$G_1(n(t)) = \frac{n_{11}(t)}{n(t)} G(n(t)) \qquad (7\text{-}3)$$

$$G_2(n(t)) = \frac{n_{12}(t)}{n(t)} G(n(t)) \qquad (7\text{-}4)$$

将受控区域的内部交通需求表示为 $q_{11}(t)$，由受控区域流向外围区域的转移交通流率表示为 $q_{12}(t)$，由外围区域流向受控区域的转移交通流率表示为 $q_{21}(t)$。由于受控区域内部的交通需求是在区域内部完成出行的，不受区域边界交叉口处交通信号的控制，因而，在实际对受控区域的交通流实施边界信号控制方案时，$q_{11}(t)$ 属于内部交通流量，此时仅考虑 $q_{12}(t)$ 和 $q_{21}(t)$ 两部分交通需求即可，即仅需对受控区域边界交叉口处的流入、流出交通流进行控制。用 u_{12} 表示交通流从受控区域流向外围区域的控制参数，其含义为允许从受控区域流入外围区域的交通流占总流出交通流的比例；用 u_{21} 表示交通流从外围区域流入受控区域的控制参数，其含义为允许从外围区域流入受控区域的交通流占总流入交通流的比例。

根据路网交通流动态平衡理论，受控区域的交通流动态平衡方程可以表示为

$$\frac{\mathrm{d}n_{11}(t)}{\mathrm{d}t} = q_{11}(t) + q_{21}(t)u_{21} - \frac{n_{11}(t)}{n(t)} G(n(t)) \qquad (7\text{-}5)$$

$$\frac{\mathrm{d}n_{12}(t)}{\mathrm{d}t} = q_{12}(t) - \frac{n_{12}(t)}{n(t)} G(n(t))u_{12} \qquad (7\text{-}6)$$

式（7-5）和（7-6）均描述了受控区域内部车辆累计数的变化率与受控区域内部交通流量变化的动态平衡关系。将式（7-5），（7-6），（7-1）联立，可以建立受控区域内部总的交通流动态平衡方程：

$$\Delta n(t) = \frac{\mathrm{d}n(t)}{\mathrm{d}t} = q_{11}(t) + q_{21}(t)u_{21} - \frac{n_{11}(t)}{n(t)} G(n(t)) + q_{21}(t) - \frac{n_{12}(t)}{n(t)} G(n(t))u_{12} \qquad (7\text{-}7)$$

由 $n(t) = n_{11}(t) + n_{12}(t)$，对式（7-7）在时间 t 上进行积分，可以得到受控区域内部某一时间段的车辆累计数：

$$n(t) = \left(\int_0^t q_{11}(t) + q_{12}(t) - \frac{n_{11}(t)}{n(t)} G(n(t)) \right) \mathrm{d}t + \int_0^t q_{21}(t)u_{21}\mathrm{d}t - \int_0^t \frac{n_{12}}{n(t)} G(n(t))u_{12}\mathrm{d}t \qquad (7\text{-}8)$$

7.1.4 边界控制主要方法

由于利用 MFD 的相关特性对路网实施交通控制不需要路网子区间复杂的 *OD* 数据，一些

学者提出利用 MFD 对拥堵区域进行边界流量控制，继而产生了边界控制（Perimeter Control）的区域交通拥挤控制方法。Daganzo[164]认为，可通过边界控制把车辆限制在堵塞区域外，由此调控堵塞区域路网的驶入交通量以缓解拥堵，但是他并没给出具体可行的边界控制策略。之后，王福建等[165]总结了对趋于拥堵的区域路网实施边界控制的思想策略，他从路网宏观层面出发，对其交通运行状态进行判别，利用 MFD 相关特性设计路网管控措施，但也没有提出具体可操作的控制方法。随后，边界流量控制的思想策略开始受到重视，即在与 MFD 曲线下降部分对应的区域实施控制，控制该区域边界交叉口流入交通量，把额外的交通量限制在受控区域外面，使该区域内的车辆数维持在一个最佳临界值附近，此时该受控区域的总输出量达到最大，处于稳定高效运行状态。从此，对路网边界实施控制的研究渐渐展开，主要集中在面向单一区域和面向多个子区的边界控制方法上。

1. 面向单一区域的边界控制方法

张勇等[166]针对过饱和区域提出一种叫 Bang-Bang 控制的边界控制策略，他把堵塞区域内部的累计交通量作为状态变量，构建了堵塞区域路网的宏观交通流模型，并利用庞特里亚金极小值原理对模型进行求解。林晓辉[167]依据 MFD 理论确定路网的 MFD，通过改变拥挤区域周边交叉口的信号配时方案来控制流量输入，并利用 VISSIM 仿真软件验证了该策略的有效性。李轶舜等[168, 169]利用 MFD 基本特性，针对过饱和区域提出定时信号配时的边界控制策略，不过这种调控方法是一种静态的信号配时优化方法，无法适用于动态交通条件。Haddad 等[123]针对单一过饱和 MFD 小区，利用定量反馈控制理论（QFT）提出一种鲁棒控制方法，设计了鲁棒控制器，将小区内部的累计交通量维持在最佳范围内，使小区内部处于稳定高效运行状态。杜怡曼等[170]基于 MFD 针对单一小区提出边界反馈控制方法，通过动态控制驶入受控区域的交通流量，来缓解区域交通拥堵。Keyvan-Ekbatani 等[171]基于 MFD 子区的交通流特性，在 MFD 子区边界交叉口设置"反馈门"来对流入流出子区的交通流进行反馈控制，实时调整边界控制率，将控制子区内的累计车辆数保持在最佳范围内，以使网络通行效益最大。李新[172]考虑了路网边界交叉口处上游路段的车辆容纳能力，并基于此构建了可扩展边界的反馈控制模型，将路网内部的车辆累计数控制在最佳范围内，降低了路网的拥堵程度。Wu 等[173]利用元胞自动机模型对路网交通流状态进行仿真，研究了不同拥堵情况下的路网边界控制方法，有效提高了路网运行效能。朱良元等[174]考虑路径决策对交通诱导与交通控制的影响，将车辆出行完成率和车辆行程时间作为约束条件，构建了路网的边界控制模型，对交通拥堵的实时高效管控起到了一定作用。毛剑楠[175]基于 MFD 理论，以维持路网车辆累计数在最佳水平为切入点进行研究，提出在边界控制方案中引入牵制控制策略，以对路网边界处的关键交叉口进行控制，使路网交通运行效率达到最优。张泰文等[176]基于 MFD 理论，考虑关键路径对路网运行状态的影响，构建了边界交叉口主动限流控制模型；同时，利用元胞传输模型描述交叉口与路段的运行状态，以关键路径通行能力最大化以及进口道饱和度均衡化为信号控制优化目标，建立了均衡路网交通负荷的信号控制优化模型。Guo 等[177]引入 MFD 来捕获路网动态交通流，当区域累计量超过最佳容量时，实施边界交通流控制策略，主动调整区域外围的交通信号配时，限制流入分布，从而减少边界路段上队列溢出的可能性。

2. 面向多个子区的边界控制方法

Haddad 等[178, 179]针对两个交通小区建立预测控制模型，认为模型预测控制法就是最优边界控制方法，但在实际应用中，这种方法需要十分精确的模型以及对外部干扰的准确预测，很难实现。随后，赵靖等[180]提出基于 MFD 的两个相邻子区间的协调控制方法，以两相邻小区的整体效率最大为控制目标，构建了两个相邻子区间流入流出量的协调控制模型，并通过博弈论分析其协调关系；但该研究只针对两个相邻子区，并未考虑在采取限流措施之后，车辆可能变换行驶路线，并由其他小区绕行的情况。Aboudolas、Kouvelas 等[121, 181]设置多变量反馈调节器对多个 MFD 子区进行边界控制，以稳定系统内交通流状态。张逊逊等[182]为有效缓解城市中心区域拥堵，提出了基于 MFD 的多子区协调控制策略，使交通流在 MFD 子区内分布均衡，以提高路网整体运行效益。丁恒等[183]将路网划分成多个子区，利用 MFD 特性，从系统角度研究了多子区的边界协调控制方法，使路网交通流出量最大。刘博[184]基于路径选择行为对路网 MFD 的影响，提出了一种考虑路径选择的多区域边界流量控制方法，同时采用动态均衡模型实现路网交通流的合理调整。

7.2 基于学习的控制思想方法

7.2.1 基于学习的控制思想

基于学习的控制又被称为基于数据驱动的控制，它区别于模型驱动的控制方法。模型驱动控制方法的最大特点是针对实际问题抽象出具体的数学优化模型，从而施加于受控系统。而数据驱动控制的最大特点是直接从受控系统的运行数据中得出某种经验，从而施加于受控系统，这样做的好处是可以摆脱数学建模的复杂性及其理想假设，从而直接关注于实际问题本身。

城市交通路网是由道路基础设施和交通运动的客观主体组成的，呈现出高度的时空性和非线性性，因此，采用数学建模方法去抽象交通路网实际问题是相当复杂且难以求解的。为了简化这种复杂性，学者们进行了大量的假设，然而理想假设过多会使优化模型与现实情况有较大出入。而基于学习的控制方法为求解城市交通路网问题带来了一种崭新的思路。该方法主要是从城市交通路网运行产生的数据中学习城市交通路网复杂的动力学及其非线性关系，进而依据某种控制目去构建基于数据驱动的控制器，然后根据实时路网状态做出智能决策，使系统处于较优的运行状态，从而实现城市交通路网的自适应控制。将基于学习的控制方法应用于城市交通路网问题，主要有以下两个优点：（1）基于学习的控制方法可以从交通系统过去的经验（即数据）中学习到使系统运行效益较高的交通控制策略；（2）不依赖于理想的假设规则，具有较强的自适应能力，可以应对复杂的路网状态变化。

7.2.2 基于学习的控制种类

基于学习的控制在传统控制论领域中已有大量的理论和实践，这些成果验证了其在特定条件下具有较好的控制性能，所以越来越多的研究者将基于学习的控制理论引入复杂的城市路网交通控制系统中。目前，将基于学习的控制理论应用于城市交通控制领域主要体现在两个方面：无模型自适应控制和深度强化学习理论与方法。

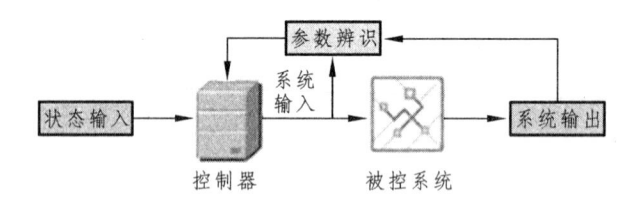

1. 无模型自适应控制

无模型自适应控制（Model-Free Adaptive Control，MFAC）是侯忠生教授于1994年提出的[185]，该控制方法不需要建立具体的控制模型和参数解析模型，可以直接利用被控系统在线或离线输入/输出数据进行系统的控制。相关实践证明，无模型自适应控制在某些具体情况下，可以保证受控系统的稳定性、收敛性及鲁棒性[186-188]。与基于模型的自适应控制（Model-Based Adaptive Control，MBAC）相比，无模型自适应控制使用动态线性化数据取代模型驱动控制中系统机理模型和参数解析模型，通过受控系统实际输入输出数据中蕴含的系统动力学信息，可帮助构建相应的控制器，从而能够克服模型驱动控制高度依赖假设、鲁棒性较差等缺点。

城市交通路网是复杂的多输入多输出非线性系统，而且包含的交通数据类型多、维度高，对其进行精确建模是相当困难的。在模型驱动的控制方法中，需根据研究目的，依据目标路网的某些交通特性建立具有针对性的优化模型，以提高交通路网运行效率。然而在现实情况下，路网模型的建立是极其困难的，建立的交通路网模型往往也并非精确模型[189]，这样一般会降低控制性能。而无模型自适应控制仅利用被控系统的输入/输出数据，就可以对系统进行辨识和优化控制，无需进行复杂的模型构建，还可以同时优化被控系统多个方面的性能，并能够保证控制器的准确性。因此，无模型自适应控制可以利用现实交通系统中有价值的交通数据，很好地满足交通路网区域性的控制需求，而且能够避免交通优化控制理论模型的局限性。无模型自适应控制的程序框图如图7-3所示。

图7-3 无模型自适应控制程序图

由于城市交通路网具有明显的重复运行特征，即路网中的交通流量呈现周期性的变化，而且在智能交通系统中交通数据获取难度较小，因此，在不需要具体的数学模型的情况下，利用基于数据驱动的无模型自适应控制理论对城市交通路网进行控制，可以提高计算效率和路网运行效益。利用无模型自适应控制方法设计城市交通路网控制器时，可以将路网中的每个区域看作一个多输入单输出（Multiple Input Single Output，MISO）系统。而对每个MISO系统，首先，在不使用任何数学模型的情况下，利用交通系统实时地输入/输出（Input/Output）数据来获取系统的伪梯度（Pseudo Gradient，PG）和伪雅克比矩阵（Pseudo Jacobi Matrix，PJM）；其次，建立等效动态线性化数据模型来表示交通网络系统的动力学特征，估计所有参数，进行控制器设计，以使控制器从数据库存储的历史数据中获取经验，通过估计伪雅克比矩阵迭代更新学习增益，逐步优化控制策略，从而在不断地迭代中逐渐提高控制性能，完成路网的自适应控制。通过设置惩罚项来检测（调整）路网内实际车辆数与控制器输出值之间的差值，加强算法面对交通检测器数据出现扰动和异常值时的鲁棒性。

2. 深度强化学习

深度强化学习（Deep Reinforcement Learning，DRL）是机器学习的范式和方法论之一，是基于数据驱动的可以求解特定控制问题的一套方法论。深度强化学习通过学习智能体与环境交互产生的大量经验数据，来构建策略最优的控制器。智能体与受控系统交互产生的数据轨迹遵从马尔可夫过程，可依据动态规划思想递归求解最优控制器。

其中，深度学习（Deep Learning，DL）是一类模式分析方法，主要通过对复杂受控系统输出的庞大数据集进行特征提取，来发现数据内在的规律和表示层次，获取控制器所需的参数信息。强化学习（Reinforcement Learning，RL）是一种最大化智能体与环境交互所得奖惩值的控制策略，能够根据受控系统的数据集特征学习最优控制策略的控制方法，具有很好的决策能力。强化学习的控制性能取决于提取的受控系统数据特征的准确性，难以处理高维数据的输入，又由于实际控制问题的状态往往复杂且难以描述，因此，在强化学习方法中通常借助深度学习模型中强大的拟合能力去表示现实世界的实际状态并进行抽象，从而构建一种状态到控制决策的映射函数。将深度学习方法与强化学习方法相结合就形成了深度强化学习方法。

深度强化学习方法一般包含以下几个要素：环境（Environment）、智能体（Agent）、状态（State）、动作（Action）和奖励（Reward）。在实际问题的构建过程中，受控系统一般被称为环境，在环境中实施控制行为的主体被称为智能体。智能体的控制决策过程为智能体在 t 时刻观测到状态 S 并做出相应的动作 A 施加于环境，此时环境状态转换到下一时刻，而在环境状态转换过程中，受控系统会返回特定的奖励信号用于评估当下时刻控制决策的优劣。通过奖励信号可引导智能体学习到最优控制策略。深度强化学习的基本框架如图 7-4 所示。

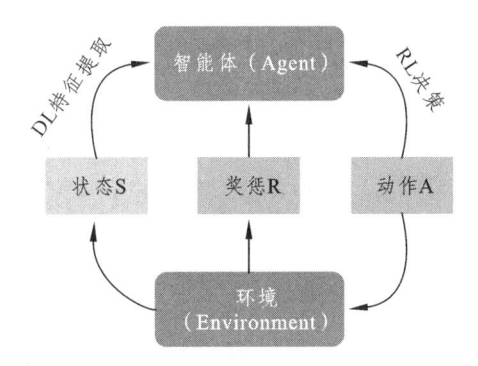

图 7-4 深度强化学习基本框架

将强化学习应用于城市交通路网信号控制问题的框架如图 7-5 所示。

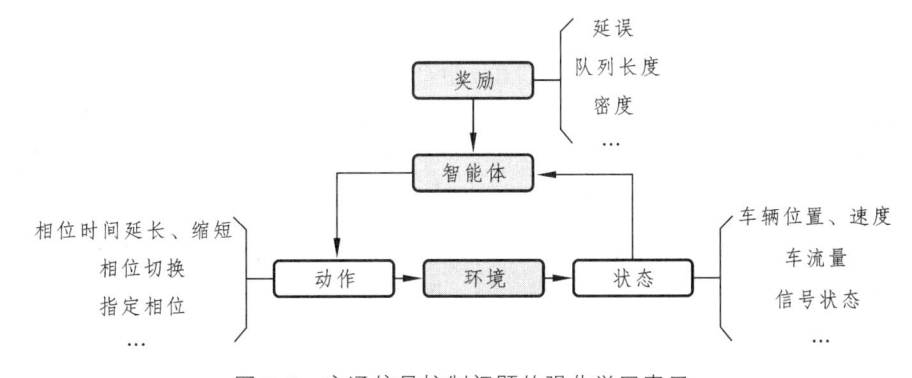

图 7-5 交通信号控制问题的强化学习表示

鉴于交通网络的随机性和动态性，交通控制问题可以被抽象为离散时间的随机控制问题，进而被抽象为马尔可夫过程[190]。而马尔可夫决策过程就是强化学习的发展源头，由此，交通控制问题可以有效地转化为通过强化学习来实现的动态规划问题。并且强化学习算法不需要依赖具体的理论优化模型以及大量的路网数据集，也不必对一般交通信号控制中的动力学模型与信号相位的影响进行计算求解，而是首先通过深度学习对环境和对象进行感知，再利用强化学习主动尝试各种待选动作以及由此产生的交通流量变化去模拟复杂交通系统的动力学特征，并在奖励信号的引导下逐步优化控制策略。同时在逐步学习优化的过程中，根据输入输出结果寻找得到最优的信号配时策略，以帮助路网中各交通控制节点对路网状态的变化做出快速反应，进而完成主动决策。

7.2.3 基于学习的控制方法

近年来，以强化学习为代表的新型人工智能算法应用于交通控制研究得到了国内外学者的关注，而且交通控制问题已被证明是一种非常适合于强化学习方法的实验方案[191]。Wiering 等[192]通过一个简单的交通流模拟器来获取车辆的当前位置和最后目的地，计算车辆在交叉口的期望等待时间并将其作为奖励函数，再通过 Q-learning 方法最小化车辆通行时间，得到了最优方案。Bakker 等[193]改进了 Wiering 的方法，即通过相邻交叉口的协调学习，实现了区域协调控制。Chin 等[194]提出了一种 Q 学习方法，该方法从过去的经验中吸取教训，确定可能的最佳行动，通过优化交通流来更有效地管理交通网络中的信号配时方案。卢守峰等[195]将 Q 学习用于离线信号优化，把状态空间和动作离散化，解决了维数灾难问题，以等饱和度设计奖励函数，建立了定周期和变周期两种 Q 学习模型。Li 等[196]建立深度神经网络，从采样的交通状态、控制输入和相应的交通系统性能输出等数据中训练 Q 函数，通过对控制动作和系统状态变化的隐式建模，找到合适的交通信号配时策略。Gong 等[75]为了主动提高交通安全性能，以高分辨率实时交通数据作为输入，每秒选择适当的信号相位，以减少车辆的延误和交叉路口的碰撞风险，建立了多目标深度强化学习框架。Kim 等[197]提出了一种基于图神经网络的深度强化学习网络（DGQN），并为 DGQN 设计了一种具有多个参与者学习器的异步更新方法，能快速有效地适应大规模路网的时空依赖性。Rasheed 等[78]为解决传统 RL 方法应用于交通网络时表现出的高维问题，提出了深度强化学习网络（DQN），使用 SUMO 仿真评估模型效果，结果表明，该方法能有效减少车辆的总行驶时间。Yoon 等[198]为改进 DQN 模型，将交通状态表示为图结构数据，并用图神经网络（GNN）对其进行训练，将学习到的关系知识转移到无经验数据集中，获得一个可转移的控制策略，以增强模型对无经验交通状态的适用性。李振龙等[199]根据排队消散指数阈值对交通状态进行等级划分，降低了 Q 学习状态空间的维数；同时，考虑相邻交叉口交通状态之间的关联和影响，针对每种系统状态分别设定可行的关联动作，降低了 Q 学习的动作空间。Zhao 等[200]受最大压力信号控制策略的启发，引入了一个名为强度的新概念，并根据提出的强度概念给出了奖励设计和状态表示；该方法考虑了详细的车辆动力学（即速度和位置）以及相邻交叉点之间的协调，显著提高了学习过程的收敛速度。

7.3 基于 MFD 流量平衡目标的区域交通拥挤控制

7.3.1 控制模型构建

在区域拥挤控制的相关研究中,许多学者将区域控制系统视作自动控制原理中提出的反馈控制系统,并在此理论基础上对控制方法进行改进。基于以上考虑,同样具有反馈控制结构特性的 Q 学习算法在理论上也可以较好地适配区域拥挤控制系统。为此,下面以区域内累计车辆数达到 MFD 图像中的最佳区域为控制目标进行模型构建,设计 Q 学习算法。

Q 学习算法的原理是:当控制区域内车辆数较少时,将控制模型设计为奖励车辆流入的信号策略;当控制区域内车辆数较多时,将控制模型设计为奖励车辆流出的信号策略;当控制区域内车辆数在最佳运行效率范围时,将控制模型设计为奖励车辆出入平衡的信号策略,从而使控制区域车辆数保持在较为合理的范围内,实现控制区域内累计车辆数的平衡。具体算法如下:

1. Agent 状态设计

因为 Q 学习算法具有马尔可夫性质,所以,其控制系统的动作策略依赖于 Agent 当前所处的状态。因此,当考虑全局范围内的信号控制时,我们希望 Agent 所处的状态能够体现出受控区域全局的交通运行特性,此时仅仅考虑 Agent 四个进口道的拥挤度状态难以满足控制需求,需要在 Agent 状态中增加一个状态量——区域内累计车辆数。由于区域内累计车辆数在一个庞大的离散范围内,直接使用会造成 Q 表过大,导致该控制模型难以达到理想的收敛状态,因此,需要对区域内累计车辆数进行模糊处理,如表 7-2 所示。

表 7-2　Agent 状态设计表

区域内累计车辆数	[0, 2/3Pe)	[2/3Pe, Pe)	[Pe, ∞)
状态	P_0	P_1	P_2

表 7-2 中,Pe 定义为该区域内 MFD 的图像中,交通运行效率达到最大时的区域内累计车辆数。当区域内累计车辆数小于 2/3Pe 时,区域内的车辆较少,此时仍有交通容纳能力,可以适当增加区域外部车辆的流入率;当区域内累计车辆数在 2/3Pe 与 Pe 之间时,区域内的累计车辆数接近最佳运行状态,此时应保证区域内车辆流入流出的平衡;当区域内累计车辆数大于 Pe 时,区域开始拥挤,此时应增大区域内车辆的流出率,减小区域内车辆的流入率。同时,随着状态数的增加,Q 表的大小会增加三倍,这将导致在考虑区域状态的同时,Q 表需要经过更多次更新才能够达到稳定的收敛状态。

2. Agent 动作策略设计

由于信号机本身只提供信号相位的变化功能,因此,在动作策略设计上,Agent 与独立交叉口控制并无区别。但在基于 MFD 指标的区域交通控制中,动作策略承担的功能与独立交叉口控制有所区别:独立交叉口控制中相位变化的目的是对延误车辆较多的进口道进行放行,从而提高各交叉口的运行效率;而在区域交通控制中,通常以区域边界的交叉口信号控制机为控制单元，目的是控制区域边界的流入流出率，从而实现受控区域内部车辆数的平衡。

3. 控制目标与相关参数设计

对于以区域为控制目标的信号控制系统，通常希望使区域整体的交通运行效率达到较好的状态，因此，该信号控制系统将以区域的平均交通流量为各交叉口的控制目标值。但由于区域的平均交通流量随着多个交叉口共同的动作策略的相互影响而变化，不足以作为单个交叉口动作策略的回报，因此，需要对控制目标进行一定的处理。为此，下面将控制目标与区域累计车辆数状态相结合，提出以下回报值 rep 的计算公式：

$$rep = \begin{cases} V_1 - V_2, & when \quad P_0 \\ -|V_1 - V_2|, & when \quad P_1 \\ V_2 - V_1, & when \quad P_2 \end{cases} \quad (7\text{-}9)$$

式中，V_1 为交叉口相邻道路流入区域的车辆数；V_2 为交叉口相邻道路流出区域的车辆数。

当区域内累计车辆数状态处于 P_0 时，区域内的车辆较少，存在空余交通运行能力，因此，对交叉口流入车辆数大于流出车辆数的动作策略给予奖励，反之给予惩罚；当区域内累计车辆数状态处于 P_1 时，区域内的交通运行效率较高，希望保持车辆平衡，因此，对流入车辆与流出车辆的具有差异的动作策略进行惩罚；当区域内的累计车辆数状态处于 P_2 时，区域内的车辆过多，需要进行疏散，因此，对流出车辆数大于流入车辆数的动作策略给予奖励，反之给予惩罚。确定控制策略后，其他相应参数值及算法结构应与独立交叉口控制保持一致。

4. Q 学习算法结构

当确定了各参数指标，我们就可以得到 1 875×4 且各初始值为 0 的 Q 表，以此为基础可进行基于 Q 学习算法的区域拥挤控制。算法结构如下：

Step 1：读取路网信息，确定需要控制的各交叉口信息。

Step 2：读取各交叉口的状态集与动作策略集信息，对应于 n 个交叉口建立 n 个初始 Q 表。同时初始化学习率 α、遗忘率 ϑ、历史各交叉口状态 R_0、历史区域累计车辆数状态 P_0。

Step 3：确定当前时刻。

Step 4：确定当前交叉口，计算交叉口的拥挤度状态，并转换为对应的环境状态 R_1 与区域累计车辆数状态 P_1。

Step 5：通过车辆检测器检测区域内流入与流出车辆数，计算回报值 rep，并通过 Q 值更新公式更新历史状态 R_0 下控制策略的 Q 值。

Step 6：选择 R_1 状态下满足相位时间约束的最大 Q 值所对应的动作策略进行控制；若存在优先相位，则设置为优先相位，且将对应 Q 值索引设为空。若交叉口未遍历完，则将下一交叉口作为当前交叉口，返回 Step 4；若交叉口遍历完成，转入 Step 7。

Step 7：若遍历时刻结束，则跳出算法；若遍历时刻未结束，则将各交叉口的环境状态 R_1 与区域累计车辆数状态 P_1 记录为历史各交叉口状态 R_0、历史区域累计车辆数状态 P_0，并转入下一时刻，返回 Step 3。

综上所述，基于 MFD 流量均衡目标的控制方法结构流程如图 7-6 所示。

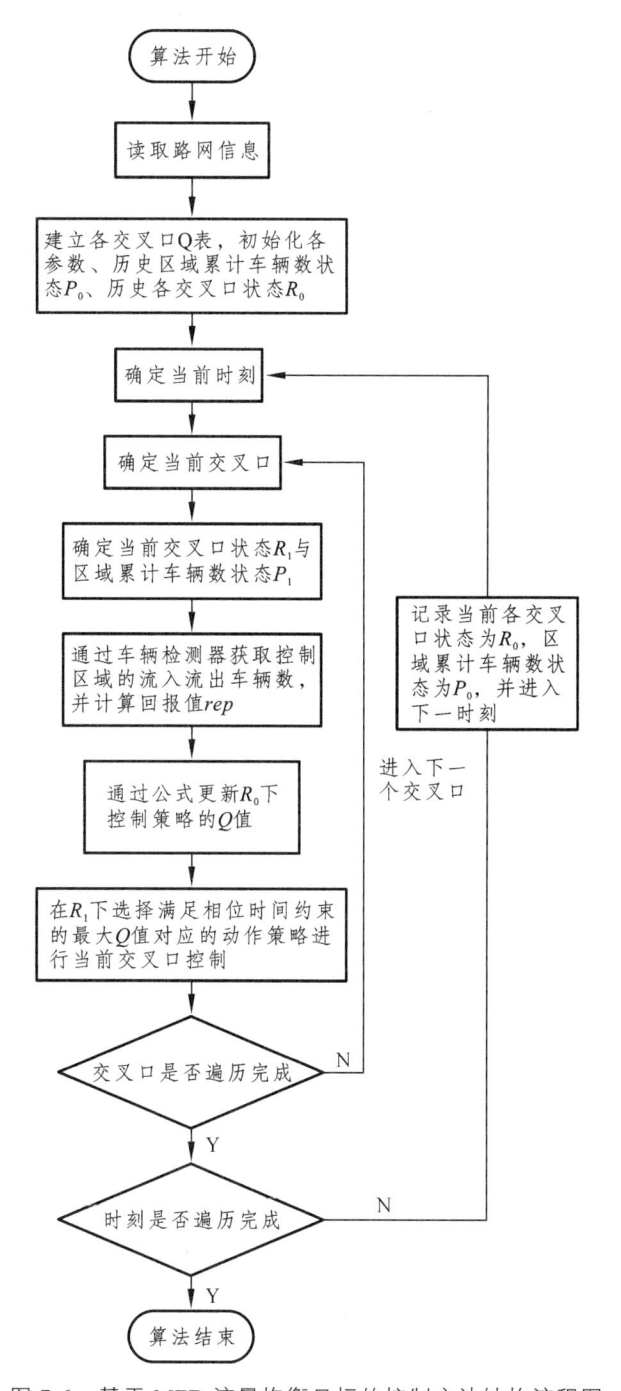

图 7-6　基于 MFD 流量均衡目标的控制方法结构流程图

7.3.2　模型的有效性分析

为分析 Q 学习算法适配区域交通控制方法的有效性，需要检验上述两种方法在 Agent 状态、动作策略以及控制目标设计等方面是否合理并且能否达到较好的拥挤控制效果。为此，本节通过设置以 Webster 法优化的固定周期信号配时对照组，与基于 MFD 流量均衡目标的控制方法进行对比，来考察 Q 学习算法能否使信号配时系统收敛而得到更加优异的控制效果。

其中，Webster 法的配时公式如下：

$$C^* = \begin{cases} 25, & C_0 < 25 \\ \dfrac{1.5T_L + 5}{1-Y}, & 25 \leqslant C_0 \leqslant 120 \\ 120, & C_0 > 120 \end{cases} \quad (7\text{-}10)$$

$$L = \sum_i (t_l + I_g - t_Y) \quad (7\text{-}11)$$

式中，C^* 为最佳配时周期；T_L 为每周期总损失时间；Y 为各相位最大流量比之和；t_l 为起动损失时间；I_g 为绿灯间隔时间；t_Y 为黄灯时间。

各个相位的绿灯时间可以通过公式（7-12）计算：

$$g_i = \frac{y_i}{Y}(C^* - T_L) \quad (7\text{-}12)$$

式中，y_i 为第 i 相位的最大流量比。

在获取合理的对照组配时方案后，为了对算法进行有效的对比评价，现在引入路网流量概念，并将其定义为单位时间内路网各道路的流量之和。各道路流量通过仿真软件设置提供的道路检测器获取。

同一路网在 OD 流下不同控制方法的拥挤控制效果评价流程如图 7-7 所示。

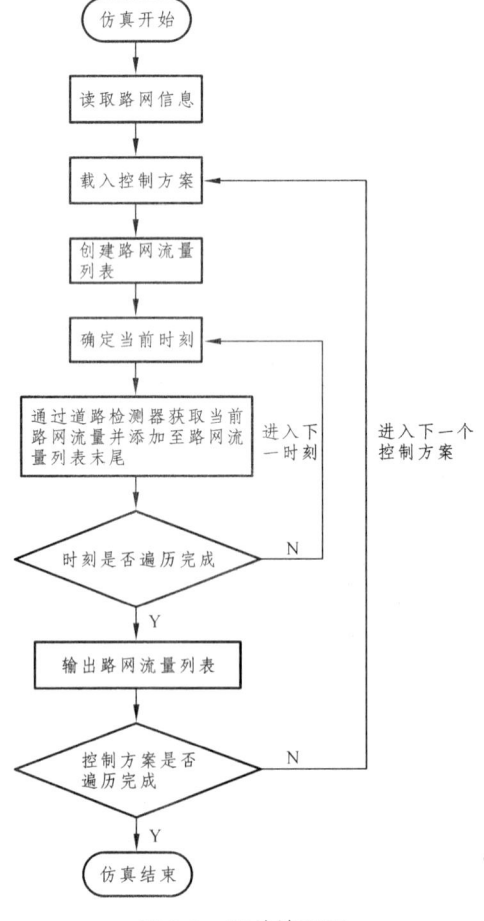

图 7-7 评价流程图

7.3.3 算例分析

7.3.3.1 数据获取及路网介绍

本节采用文献[201]提供的 Sioux Falls 路网数据进行算法的仿真测试，选定的仿真平台为开源微观仿真软件 Sumo，通过该软件搭建的仿真路网如图 7-8 所示。

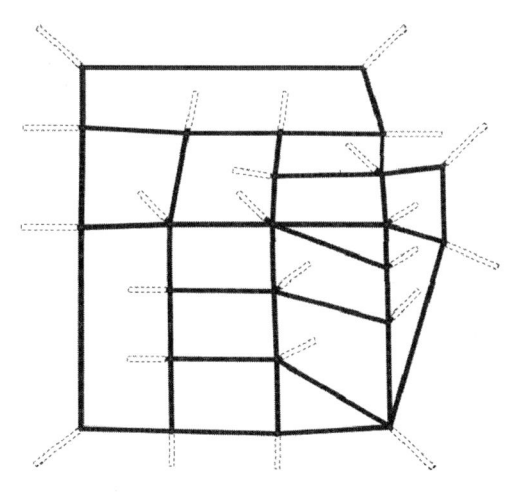

图 7-8　Sioux Falls 路网

该路网具有 24 个节点，由于文献中所提供的路网 OD 是节点对之间的，因此，采用虚拟小区方式进行车辆的发出与接收，图中虚线矩形框表示的道路皆为虚拟小区，剩下的道路为 Sioux Falls 本身的路网道路。此外，由于文献中提供的路网 OD 流是恒定的流量，会导致仿真开始与结束时的拥堵和消散过于突然，因此，需要对 OD 流量进行一定的处理，如表 7-3 所示。

表 7-3　OD 加载表

时间（s）	[0, 3 600)	[3 600, 7 200)	[7 200, 10 800)	[10 800, 14 400)	[14 400, 18 000]
OD	OD/4	OD/2	OD	OD/2	OD/4

本节通过上述 OD 流加载方式来获取逐步变化的交通时空运行状态。同时，由于原始 OD 流量仅给出了交通流的 OD 数据，而对交通流在实际运行中的路径分配问题并未提及，因此，通过 Sumo 自带的迭代分配功能，可使 OD 交通流的路径分配更为合理，更接近现实状况下的交通出行路径选择情况。

当然，从理论上来说，路网划分算法及路网控制方法的效果并不会因为路网 OD 流的分配而受到影响（极端状况除外），但更接近现实道路的 OD 流分配，可以使算法所呈现的效果更具有说服力。

7.3.3.2 拥挤控制方法性能分析及对比

1. 基于 Sioux Falls 路网的动作策略设计

（1）T 型交叉口相位策略。

由于 T 型交叉口的冲突点较少，配合边界控制中出入流分离的配时要求，设定两相位动作策略，如图 7-9 所示。

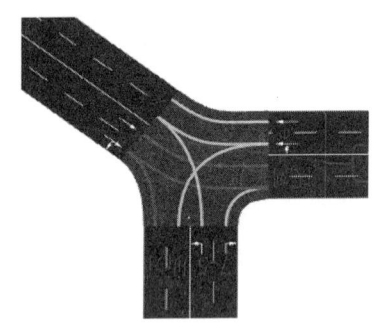

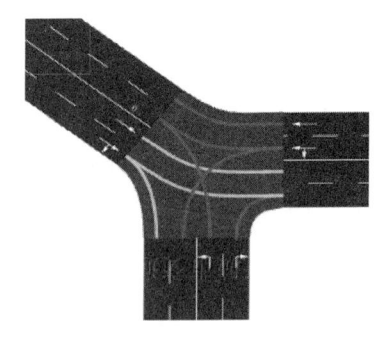

图 7-9　T 形交叉口相位策略图

这样的相位设计，一方面可以减少各方向车辆的等待时间，另一方面可以利用配时方案控制区域外部车辆的流入与流出。

（2）十字交叉口相位策略。

同样，出于减少车辆等待时间与区域出入流分离的考虑，设定三相位动作策略，如图 7-10 所示。

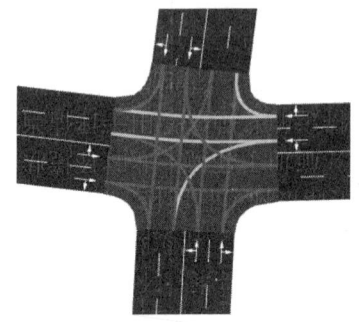

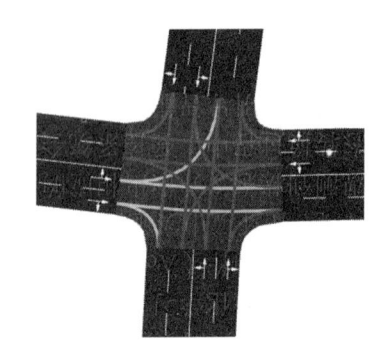

图 7-10　十字交叉口相位策略图

（3）五向异形交叉口相位策略。

对于五向异形交叉口，同样设定三相位动作策略，如图 7-11 所示。

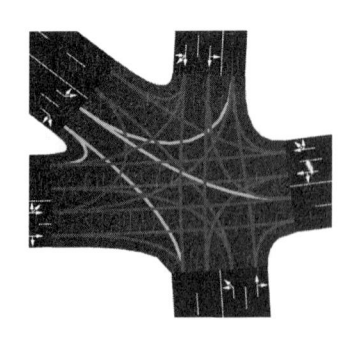

图 7-11　五向异形交叉口相位策略图

（4）六向异形交叉口相位策略。

对于六向异形交叉口，设定四相位动作策略，如图 7-12 所示。

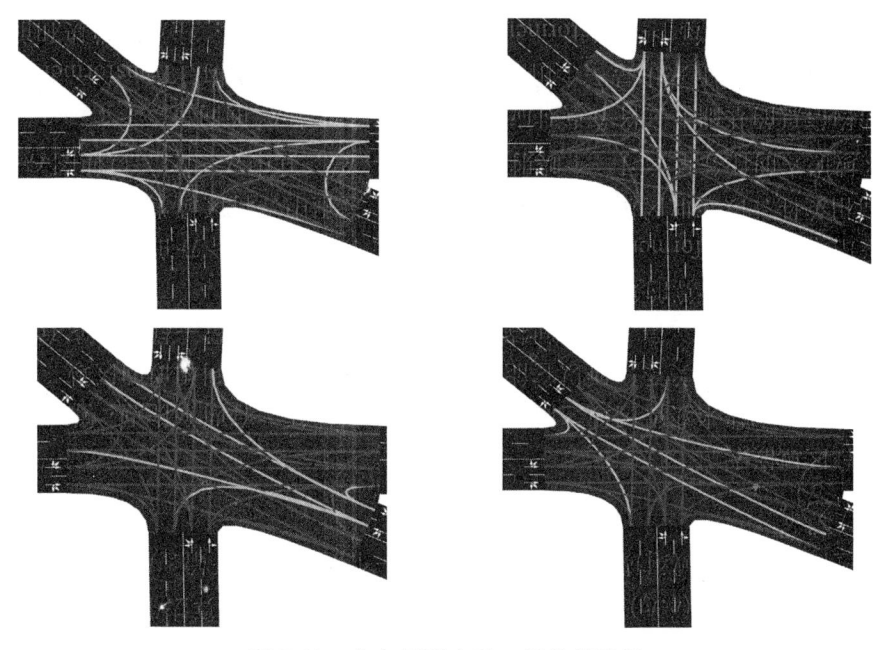

图 7-12 六向异形交叉口相位策略图

同时，为了简化 Sumo 仿真的复杂性，设置各相位的最小相位时间为 10 s，最大相位时间为 30 s。当相位数为 n 时，若某个相位的持续时间超过最大相位时间，则强制改变相位；若某个相位在间隔 $n-1$ 个相位切换后仍未出现，则下一个相位优先切换至该相位。

2. 两种控制算法性能分析与对比

在确定两种控制算法共同的动作策略之后，根据算法不同的 Agent 状态与控制目标设计，对控制算法的性能进行分析与对比，以体现算法的有效性。

（1）独立交叉口控制算法性能测试。

为了测试独立交叉口控制的区域拥挤控制算法的控制效果，首先对单交叉口的信号配时进行测试。下面以图 7-13 所示的交叉口为例。

图 7-13 单十字交叉口

这是一个典型的简易十字交叉口。本节在相同的交通流加载量情况下，通过固定周期配时（如图例"cycle"）、随机配时（如图例"random"）及 Q 学习算法（如图例"ql"）下的配时方案控制交叉口信号灯，并读取该交叉口的各进口道内剩余车辆数，用于检验该单十字交叉口控制的放行效率，结果如图 7-14 所示。

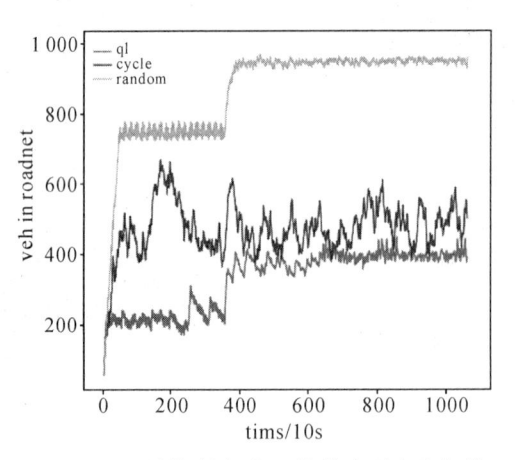

图 7-14 三种控制方式下的道路剩余车辆数

从结果可以看出，区别于随机配时（中间曲线）及固定周期配时（最上面曲线），Q 学习算法（最下面曲线）在单十字交叉口的信号控制中展现出较好的收敛性，并将道路内车辆数稳稳地控制在较低水平。

下面将算法推广到区域，在 Sioux Falls 路网上实施拥挤控制。为缩短迭代时长，采用表 7-1 前 5 000 s 的 OD 加载数据进行控制算法测试，并用于区域控制。通过测试发现，给定较高的学习率 α 与适中的遗忘率 θ 可以达到更好的训练效果，因此，给定 α 为 0.8、ϑ 为 0.5，进行 Q 学习训练。由于 Q 表较大，一个周期的仿真训练难以使 Q 表中的值收敛到稳定范围内，因此，通过 30 次迭代训练来获取更稳定的 Q 学习训练结果，并以路网车辆旅行时间为指标，观察各次迭代的训练状况，从而获得路网车辆旅行时间的变化情况，如图 7-15 所示。

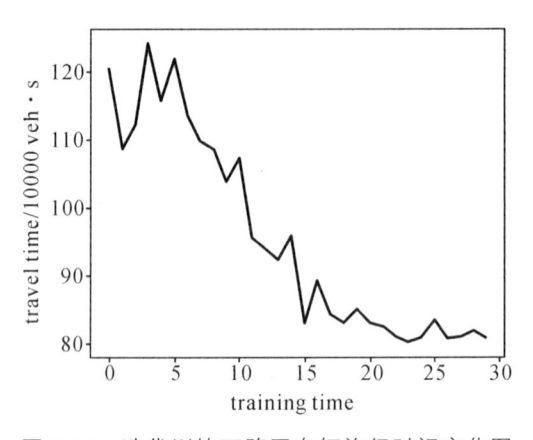

图 7-15 迭代训练下路网车辆旅行时间变化图

由图 7-15 可看出，在迭代训练至 20 次时，路网车辆的旅行时间趋于稳定。这说明 Q 学习控制效果在第 20 次训练时达到了较为稳定的状态。取前 5 000 s 内第 1 次学习各时间步长下的路网流量与第 20 次学习时的路网流量进行对比观察，结果如图 7-16 所示。

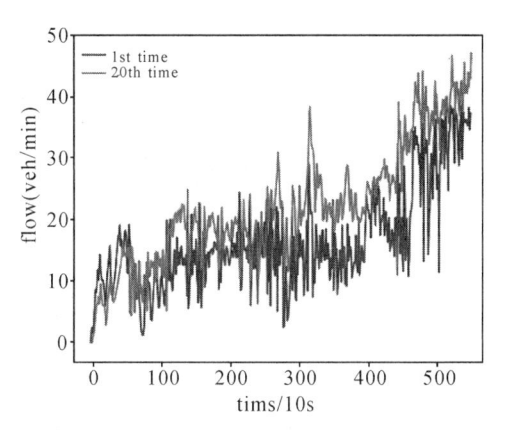

图 7-16　不同迭代次数的 Q 学习算法效果对比图

可以发现，在独立交叉口控制下，基于 Q 学习算法的区域拥挤控制方案仍然具有一定的收敛性能，能使平均流量保持在较高水平。

由于 Q 表是在相同 OD 流下进行多次迭代的结果，然而单纯通过迭代所得的结果难以说明 Q 学习算法在新的 OD 环境下是否同样具有较为良好的控制效果，因此，需要通过改变 OD 流，对独立交叉口控制算法下各时间步长的路网流量进行对比。由于这里采用的 OD 流并非对称 OD 流，因此，可以用较为简单的方式改变路网 OD 流，即将 OD 矩阵进行转置，对交通流的出发点与接收点进行互换，从而达到改变路网 OD 流的目的。改变 OD 流后，分别取第 1 次学习与第 20 次学习所得的 Q 表作为初始 Q 表，对路网进行控制。获取的路网流量对比图如图 7-17 所示。

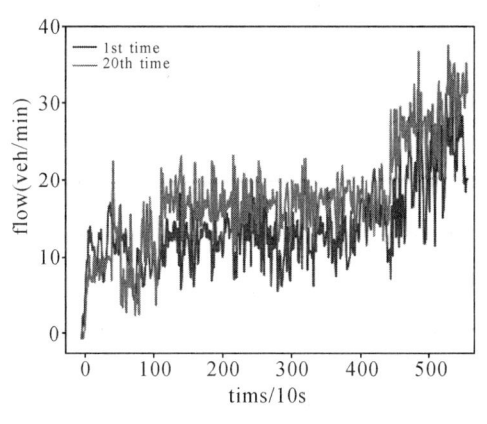

图 7-17　路网流量对比图（1）

从图 7-17 可以看出，即使在不同的 OD 流状态下，第 20 次学习所得 Q 表的控制效果仍然比第 1 次学习所得 Q 表的控制效果好，并且保持在较高的流量状态下。这表明，独立交叉口控制下的 Q 学习算法具有较好的迭代优化能力。

此外，为对控制效果的有效性进行考察，下面引入通过 Webster 法优化的固定配时方案，并与独立交叉口控制下 Q 学习算法在路网中的控制效果进行对比，如图 7-18 所示。

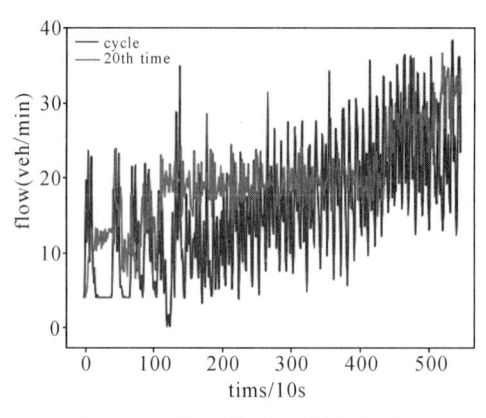

图 7-18　路网流量对比图（2）

可以发现，Q 学习算法的控制效果比固定配时方案的控制效果稳定，而且 Q 学习算法控制下的路网运行状态更佳。这也证明了独立交叉口控制下 Q 学习算法的有效性。

（2）基于 MFD 流量平衡目标的控制算法性能测试。

为比较以 MFD 相关指标作为控制目标的区域拥挤信号控制方案与按独立交叉口控制的区域拥挤控制方案的优劣性，下面同样以 Sioux Falls 路网作为拥挤控制算法的测试区域。以 MFD 指标作为控制算法的目标，相较于按独立交叉口控制的算法，其更注重于对区域出入流的控制，从而保证了区域内的车辆数保持在合理范围内。由于以 MFD 相关指标作为控制目标的算法的 Q 表较大，因此，要达到较好的收敛状态，就需要更多次的迭代训练，迭代训练图如图 7-19 所示。

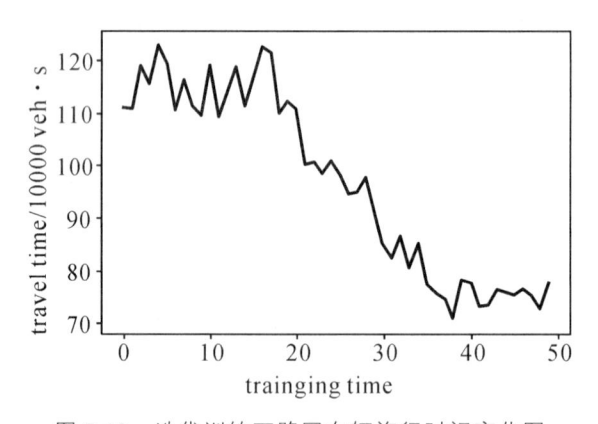

图 7-19　迭代训练下路网车辆旅行时间变化图

由图 7-19 可观测到，基于 MFD 流量平衡目标的控制算法与独立交叉口控制算法相比，其 Q 表的增大使训练速度有明显的减缓，前 15 次的训练效果较差，此后开始呈现出梯度下降趋势，直到第 38 次训练，才表现出收敛特征。这说明，虽然基于 MFD 流量平衡目标的控制算法的训练速度较慢，但它在路网控制中仍然具有较好的训练效果。

同样，采用转置后的 OD 矩阵对 Q 学习算法的效果进行检验，考察其收敛结果是否为过拟合，以第 1 次迭代与第 40 次迭代结果进行对比，如图 7-20 所示。

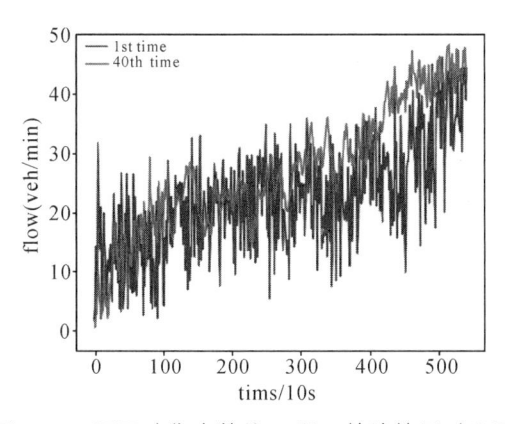

图 7-20 不同迭代次数的 Q 学习算法效果对比图

由图 7-20 可见，由于 Q 表过大，第 1 次迭代时控制的不稳定性十分显著，而当迭代至收敛条件后，MFD 指标的 Q 学习控制算法同样具有较好的收敛能力。对比单目标控制算法效果与 MFD 控制算法效果可知，在相同路网和流量加载的情况下，以基于 MFD 理论的流量平衡为目标的拥挤控制算法，可以使运行更快达到稳定状态，而且运行效率更高，如图 7-21 所示。

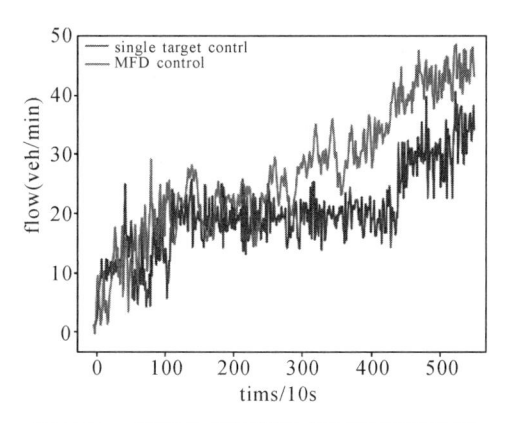

图 7-21 两种目标下算法控制性能对比图

同时，对比固定周期控制下的路网流量，可以发现，以基于 MFD 理论的流量平衡为目标的拥挤控制算法具有较好的效果以及进一步研究的意义，如图 7-22 所示。

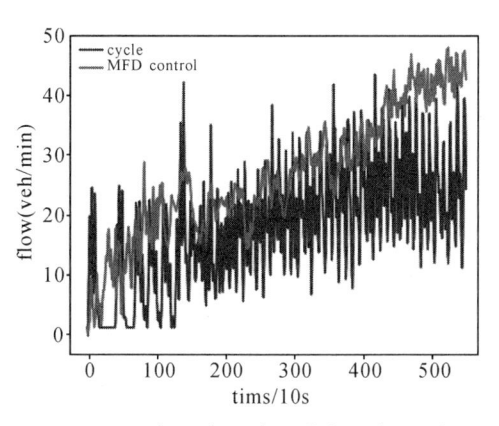

图 7-22 MFD 控制与固定周期控制性能对比图

7.4 基于交通数据异常分析的主动控制

基于交通数据异常分析的主动控制方法流程如图 7-23 所示。该方法体系集成了拥挤异常识别模型、控制区域划分模型和交通信号控制模型。首先，拥挤异常识别模型基于网络拓扑结构、交通流量分布和异常事件数据，预测常态交通流、识别时空异常交通结点。其次，以异常结点为中心，通过交通区域划分算法，将控制区域分为"疏散区""平衡区"和"限流区"。最后，基于划分的三个区域，建立具有不同控制目标的分层模型，并以宏观基本图为理论基础，根据不同时间段的交通状况，阶梯式地调整流入控制区域内部的车辆总数，确保路网效益最大化。

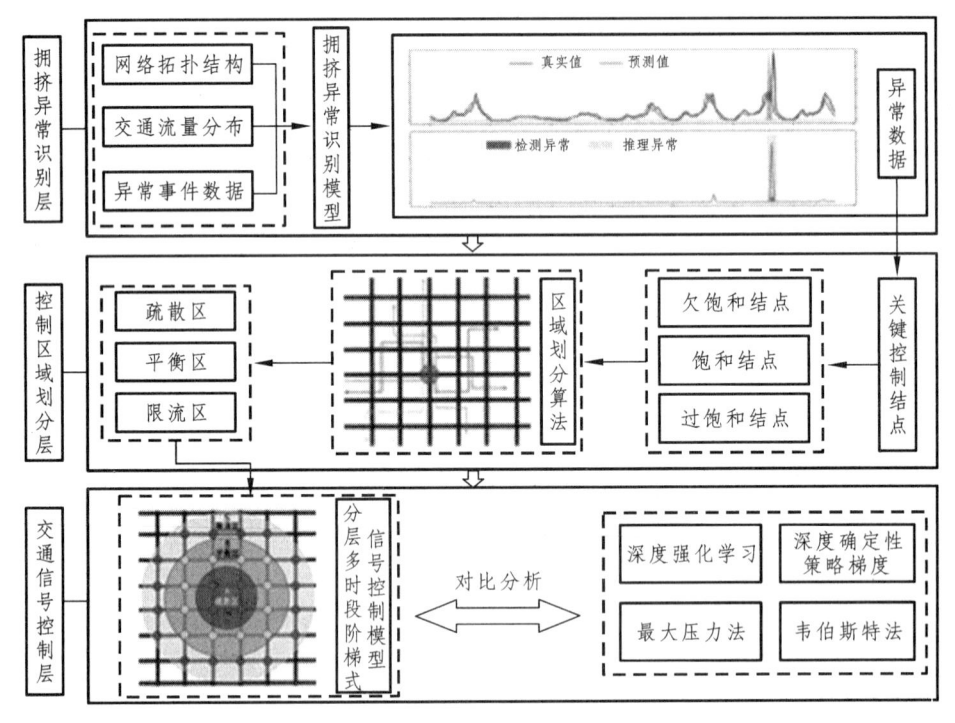

图 7-23 基于交通数据异常分析的主动控制方法流程

7.4.1 拥挤异常识别模型

7.4.1.1 模型框架

该模型框架由"时空特征生成模块（模块 1）""常态数据预测模块（模块 2）"和"异常检测模块（模块 3）"这三个模块组成。其中，"时空特征生成模块（模块 1）"基于城市交通数据集，提取每个数据点的时空特征。首先，根据历史流量数据计算区域相似度，使用图嵌入技术构建空间特征；其次，选择时间、天气等重要时间信息，通过独热编码来表示时间特征，并将空间特征和时间特征融合为时空特征。"常态数据预测模块（模块 2）"基于 Transformer 模型处理时空融合特征，实现无事故影响下的常态数据预测。"异常检测模块（模块 3）"采用峰值超过阈值（POT）方法动态搜索阈值，以此识别异常时间点。该模型框架如图 7-24 所示。

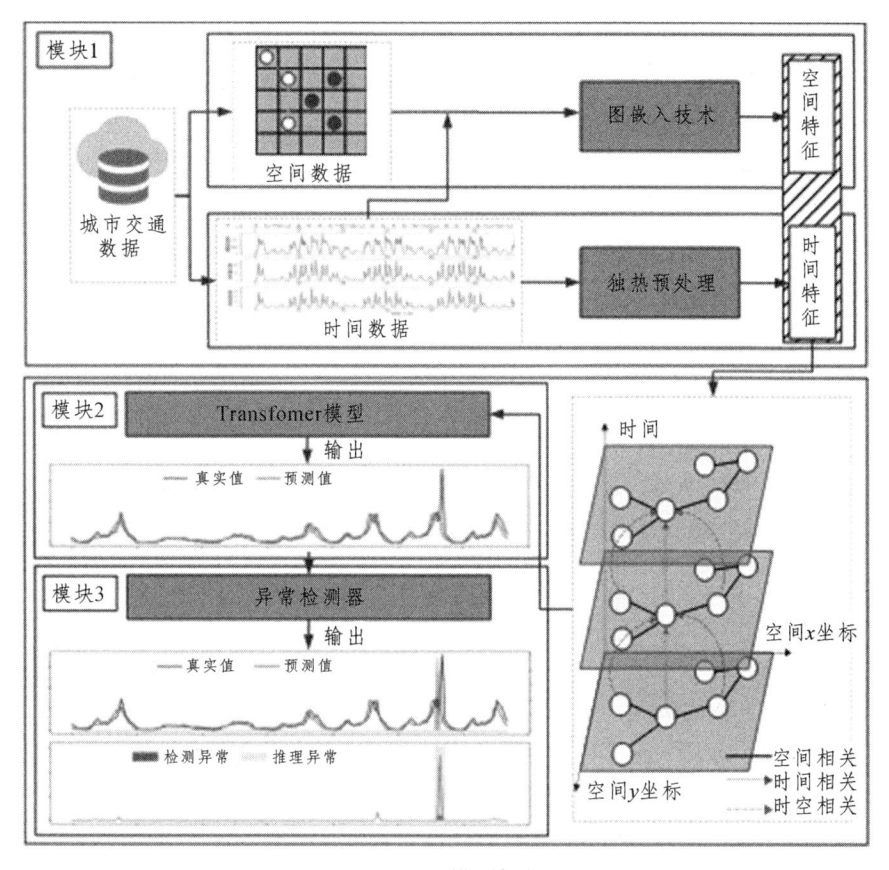

图 7-24 模型框架

7.4.1.2 模型构建

1. 时空特征生成模块

（1）空间特征。

可以假设地理上彼此接近或具有相同城市功能的城市区域具有相似的城市动态数据[202]，下面采用一种图嵌入方法（DeepWalk 算法）来提取城市区域的空间特征[203, 204]，其计算流程如图 7-25 所示。

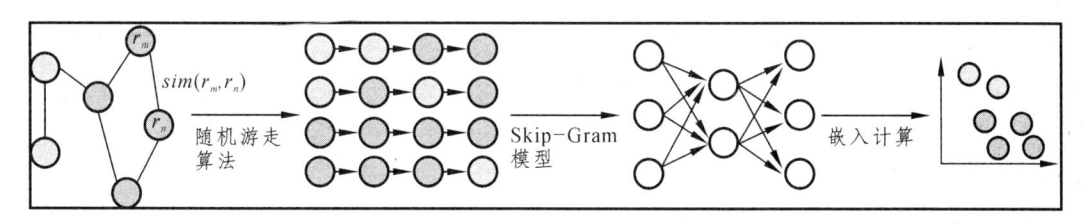

图 7-25 图嵌入技术计算空间特征的流程

首先，构建一个完整的无向图，其节点代表区域，边权重是每两个节点的相似度得分；其次，采用随机游走算法为每个节点生成一组轨迹；最后，通过 Skip-Gram 模型将节点类比为单词，将轨迹类比为句子，以获得每个区域的嵌入向量，并将学习到的向量用作空间特征。具体步骤如下：

第一步：计算区域的相似度。

将所有预检测城市区域集合表示为 R，时序集合表示为 T，这样，城市交通数据的每个实例点可以表示为三元组 $\langle r,t,h \rangle$，其中，$r \in R, t \in T$；$h=\{h_1,h_2,\cdots,h_k\}$ 为节点特征，是区域 r 在时间间隔 t 内由城市动态数据组成的向量，包含能影响识别结果的 k 个特征数据。

给定一个城市交通数据集 $S=\{s_0,s_1,\cdots,s_n\}$，其中，$s_i=\langle r_i,t_i,h_i \rangle$，用 $s_i.r$、$s_i.t$ 和 $s_i.h$ 表示 $\langle r_i,t_i,h_i \rangle$ 中的 r_i、t_i 和 h_i。对于区域 $r_m \in R$，定义 $S_{r_m}=\{s_i \mid s_i \in S, s_i.r=r_m\}$。城市区域 r_m 的特征数据平均值计算公式为

$$\bar{h}_{r_m}=\frac{\sum_{s \in S_{r_m}} s.h}{k} \qquad (7\text{-}13)$$

式中，k 是特征数据 h 的维度大小。

给定一对区域 $r_m,r_n \in R$，将这两个区域的相似度定义为

$$sim(r_m,r_n)=\frac{1}{\left\| \bar{h}_{r_m}-\bar{h}_{r_n} \right\|_2} \qquad (7\text{-}14)$$

式中，$\|h\|_2$ 表示向量 h 的 l_2 范数。

第二步：随机游走。

基于计算出的相似度矩阵，构建一个加权无向图 $G=(V,W)$，其中，V 表示节点集合，W 表示边权重集合，其中，$|V|=|R|$。对于任意一对节点 $v_i,v_j \in V$，$w_{ij} \in W$ 表示顶点 v_i 和 v_j 之间的边的权重，并定义为 $sim(r_i,r_j)$。基于图 $G=(V,W)$，采用随机游走算法生成一组节点轨迹 Tr，其中每个轨迹由一系列区域组成。该过程每次都从一个随机节点开始，从节点 i 移动到节点 j 的概率为 $w_{ij}/\sum_i w_{ij}$。

第三步：区域嵌入。

通过区域嵌入方法来获得区域之间相似关系的空间特征，有两个优点：第一，该空间特征考虑了不同区域之间的关系，所以它能将某一区域的知识迁移到相似的区域，进而提高常态交通数据估计时的性能。第二，空间特征大小不一定与区域数量一样大，它有可能减少到对数长度，显著降低了计算的复杂度。

本节采用基于 Transformer 架构的词嵌入模型来学习轨迹集合 Tr 的自身信息与多条路径之间的全局相关性，以获取区域的嵌入向量。在这个过程中，将区域类比为单词，轨迹类比为句子。区域嵌入的任务是学习一个映射函数 $F:V \to R^d$，其中 $d \ll |V|$，以使图 $G=(V,W)$ 在保留原有结构信息的基础上，将节点对应的数据能够降维成 R^d 的向量。

Transformer 从本质上来讲是一个由编码器和解码器组成的结构。Transformer 架构由一系列 Transformer 层组成，每个 Transformer 层都含有两个关键模块：注意力模块和前馈神经网络模块。在图 7-26 所示的注意力模块中，Query 和 Key 经过矩阵相乘将获取的数据缩放到 0 和 1 之间，再通过 Softmax 得到注意力得分，之后计算 Value 的注意力得分加权和，得到最终输出。在图 7-26 右边的虚线方框内是 Transformer 编码器结构，其中，模型的输入序列是轨迹集合 Tr，经过输入嵌入、位置编码、边编码和中间节点聚合后成为一个多维序列，最后将多

维序列输入多层的 Transformer 层中，每一个 Transformer 层由多头注意力模块、残差求和与正则化模块、前馈神经网络模块组成。

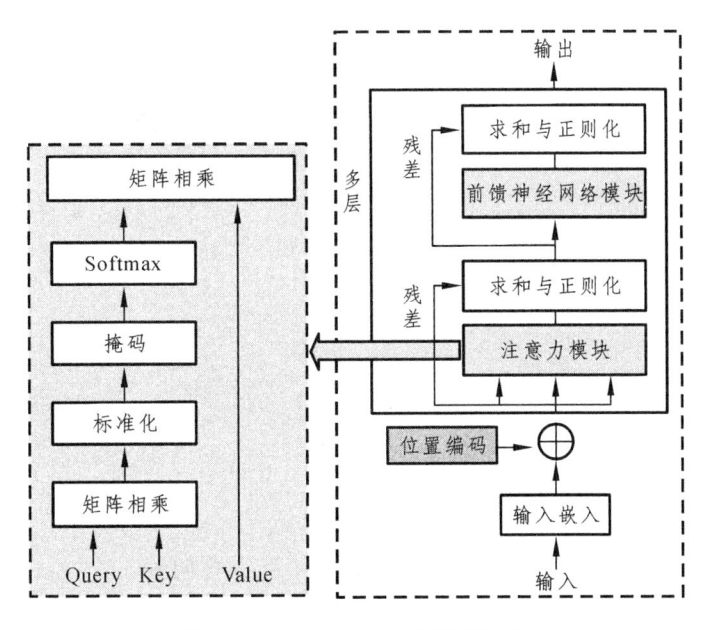

图 7-26　Transformer 编码器结构

① 位置编码。

本节使用拉普拉斯特征向量作为位置编码，在训练过程中同时融入节点信息和空间结构信息。拉普拉斯向量定义为

$$\boldsymbol{\Delta} = \boldsymbol{I} - \boldsymbol{D}^{-1/2} \boldsymbol{A} \boldsymbol{D}^{-1/2} = \boldsymbol{U}^{\mathrm{T}} \boldsymbol{\Lambda} \boldsymbol{U} \tag{7-15}$$

式中，$\boldsymbol{A}$ 为 $n \times n$ 邻接矩阵，$\boldsymbol{D}$ 为度矩阵，$\boldsymbol{\Lambda}, \boldsymbol{U}$ 分别表示特征值和特征向量。对于节点 v_i，选择 n 个最小的非平凡特征向量作为其位置编码并记为 λ_i。

$$\lambda_i = \{\lambda_{i1}, \lambda_{i2}, \cdots, \lambda_{in}\} \tag{7-16}$$

由于位置编码与节点特征相加会显著提高显存消耗，所以对位置编码使用一个线性变换并将其作为注意力系数的偏置量，这种做法与节点特征相加是等效的。对位置编码 λ_i 进行线性变化，如式（7-17）所示：

$$\lambda_i' = \boldsymbol{W} \lambda_i \tag{7-17}$$

$$\lambda_i' = \{\lambda_{i1}', \lambda_{i2}', \cdots, \lambda_{in}'\} \tag{7-18}$$

式中，$\boldsymbol{W} \in R^{F' \times F}$ 为线性变换矩阵，F' 表示变换矩阵的维度。

② 边编码。

为学习轨迹集合 Tr 中边的特征，需要在注意力计算步骤中加入边编码，并将其作为一个偏置量，来区分在不同轨迹路径下节点的注意力。

记 $tr(i,j) = (e_1, e_2, \cdots, e_N)$ 为节点 v_i, v_j 之间一条路径中的边序列，则路径中边编码的计算公式为

$$\delta_{ij} = \frac{1}{N} \sum_{n=1}^{N} \boldsymbol{x}_{e_n} (\boldsymbol{w}_n^e)^{\mathrm{T}} \quad (7\text{-}19)$$

其中，$\boldsymbol{x}_{e_n}$ 为边序列 $tr(i,j)$ 中第 n 条边的特征，$\boldsymbol{w}_n^e$ 为对应的权重向量。

③中间节点聚合。

为了学习路径 $tr(i,j)$ 的中间节点的特征，需将其聚合为一个向量。记 $tr(i,j) = (v_0, v_1, \cdots, v_n)$，其中，$v_i$ 为图的节点，且 $v_0 = v_i$，$v_n = v_j$，令 R_m 为节点 v_{m-1} 和 v_m 之间的关系，则路径聚合公式如下：

$$\boldsymbol{o}_0 = \boldsymbol{h}'_{v_0} = \boldsymbol{h}'_{v_i} \quad (7\text{-}20)$$

$$\boldsymbol{o}_m = \boldsymbol{h}'_{t_i} + \boldsymbol{o}_{i-1} \odot \boldsymbol{r}_i \quad (7\text{-}21)$$

$$\boldsymbol{h}_{tr(i,j)} = \frac{\boldsymbol{o}_n}{n+1} \quad (7\text{-}22)$$

式中，$\boldsymbol{h}'$ 是经过线性变换后节点的特征向量，$\boldsymbol{r}_i$ 为 R_m 的关系向量，$\odot$ 表示元素相乘，$\boldsymbol{h}_{tr(i,j)}$ 为聚合得到的路径 $tr(i,j)$ 的复向量。

④Transformer 模型。

在完成中间节点聚合之后，使用 Transformer 模型的注意力模块计算路径序列 $tr(i,j)$ 与目标节点 v_j 之间的注意力系数，并利用该注意力系数更新目标节点 v_j 的特征。注意力系数计算公式及节点更新函数分别为

$$E_{ij}^l = \frac{(\boldsymbol{h}_i'^{(l)} \boldsymbol{W}_Q^{kl})(\boldsymbol{h}_j'^{(l)} \boldsymbol{W}_K^{kl})}{\sqrt{d}} + \boldsymbol{b}^l \cdot \lambda_{ij} + \delta_{ij} \quad (7\text{-}23)$$

$$\boldsymbol{h}_i''^{(l)} = Softmax(E_{ij}^l) V^{kl} \quad (7\text{-}24)$$

式中，$\boldsymbol{h}_i'^{(l)}$ 为以节点 v_i 为起点聚合了中间节点特征的复向量，$\boldsymbol{h}_j'^{(l)}$ 为经过线性变换后节点 v_j 的特征向量，$\boldsymbol{W}_Q^{kl}$，$\boldsymbol{W}_K^{kl}$ 分别为第 l 层编码器中第 k 个注意力头中的 Q，K 的映射矩阵，$\boldsymbol{b}^l$ 为一个可学习矩阵，λ_{ij} 为位置编码，δ_{ij} 为边编码，V^{kl} 为注意力模块中的 V 值。

整个 Transformer 模型的最终输出还需要经过正则化层、残差求和以及前馈神经网络处理，具体如下：

$$\hat{\boldsymbol{h}}_i^{(l+1)} = LN(\boldsymbol{h}_i'^{(l)} + \boldsymbol{h}_i''^{(l)}) \quad (7\text{-}25)$$

$$\hat{\hat{\boldsymbol{h}}}_i^{(l+1)} = \boldsymbol{W}_2^l ReLU(\boldsymbol{W}_1^l \hat{\boldsymbol{h}}_i^{(l)}) \quad (7\text{-}26)$$

$$\boldsymbol{h}_i^{(l+1)} = LN(\hat{\boldsymbol{h}}_i^{(l)} + \hat{\hat{\boldsymbol{h}}}_i^{(l+1)}) \quad (7\text{-}27)$$

式中，$LN(\cdot) = Layer\ Normalization(\cdot)$ 表示正则化，$ReLU(\cdot)$ 为激活函数，$\boldsymbol{W}_1^{(l)} \in R^{2d \times d}$，$\boldsymbol{W}_2^{(l)} \in R^{d \times 2d}$ 均为可学习映射矩阵。

（2）时间特征。

除了空间特征，时间信息对城市动态数据也有重要影响。将时间特征表示为

$$TF = [h; O_{\text{hour}}; O_{\text{weekday}}; O_{\text{weather}}] \qquad (7\text{-}28)$$

式中，$h = \{h_1, h_2, \cdots, h_k\}$ 用于需要预测的特征（流量、速度等交通参数）；O_{hour} 是长度为 24 的独热向量，表示一天中的某个小时；O_{weekday} 是长度为 7 的独热向量，表示一周中的某一天；O_{weather} 表示天气的独热向量，其长度取决于天气数据集中影响交通流运行的天气种类。

2. 常态数据预测模块

常态数据预测模块的目标是学习一个映射函数 $F: X \to Y$，即根据上一个时间步长 P 的流量数据 $X = \{X_1, \cdots, X_t, \cdots, X_P\}$，预测下一个时间段的流量数据 $\hat{Y} = \{\hat{X}_{P+1}, \cdots, \hat{X}_{P+t}, \cdots, \hat{X}_{P+Q}\}$。为解决这一问题，基于 Transformer 模型对提取的时空特征进行信息学习，进而实现常态数据预测。模型结构如图 7-27 所示，其中，编码器负责编码时空序列，解码器负责预测未来时空序列。

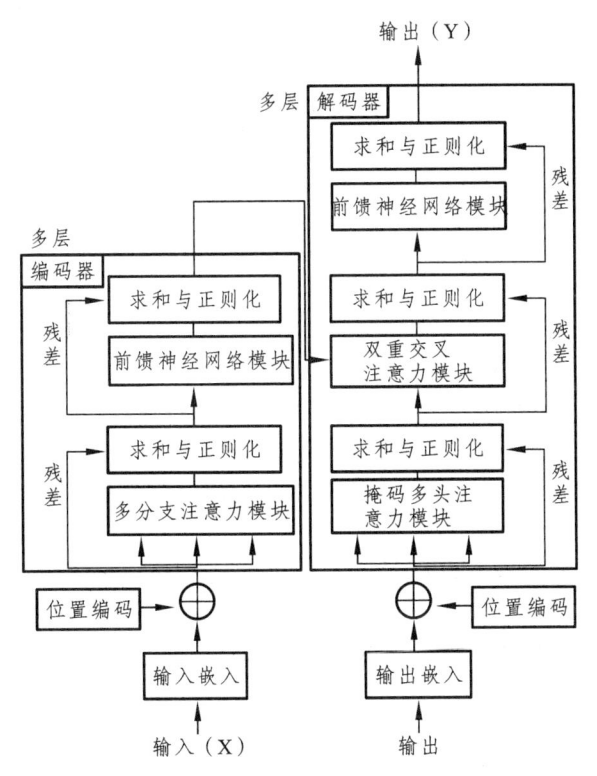

图 7-27 图嵌入技术计算空间特征的流程

Transformer 预测模型的输入数据是时空序列 $X = \{SF, TF\} \in S^{R \times T \times d}$，其中，$SF$ 为空间特征，TF 为时间特征，R 是节点区域数，T 是历史时间序列长度，d 是节点的特征数。

编码器由前馈神经网络模块和多分支注意力模块组成，其中，前馈神经网络模块由两个 GELU 激活函数和全连接神经网络组成，而多分支注意力模块的具体结构如图 7-28 所示。这种多分支注意力模块分为三个注意力分支：（1）全局固定注意力分支用于更便捷地学习相邻的位置信息；（2）多头注意力分支用于捕获长距离依赖关系；（3）卷积分支用于在受限领域内提取信息。

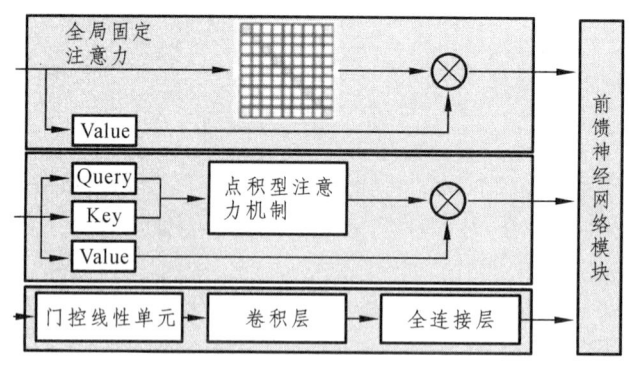

图 7-28 图嵌入技术计算空间特征的流程

本节提出的解码器是生成式的解码器，此解码器一次性地输出预测结果，通过将预测步长为 Q 的目标元素填充为 1，得到 $X_{de} \in S^{R \times T \times d}$ 作为第 1 层解码器的输入。与编码器结构类似，解码器由掩码多头注意力模块、双重交叉注意力模块和前馈神经网络模块组成。其中，掩码多头注意力模块用于屏蔽未来时间步长的信息，以确保当前位置的预测不会依赖于未来位置。在第 l 层解码器中，双重交叉注意力模块接收来自编码器的特征向量时用于生成 Key 向量和 Value 向量，接收来自掩码多头注意力模块的特征向量时用于生成 Query 向量，这些向量合在一起用于预测未来的序列 $\hat{Y}$。

3. 异常检测模块

异常检测模块并不是直接预测异常标签 $label = \{0,1\}$，而是先计算异常分数 $s^{(t)}$，再以 Transformer 模型输出的预测序列 $\hat{Y}$ 和观测序列 Y 之间的偏差作为异常评分，计算公式为

$$s^{(t)} = \sum_{i=1}^{R} \left\| y_i^{(t)} \log(\hat{y}_i^{(t)}) + (1 - y_i^{(t)}) \log(1 - \hat{y}_i^{(t)}) \right\|_2^2 \tag{7-29}$$

式中，$s^{(t)}$ 为时刻 t 的异常评分；R 为邻接节点的节点数；$y_i^{(t)}$ 为节点 i 在时刻 t 的实际数值；$\hat{y}_i^{(t)}$ 为节点 i 在时刻 t 的预测数值。

标记预测异常时，以预测时间戳之前的异常评分作为阈值确定依据，应用"峰值超过阈值（POT）"方法选择阈值。这种 POT 方法使用"极值理论"将数据分布拟合为广义帕累托分布，能有效识别适当的风险值，进而动态确定阈值。最后，将预测窗口中超过阈值的时间戳标记为异常。

7.4.2 控制区域划分模型

识别出异常结点后，进一步提出一种主动控制方法以快速疏导交通流量，其技术路线如图 7-29 所示。

由图 7-29 可知，主动控制方法首先将异常结点区分为欠饱和结点、饱和或过饱和结点。针对欠饱和结点，直接使用传统的干道协调控制技术进行控制；针对饱和或过饱和结点，则通过区域划分模型将控制区域划分为"疏散区""平衡区"和"限流区"，再以这三个区域为基础，建立具有不同控制目标的分层模型，以宏观基本图为理论基础，根据不同时间段的交通状况，阶梯式地调整流入控制区域内部的车辆总数，以确保路网效益最大化。

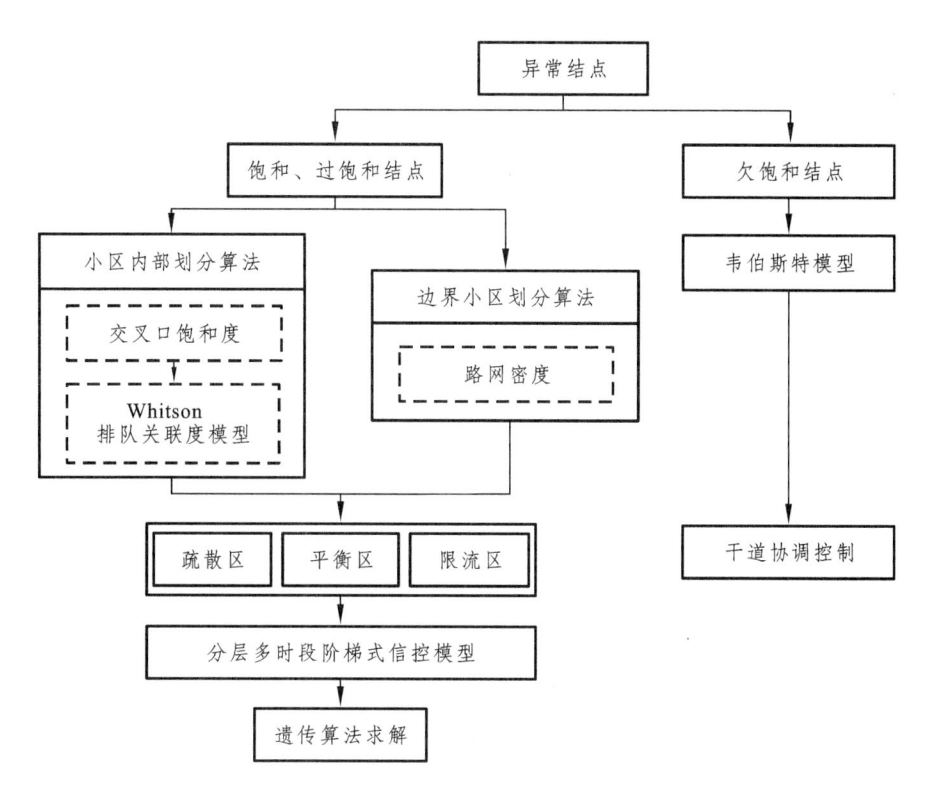

图 7-29 主动控制方法的流程图

其中，控制区域划分是信号控制模型的基础，明确、清晰地辨别各区域之间的作用和联系能有效提高算法的效率。因此，本节的控制区域划分模型以拥挤异常识别模型检测到的异常结点为中心，按照交通流疏散顺序，根据边界小区划分算法和小区内部划分算法，将控制区域划分为"疏散区""平衡区"和"限流区"，三个区域之间交互影响，如图 7-30 所示。

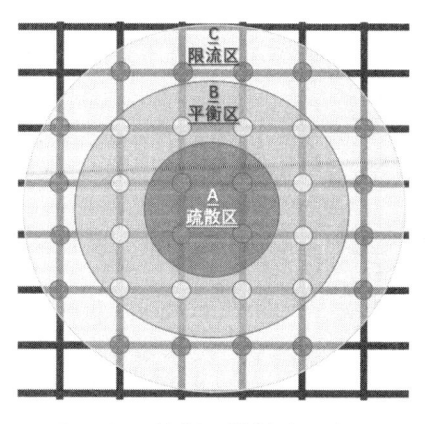

图 7-30 控制区域划分示意图

图 7-29 中，"疏散区"是指那些交通运行状态处于饱和或过饱和下的相互关联交叉口及路段的集合，该路网区域急需进行快速疏导，以实现交通流的最大化输出。"平衡区"是指从"疏散区"边界路段出发沿疏散区主要交通流汇集方向和疏散方向扩展的路段和交叉口的集合，该路网区域主要对"疏散区"内疏散的交通流起到缓冲作用，实现疏散区和平衡区内交通流

的均衡分布。"限流区"是"平衡区"的更外层,该区域主要用于限制流入流出"平衡区"和"疏散区"的交通流,可通过控制边界交叉口来抑制其他交通流进入拥堵控制区域,实现防止路网流量崩溃锁死的熔断机制。

控制区域划分模型的具体计算步骤如下:

第一步:根据拥挤异常识别模型的判断,对控制区域进行饱和度计算,公式为

$$n_q = \frac{T_{\text{delay}}}{t_{\text{red}} + \beta} = \begin{cases} \geq 1, \text{临界饱和状态或过饱和状态} \\ < 1, \text{欠饱和状态} \end{cases} \quad (7\text{-}30)$$

式中,n_q 为交叉口饱和度;T_{delay} 为延误时间;β 为机动车加减速时损失的时间常数;t_{red} 为下游交叉口的红灯时间。

第二步:围绕过饱和结点,以宏观基本图为理论支撑,采用 4.2 节基于 MFD 的控制小区划分算法获取一个密度匀质的交通小区,该交通小区就是"限流区"。

第三步:基于"限流区"的划分范围,通过关联度区分各结点的相关性,从而对边界小区内部进行区域细分,获得"疏散层"和"平衡层"。具体步骤如下:

(1)根据交叉口饱和度大小,采用 Whitson 模型计算各交叉口之间的关联度,公式如下:

$$\begin{cases} I_q = \dfrac{L_q}{L_j}, S_a \geq 1 \\ I = \dfrac{0.5}{1+t}\left(\dfrac{n \cdot q_{\max}}{\sum\limits_{i=1}^{n} q_i} - 1\right), S_a < 1 \end{cases} \quad (7\text{-}31)$$

式中,S_a 为交叉口饱和度;I_q 为处于饱和状态时交叉口的关联度,I_q 与拥挤程度成正比,I_q 越大,拥挤程度越高,越适合划分为"疏散层";L_q 为道路上实际排队的车辆数,可根据路段上初始车辆数及检测器采集的输入输出车辆数确定;L_j 为阻塞排队的车辆数,由路段长度 l、车道数 m 和阻塞密度 k_j(阻塞密度为车速为 0 的密度)确定,$L_j = l \cdot K_J \cdot m$。

I 为欠饱和状态下相邻交叉口之间的路段关联度,I 与拥挤程度成反比,I 越大,拥挤程度越低,越适合划分为"平衡层";t 为上游驶向下游交叉口的平均行驶时间,$t = l/v$,v 为平均速度;$q_{\max}$ 为上游流向下游交叉口流量中的最大流量;n 为上游流向下游交叉口的流向数;$\sum\limits_{i=1}^{n} q_i$ 为上游流向下游交叉口的交通流量总和,其中,q_i 为上游流向下游交叉口的交通流量,i 为上游流向下游交叉口流向数的起始值。

(2)以拥挤异常交叉口为中心点,搜索过饱和邻接交叉口,按照交叉口关联度从大到小进行排列,构成 n 维向量 $I_x = \{I_{x1}, \cdots, I_{xr}, \cdots, I_{xn}\}$,其中,$n$ 为邻接交叉口数量,I_{xr} 为中心点 v_x 的第 r 个邻接交叉口的关联度。向量 I_x 中,$I_{x1} > \cdots > I_{xr} > \cdots > I_{xn}$,通过调整 n 的大小即可调节信控模型中的疏散力度。

(3)依次以过饱和邻接交叉口向量 I_x 中的结点为中心点,继续搜索合并,直到没有过饱和交叉口为止,这些结点构成的区域就是"疏散区"。

(4)在"疏散区"外围搜索欠饱和邻接交叉口,按照关联度从大到小进行排列,构成 h 维

向量 $I_y = \{I_{y1}, \cdots, I_{yr}, \cdots, I_{yh}\}$，其中，$h$ 为邻接交叉口数量，I_{yr} 为中心点 v_y 的第 r 个邻接交叉口的关联度。向量 I_y 中，$I_{y1} > \ldots > I_{yr} > \ldots > I_{yh}$，通过调整 h 的大小即可调节信控模型中的平衡力度。

（5）依次以欠饱和邻接交叉口向量 I_y 中的结点为中心点，继续搜索合并结点构成"平衡区"。为防止"平衡区"划分范围过大，可约束"平衡区"最多包括三级上下游关联交叉口，且不超过"限流区"划分出的边界交叉口。

7.4.3 交通信号控制模型

1. 建模思路

从触发阈值角度，通过构建"分层多时段阶梯式信控模型"，解决交通拥挤异常状态下的信号控制问题。

由于"疏散区""平衡区"和"限流区"的信号控制目标不同，而且这三个不同区域之间的控制既相互联系又各具特性，因此，可采用三层模型：

（1）"疏散层"模型的目标应以疏散区"交通拥塞快速疏散"为主，即在控制时段内对疏散区的交叉口进行信号配时调整，以使区域内交通流量输出最大化。

（2）"平衡层"模型以疏散区和平衡区的"整体协调控制"为主，以交通流均衡分布为目标，避免常有拥堵点的关键路段上出现拥塞，即实现疏散区和平衡区内各路段的车辆占有率最小且较为相近，同时保证各路段的饱和度方差最小化。

（3）"限流层"模型采用"熔断机制"，以防止区域交通流崩溃、路网效益最大化为目标，即实现不同控制时段交通流的流入和流出优化调整。

分层多时段阶梯式信控模型的总体思路是：以异常结点为中心，将控制区域划分为三层，按时间阶梯式降低限制车辆通过边界交叉口进入控制区域的力度，同时兼顾流量的回补。如图 7-31 所示。

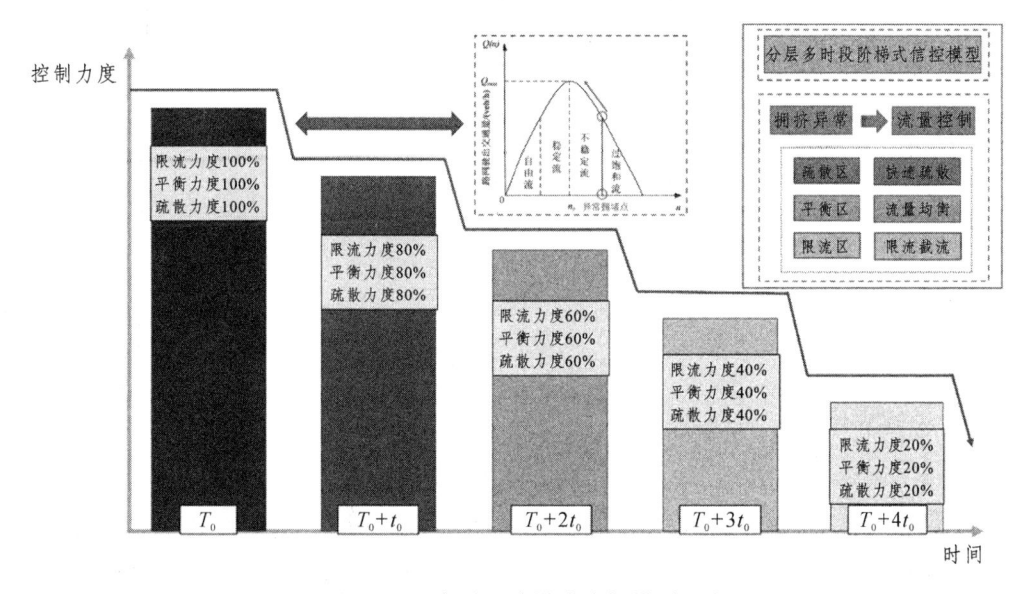

图 7-31 分层多时段阶梯式信控模型示意图

图 7-31 的具体步骤如下：

（1）在交通事件发生后，该路网控制区域急需快速疏散车辆，为此，在拥挤异常初始时刻 T_0，"疏散区""平衡区"和"限流区"均采用最高强度的管控力度，以实现路网车辆输出的最大化，防止区域交通流锁死。

（2）经过一段时间 t_0 后，"疏散区"内的交通事件得到了有效处理，此时，为避免边界交叉口车辆堆积，需要降低控制力度，增加流量回补，防止未能驶入控制区域的车辆对其他区域路网造成负担。因此，允许前一阶段"限流区"外五分之一被管控的车辆正常驶入控制区域。

（3）当控制区域内车辆累计数处于宏观基本图中的稳定流区间时，为保证路网运行效益最大化，可以逐步放开车辆管控，允许"限流区"外被管控车辆正常驶入控制区域。随着时间的推移，持续完成流量回补，每个时间段 t_0 内各区域均回补五分之一流量，直至回补过程结束。

2. 模型假设

模型的构建基于以下假设：

（1）各交叉口均采用四个相位（东西直行、东西左转、南北直行和南北左转）的信号控制方案。

（2）控制区域外的邻接区域有足够的容量，控制区域边界交叉口的入口车道足够长，而且不考虑上游交叉口的信号配时，以满足控制区域内的疏散车辆流出。

3. 模型结构

（1）模型 1（"疏散层"模型）。

"疏散层"模型的决策变量为疏散区 A 的有效绿灯时间。为对模型的决策变量进行约束，疏散区边界交叉口 i 的各相位有效绿灯时长均在最小绿灯时长 g_{min} 和最大绿灯时长 g_{max} 之间；周期时长 C_i 为各边界交叉口 i 的各相位有效绿灯时长与周期损失时长 L_i 之和（加上黄灯时长），而且流向"平衡层"交叉口各相位的有效绿灯时长及与其对应的车道饱和流率之积要大于流向"疏散层"交叉口各相位的有效绿灯时长及与其对应的车道饱和流率之积，这样才能保证交通流的快速疏散。同时，为防止交叉口排队溢出，交叉口各车道上的排队车数量要小于最大车道的排队车数量。由此构建的目标函数及约束变量如下：

$$\max J_S = \sum_{t_0}^{t_1} \sum_{i \in A} g_i^{out}(t) \cdot S$$

$$\text{s.t.} \begin{cases} C_{min} \leq C_{i,A} \leq C_{max} \\ g_{min} \leq g_{i,A} \leq g_{max} \\ \sum_{i \in A} g_i + L_i = C_i \\ d_i \leq d_{i\,max} \\ \sum_{u \in A} g_u s_u \geq \sum_{d \in A} g_d s_d \end{cases} \quad (7-32)$$

式中，J_S 为疏散区 A 在控制时段内能有效输出的交通量。t_0, t_1 分别为控制时段的开始和结束时间；i 为疏散区 A 的第 i 个交叉口；S 为绿灯相位对应车道的饱和流量，单位为 veh/s；$g_i^{out}(t)$ 为时刻 t 边界交叉口 i 的流出相位的绿灯时间。$C_{i,A}$ 为疏散区 A 内交叉口 i 的信号周期；$g_{i,A}$ 为疏散区 A 的第 i 个边界交叉口的有效绿灯时长；L_i 为交叉口 i 的总损失时长；g_i 为交叉口 i 的各相位有效绿灯时长；d_i 为交叉口 i 的各车道排队长度；$d_{i\max}$ 为最大车道的排队长度；g_u, s_u 分别为流向"平衡层"交叉口 u 的各相位有效绿灯时长及与其对应的车道饱和流率；g_d, s_d 分别为流向"疏散层"交叉口 v 的各相位有效绿灯时长及与其对应的车道饱和流率。

（2）模型 2（"平衡层"模型）。

"平衡层"模型以车道饱和度为决策变量，除有效绿灯时长与周期时长满足相应的约束条件外，应保证关键路径（交通量最大且包含常有拥堵点、决定路网运行状态的路径，称为关键路径）的关键进口道的饱和度均衡化，并基于等饱和度原则分配剩余的非关键进口道的绿灯时长。构建的目标函数和约束条件如下：

$$\min J_x = \delta_c$$

$$\min J_y = \sum_j \delta_{j,nc}$$

$$\text{s.t.} \begin{cases} d_{ij} \leqslant d_{ij\max} \\ C_{\min} \leqslant C_{i,B} \leqslant C_{\max} \\ g_{\min} \leqslant g_{i,B} \leqslant g_{\max} \\ \sum_{j \in B} g_j + L_j = C_j \end{cases} \quad (7\text{-}33)$$

式中，J_x 为平衡区 B 内关键路径上关键进口道的流向饱和度的均衡程度；J_y 为平衡区 B 内第 j 号交叉口非关键进口道的饱和度的均衡程度。d_{ij} 为疏散区 A 和平衡区 B 内各路段上的排队车辆数；$d_{ij\max}$ 为与最大车道对应的排队车辆数；g_j 为第 j 个交叉口的有效绿灯时长；$g_{j,B}$ 为平衡区 B 内交叉口 j 的各相位有效绿灯时长；L_j 为周期损失时长；C_j 为周期时长。

进口道饱和度的均衡程度计算公式为式（7-34）~（7-38）：

$$x_i = \frac{\sum_{t=0}^{T_j} q_i(t)}{c_i} \quad (7\text{-}34)$$

$$\overline{x}_c = \frac{1}{m_c} \sum_{i \in K} x_i \quad (7\text{-}35)$$

$$\overline{x}_{j,nc} = \frac{1}{m_{j,nc}} \sum_{i \notin K} x_{j,i} \quad (7\text{-}36)$$

$$\delta_c = \frac{1}{mc} \sum_{i \in K} (x_i - \overline{x}_c)^2 \quad (7\text{-}37)$$

$$\delta_{j,nc} = \frac{1}{m_{j,nc}} \sum_{i \notin K} (x_{j,i} - \overline{x}_{j,nc})^2 \quad (7\text{-}38)$$

式中，x_i 为进口道 i 对应流向的饱和度；$\overline{x}_c$ 为关键进口道的饱和度平均值；m_c 为关键进口道的数量；$\overline{x}_{j,nc}$ 为第 j 号交叉口非关键进口道的饱和度均值；$m_{j,nc}$ 为第 j 号交叉口非关键进口道的数量；$x_{j,i}$ 为与第 j 号交叉口非关键进口道 i 对应的饱和度。

（3）模型 3（"限流层"模型）。

"限流层"模型以边界交叉口的有效绿灯时间为决策变量，通过压缩流入、增加流出绿灯时长，使疏散区 A、平衡区 B 和限流区 C 内所有路段上的累计车辆数保持在合理可行的范围内。

构建的目标函数为

$$\min J_I = (N(t) - N_c)^2 \tag{7-39}$$

式中，J_I 为控制区域内 t 时刻的实际累计车辆数 $N(t)$ 与基于 MFD 理论计算的最佳累计车辆数 N_c 之差的平方，旨在确保控制区域路网的整体通行效率最大。$N(t)$ 的具体求解公式为

$$N(t) = N(0) + \sum_{t=1}^{t} \sum_{k \in K} (g_k^{\text{in}}(t) - g_k^{\text{out}}(t)) \cdot s \tag{7-40}$$

式中，$N(0)$ 为初始统计时间 $t = 0$ 时路网中的车辆数；s 为绿灯相位对应车道的饱和流量，单位为 veh/s；$g_k^{\text{in}}(t)$ 和 $g_k^{\text{out}}(t)$ 分别为统计时间 t 的边界交叉口 k 的流入、流出相位的绿灯时间。

设置约束条件为

$$\text{s.t.} \begin{cases} N(t) + Q^{\text{in}}(t) - Q^{\text{out}}(t) \leqslant N_c \\ C_{\min} \leqslant C_{k,C} \leqslant C_{\max} \\ g_{\min} \leqslant g_{k,C} \leqslant g_{\max} \\ \sum_{k \in C} g_k + L_k = C_k \end{cases} \tag{7-41}$$

式中，$Q^{\text{in}}(t), Q^{\text{out}}(t)$ 分别为允许流入、流出控制区域的交通量，单位均为 veh；$g_{\min}, g_{\max}$ 和 $C_{\min}, C_{\max}$ 分别为最小和最大的绿灯时长和周期时长；L_c 为周期损失时长。

4. 模型求解算法

上述多目标信号控制优化模型使用经典的 NSGA-II 算法进行求解，具体步骤如下：

Step 1：根据交叉口信号相位方案确定基因个数（ChromLen）、种群规模（PopuSize）、变异概率（MRate）、交叉概率（CRate）和进化代数（GeneNum），随机产生初始种群 P_0，并设定当前代数 $n = 0$。

Step 2：对种群 P_n 执行交叉和变异操作，创建种群大小为 PopuSize 的子代种群 Q_n，并计算其目标函数值。

Step 3：若满足终止条件，则算法转向 Step 9，否则转向 Step 4。

Step 4：合并父代种群和子代种群，得到种群规模为 2 倍 PopuSize 的新种群 $R_n = P_n \cup Q_n$。

Step 5：执行快速非支配排序算法，得到种群 R_n 的非支配界 $F_1, F_2, \cdots, F_l$。

Step 6：令 $n+1$ 代种群 $P_{n+1} = \varnothing$，按照如下方法创建 $n+1$ 代种群 P_{n+1}。令 $i = 1, 2, \cdots, l$，若 $|P_{n+1}| + |F_i| \leqslant \text{PopuSize}$，则 $P_{n+1} = P_{n+1} \cup F_i$；若 $|P_{n+1}| + |F_i| > \text{PopuSize}$，则计算非支配界 F_i 中个体的拥挤距离，再按照拥挤距离从大到小的顺序进行排序，同时将 F_i 中具有较大拥挤距离的 $(\text{PopuSize} - |P_{n+1}|)$ 个个体加入种群 P_{n+1} 中。

Step 7：采用基于拥挤距离的联赛选择机制从种群 P_{n+1} 中选择父代个体，执行交叉和变异操作，产生种群大小为 PopuSize 的子代种群 Q_{n+1}，并计算其目标函数值。

Step 8：令 $n=n+1$，返回 Step 3。

Step 9：绘制 Pareto 最优解分布图，保留子代种群 Q_n。

7.4.4 算例分析

7.4.4.1 拥挤异常识别

1. 数据处理

为评估本章所提模型的有效性，下面在两个真实数据集上进行异常事件识别试验，表 7-4 给出了试验数据集的统计信息。

表 7-4 试验数据集的统计信息

属性	纽约市数据集	成都市数据集
结点数量	82	8
时间间隔	1 h	10 min
数据长度	13 776	13 248
异常数量	50	141

纽约市数据集[204]选用时间跨度为 19 个月、时间间隔为 1 h 的出租车、自行车流量数据，根据行政区划和道路网络将数据区域划分为 82 个小区域，如图 7-32 所示，在长度为 13 776 的数据中共有 50 个时间点发生了异常，占全部时间点的 0.36%。成都市数据集选用 2018 年 3 月 1 日至 2018 年 5 月 31 日这三个月内、时间间隔为 10 min 的车辆速度数据，根据路段间的连接关系和搜集到的交通事故数据将速度数据划分为 8 个结点，在长度为 13248×8 的数据中共有 141 个时间点发生了异常，占全部时间点的 0.13%。

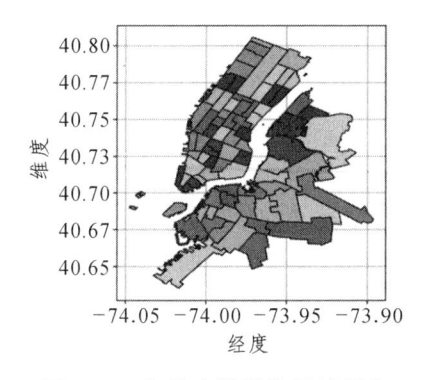

图 7-32 纽约市数据集区域划分

成都市数据集收集的是盖亚官网中的滴滴开放数据（https://gaia.didichuxing.com），获取的是成都市 2018 年 3 月 1 日至 2018 年 5 月 31 日期间的 GPS 轨迹数据。在利用 Python 完成车辆轨迹分块读取、轨迹点与道路匹配、缺失值填充等数据预处理工作后，最终得到成都市二环内的路段平均速度，如图 7-33 所示。其中，第一列为数据时间戳；第二列之后的数据为相应路段的平均速度，如第二列为路段 281863 的平均速度。

图 7-33 部分路段平均速度数据

值得注意的是，从盖亚官网收集到的 GPS 轨迹坐标与 osmnx 抓取的路网坐标存在偏差，这是因为两者的坐标系不同，因此，需要使用 ArcGIS 中的仿射功能对路网位置进行偏移修正，如图 7-34 所示。

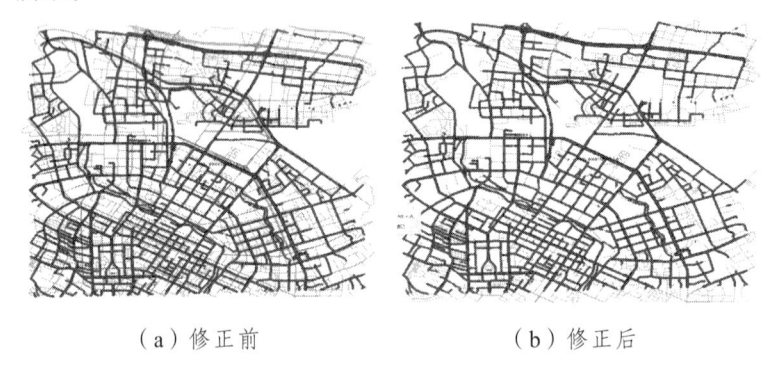

（a）修正前　　　　　　　　（b）修正后

图 7-34 路网坐标修正

在图 7-34 中，深色网状线条是 GPS 轨迹坐标，浅色网状线条是 osmnx 路网坐标；修正前的 GPS 轨迹坐标相较于 osmnx 路网坐标而言，整体向右下方偏移，而修正后的 GPS 轨迹坐标能与 osmnx 路网坐标较好地重合。

路网坐标修正的目的在于使轨迹点与道路相匹配，即通过欧氏距离聚类算法将 GPS 轨迹坐标映射到具体路段编号上，方便与收集到的交通事故数据进行融合。osmnx 路网中的路段编号和路段名称如图 7-35 所示。

图 7-35 部分路段名称

在完成轨迹点与道路匹配的基础上，使用 Python 中的 selenium 工具包模拟目标网站访问操作，收集微博"成都交警"发布的事故记录，如图 7-36 所示。

图 7-36 部分事故数据

最后，将 GPS 轨迹坐标、路段名称、事故数据进行匹配，结合成都历史天气，汇总为成都市数据集。

2. 数据分析

（1）施工等匝道关闭时的影响。

为分析施工等匝道关闭对交通速度的影响，下面绘制不同星期两天内施工前后交通速度的变化情况，如图 7-37 所示。

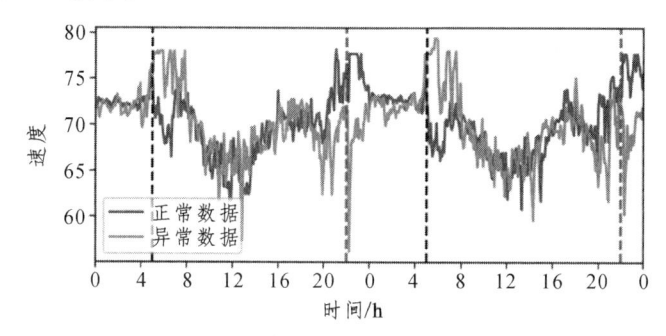

图 7-37 加州高速公路某两天以及后一周同时刻的交通速度

在图 7-37 中，深色线条是没有车道关闭时正常情况下交通速度数据的变化情况，浅色线条是有车道关闭时异常情况下交通速度数据的变化情况；浅色虚竖线表示施工开始时间，深色虚竖线表示施工结束时间。由图可知，在 22:00 左右，正常情况下交通量较低，平均速度达到峰值，但施工开始后，平均速度急剧下降，施工结束后，平均速度又上升，并逐渐超过正常情况的速度，最后速度又回落到与正常水平一样。由此可见，施工等匝道关闭开始时刻会导致交通速度下降，施工等匝道关闭结束时刻会导致交通速度上升。

（2）演唱会等大型活动的影响。

为分析演唱会等大型活动对交通流量的影响，下面绘制演唱会举办的某一天，以及前一周同一天正常情况下的出租车流量，如图 7-38 所示。

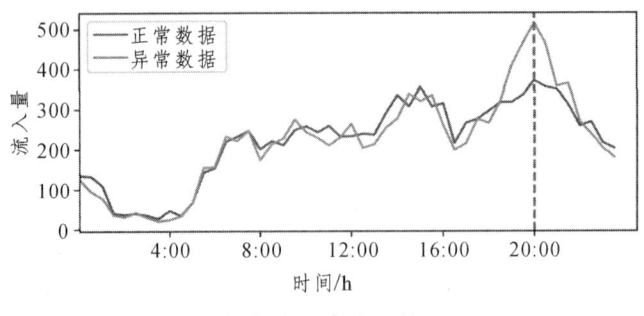

(a) 出租车流入量

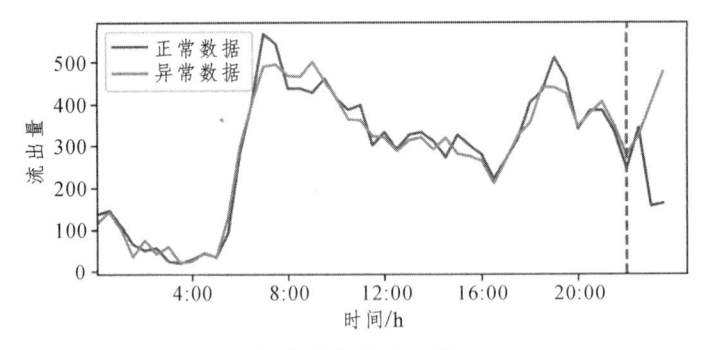

(b) 出租车流入量

图 7-38 纽约市某天与前一周同时刻的交通流量

在图 7-38 中，深色实线为正常情况下的出租车流量，浅色实线为举办演唱会等异常情况下的出租车流量；图 7-38（a）中的虚竖线表示演唱会开始时刻（20:00）的出租车流量，图 7-38（b）中的虚竖线表示演唱会结束时刻（22:00）的出租车流量。由图 7-38（a）可知，演唱会从 20:00 开始，由于观众陆续到达现场，出租车流入量相较于前一周同一天显著增加；由图 7-38（b）可知，演唱会以 22:00 结束，由于观众陆续离场，出租车流出量显著增加，且与前一周同一天下降的流量相比，呈现出相反的趋势。由此可见，演唱会等大型活动会使交通流量在临近时间段内急剧增加，导致附近区域呈现出异常拥挤情况，此时，传统固定配时的交通信号控制方法将不再有利于该场景下的车辆疏散。

（3）天气影响。

为分析恶劣天气对交通流量的影响，下面绘制某区域天气异常情况下的一周，以及天气正常情况下一周内出租车的流入情况，如图 7-39 所示。

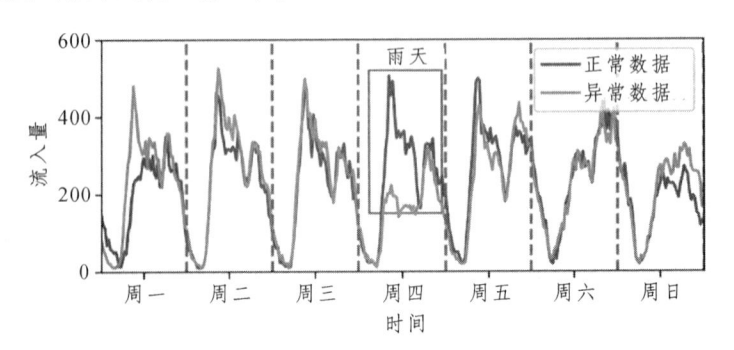

图 7-39 同一区域出租车在正常白天和雨天白天的流入量

在图 7-39 中,深色实线为天气正常情况下的出租车流入量,浅色实线为天气异常情况下的出租车流入量,虚竖线为每天的时间分隔线。从图中可以看出,在下雨天气的时间段内,高峰期出租车流入量从 500 辆降至 200 辆,减少了 60%。由此可知,恶劣天气是导致区域内交通流量急剧下降的重要因素之一。

(4)交通事故的影响。

为分析交通事故对路段车辆速度的影响,下面绘制成都市某一路段某一周与后一周同时刻受交通事故影响而导致的交通速度变化曲线,如图 7-40 所示。

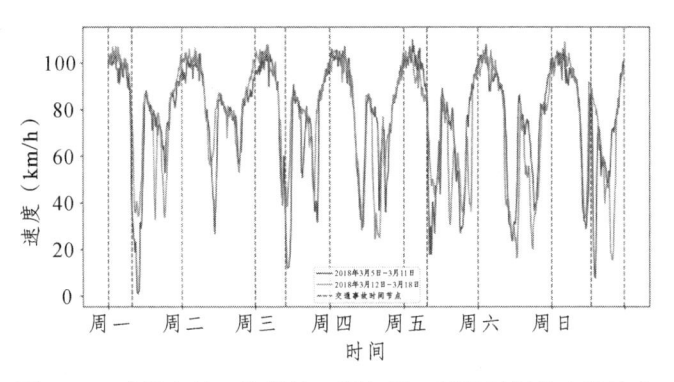

图 7-40 成都市某一路段某一周与后一周同时刻的交通速度

在图 7-40 中,深色线条是 2018 年 3 月 5 日至 2018 年 3 月 11 日期间的车辆速度变化情况,浅色线条是 2018 年 3 月 12 日至 2018 年 3 月 18 日期间的车辆速度变化情况;深色虚竖线表示 2018 年 3 月 5 日至 2018 年 3 月 11 日期间发生交通事故的开始时间,浅色虚竖线表示每天凌晨时刻(时间分隔)。由图可知,交通事故发生后可能会导致路段车辆的平均速度急剧下降。例如,同样是周一这一天,2018 年 3 月 21 日未发生交通事故时路段车辆的平均速度为 40 km/h,而 2018 年 3 月 5 日同时刻由于发生交通事故,该路段车辆的平均速度迅速降低到 0。此外,在所有发生交通事故的时间节点以后,都伴随着路段车辆的平均速度的降低。由此可知,交通事故是导致路段车辆平均速度下降的重要因素之一。

为继续分析交通事故对路段车辆速度的影响,先计算交通事故数据中的开始时间和消散时间之差,得到事故持续影响时间,再结合车辆速度数据,绘制不同事件持续时长对路段车辆行驶速度的影响,如图 7-41 所示。

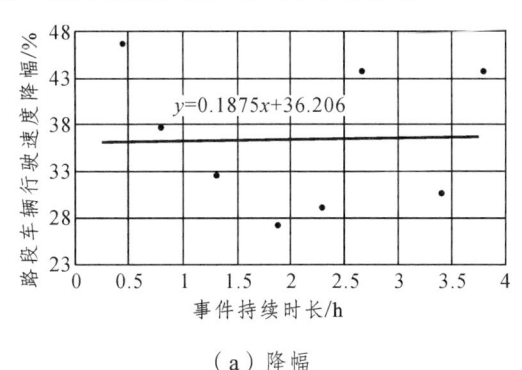

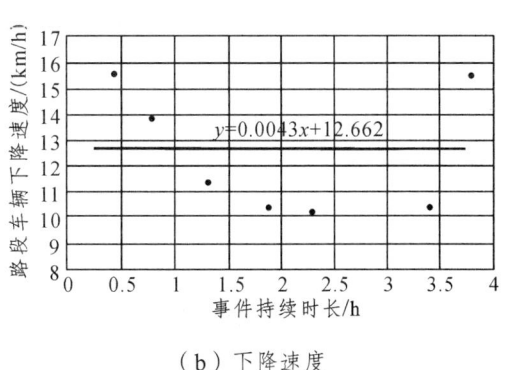

(a)降幅 $y=0.1875x+36.206$

(b)下降速度 $y=0.0043x+12.662$

图 7-41 不同事件持续影响下事故路段车辆行驶速度的降幅

在图 7-41 中,散点表示由计算得到的不同事故持续影响下下降速度及其降幅的具体数值,实线是线性回归趋势线，实线上面的二元一次方程为与趋势线相对应的线性拟合关系式。由图可知，车辆行驶速度降幅与事件持续影响时间呈正相关关系，即事件持续影响时间越长，受影响时段内路段车辆行驶速度的降幅越大，车辆的平均行驶速度越低，交通流运行条件越差。具体而言，发生一起交通事故后两小时内，路段车辆的平均速度降幅可达 37%，并且交通事故持续影响时间越长，路段车辆速度所受的影响越大；数据显示，事故持续影响时间每增加 1 h，路段车辆平均速度降低 13 km/h。

（5）一周内星期一到星期天之间不同时间段的影响。

为分析一周内星期一到星期天之间不同时间段对交通速度的影响，首先对成都市数据集中的速度数据进行异常剔除（即如果某天存在异常标签，则将这一天的速度数据从总数据集中去除），然后基于保留数据以天为单位分组求平均，最终结果如图 7-42 所示。

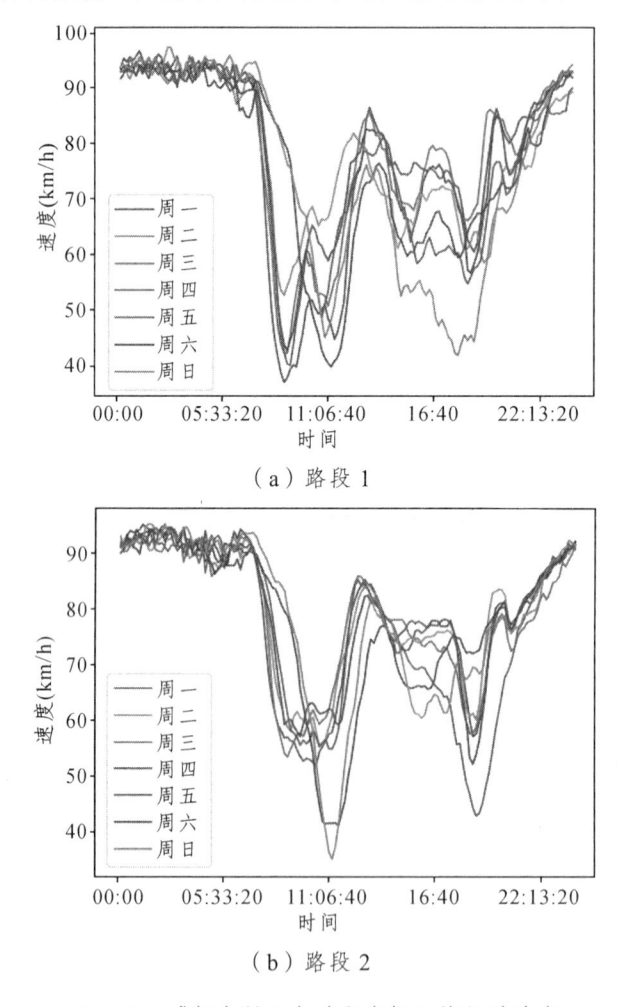

（a）路段 1

（b）路段 2

图 7-42 成都市某两条路段车辆平均行驶速度

在图 7-42 中，横轴是每天的具体时间，纵轴是以千米每小时为单位的速度数值，颜色深浅不同的实线分别代表各自时间路段车辆的平均行驶速度。由图 7-42（a）可知，路段 1 在工作日（周一至周五）上午的交通高峰期是 8:00 左右，在休息日（周六、周日）上午的高峰期是 11:06 左右，休息日的高峰期相较于工作日延迟了三个小时。由图 7-42（b）可知，相较于工作日，路段 2 在休息日上午的交通高峰期有所延迟，而且车辆速度急剧下降，从 60 km/h

降至 40 km/h，减少了 33% 左右；相较于工作日，路段 2 在休息日下午的交通高峰期有所提前，而且车辆速度更高，拥挤程度更低。此外，即便是工作日或休息日内部之间的比较，尽管变化趋势相同，但具体的速度数值也有所差别。由此可见，从周一至周日，不同时间段会呈现出不同的交通速度变化曲线，对其进行区分是提高异常检测模型精度需要考虑的因素之一。

3. 模型试验

（1）模型参数设置。

在模型试验中，使用 Adam 优化器来训练 Transformer 模型，将数据集分为 50% 的训练数据和 50% 的测试数据。为了避免模型过度拟合，可使用早停法来训练模型，即一旦验证出准确率开始下降，就停止训练。Transformer 模型的超参数设置对预测结果也会产生一定的影响，因此，可通过网格搜索方法进行调优。最终确定的超参数如表 7-5 所示。

表 7-5　Transformer 模型的超参数

名称	参数（纽约市数据集）	参数（成都市数据集）
迭代训练次数	150	200
批量大小	256	256
窗口大小	24	72
多头注意力模块头数	8	8
编码器层数	3	3
解码器层数	2	2
Dropout	0.05	0.05
初始学习率	0.001	0.001

（2）试验结果。

通过损失变化曲线可以判断模型的性能及泛化能力，故下面以纽约市数据集为例，绘制本章所提出的模型的损失变化曲线，如图 7-43 所示。

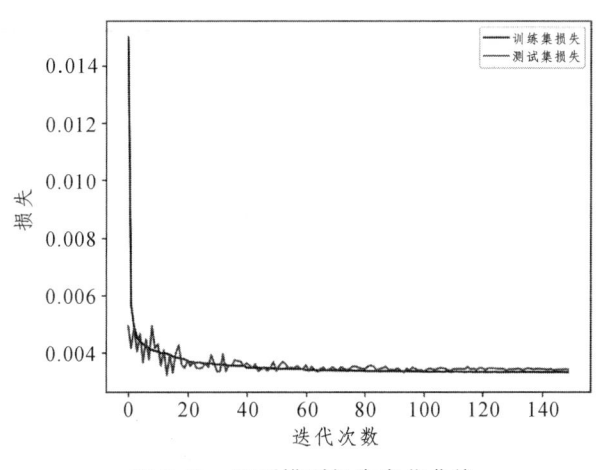

图 7-43　预测模型损失变化曲线

从图 7-43 可以看出，在迭代初始时刻，训练集的损失值呈急剧下降趋势，但随着训练的进行，损失的下降趋势变得平缓，而且训练集的损失值和测试集的损失值在 20 次迭代之后都开始收敛，两者之间的差值也越来越小，此时模型的训练效果最佳。

为了便于管理者直观地检查异常检测模型的效果，可对交通量的异常检测结果进行可视化处理，效果图如图 7-44 所示。

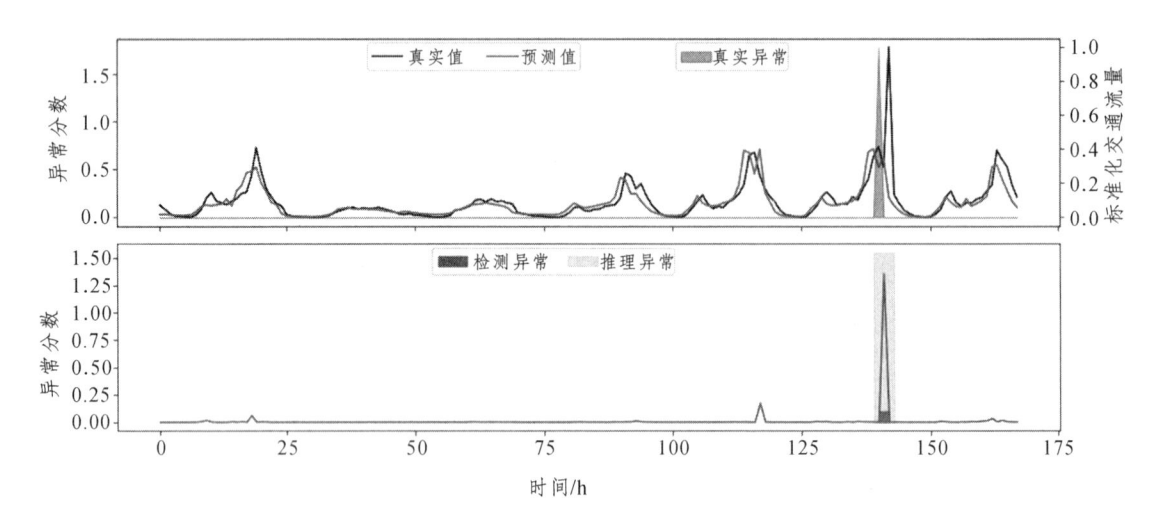

图 7-44　交通量异常检测效果图

在图 7-44 中，横轴为时间（1 h 记录一次流量，每天共计 24 个时间点），左边的纵轴为异常分数，右边的纵轴为标准化的交通流量。图的上半部，深色实线为某区域出租车的流入量，浅色实线为预测值，锥形背景为异常事件发生的时间点；可以看出，模型的预测效果较好，预测曲线能很好地拟合实际曲线，也只有在异常事件发生的时间点才会出现拟合效果不佳的情况，而这种效果正是我们所希望看到的。图的下半部，深色实线为异常评分折线，深色矩形背景为算法检测到的异常时间窗口，浅色矩形背景为推理出的异常事件发生的时间窗口；可以看出，异常分数能较好地反映模型的拟合效果，在异常事件发生的时间点可以明显地显示出异常。

ROC 曲线（受试者工作特征曲线）对于理解二进制分类器的性能非常有用，它能够比较直观地鉴别不同模型的优劣，通常，越靠近左上角的 ROC 曲线，所代表的分类模型越准确。另外，也可以通过计算各模型的 ROC 曲线下方的面积（AUC 数值）的大小来识别模型的性能，即比较模型之间 AUC 数值的大小，数值越大，所识别模型的性能越好。

为了比较各识别模型的性能，下面以纽约市数据集和成都市数据集为试验数据，根据各模型计算出的异常分数，结合真实异常标签，画出 ROC 曲线并计算其对应的 AUC 数值，如图 7-45 所示。

在图 7-45 中，横轴为假阳率，纵轴为真阳率，连接两点 (0, 0) 和 (1, 1) 形成的虚斜线代表的是随机分类器，随机分类器上面的曲线为各分类模型所对应的 ROC 曲线。由图可知，本章所提模型所对应的 ROC 曲线基本上都在基准模型所对应的 ROC 曲线的左上方，AUC 数值也大于所有基准模型的 AUC 数值，因此，其分类效果相对较好。

（a）纽约市数据集　　　　　　　　　　（b）成都市数据集

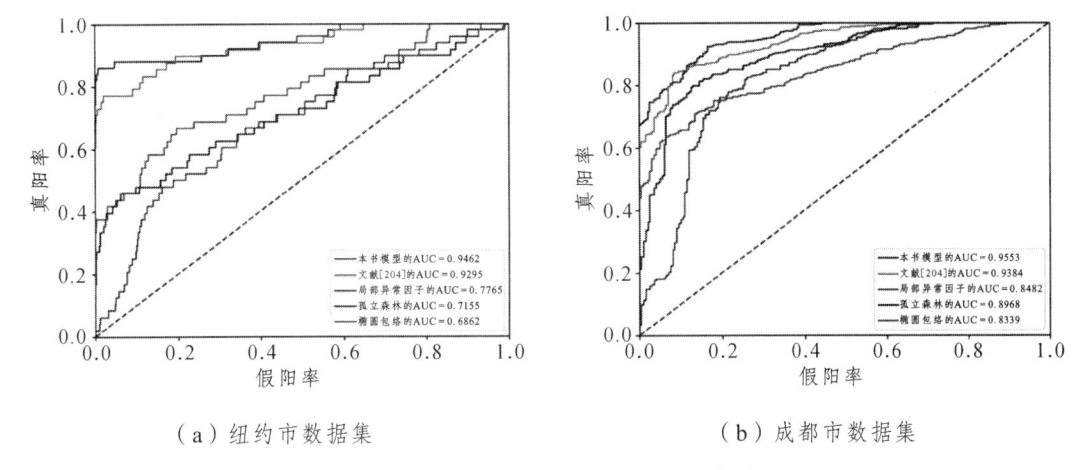

图 7-45　接收者操作特征（ROC）曲线

在正负样本量都充足的情况下，ROC 曲线能有效反映模型的判断能力。而在正负样本分布极不均匀的情况下，查准率-查全率曲线（PR 曲线）相较于 ROC 曲线，能更有效地反映分类器对于整体分类情况的好坏，因此，本章以查全率为横轴、查准率为纵轴绘制 PR 曲线，如图 7-46 所示。

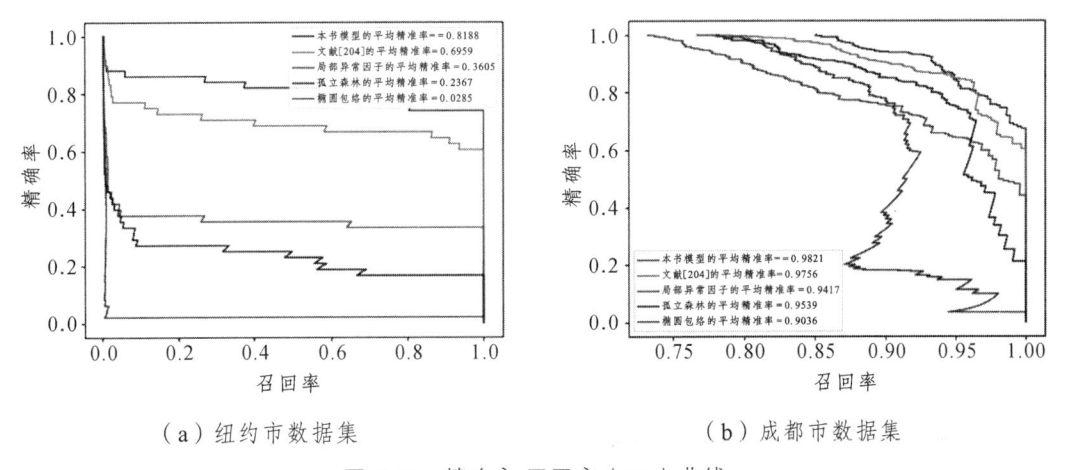

（a）纽约市数据集　　　　　　　　　　（b）成都市数据集

图 7-46　精确率-召回率（PR）曲线

在图 7-46 中，横轴为召回率，纵轴为精确率，颜色深浅不同的曲线代表图例中分类模型所对应的 PR 曲线，PR 曲线越靠近点 (1, 1) 的位置，表明模型拟合的效果越好。另外，也可以通过计算各模型的 PR 曲线下方的面积（平均精准率）的大小来识别模型的性能，即比较模型之间平均精准率的数值大小，数值越大，所识别的模型的性能越好。由图可知，本章所提模型所对应的 PR 曲线基本上都在基准模型所对应的 PR 曲线的右上方，并且平均精准率也大于所有基准模型的精准率，这进一步说明了本章模型的分类效果相对较好。

混淆矩阵也是预测性分类模型的评价指标之一，在第二、第四象限对应位置的数值越大，表示预测的准确程度越好。将异常分数超过检测阈值的时段标记为"异常"，否则标记为"正常"，最终得到本章所提模型的混淆矩阵，如图 7-47 所示。

(a) 纽约市数据集

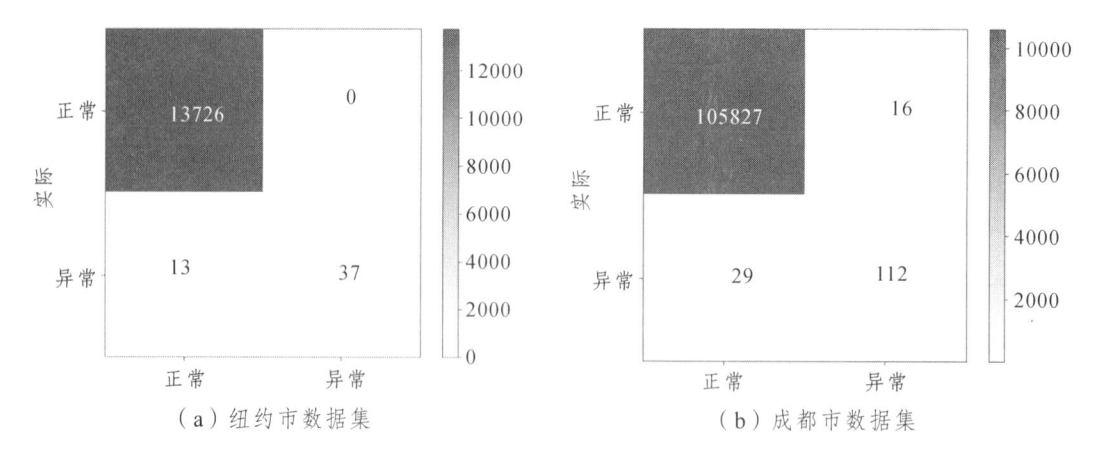

(b) 成都市数据集

图 7-47 混淆矩阵

在图 7-47 中，行代表真实的类别，列代表预测的类别。图 7-47（a）中的第一行是"正常"的真实类别标签，共计 13 726 个标签为"正常"的真实实例；从列方向的预测标签来看，有 13 726 个实例被预测为"正常"，没有实例被预测为"异常"。即有 13 726 个实例被正确分类，没有实例被错误分类。第二行共计 50 个标签为"异常"的真实实例，其中，有 37 个被正确分类，有 13 个被错误分类。图 7-47（b）的第一行中，共计 105 843 个标签为"正常"的真实实例，其中，有 105 827 个被正确分类，有 16 个被错误分类；第二行中，共计 141 个标签为"异常"的真实实例，其中，有 112 个被正确分类，有 29 个被错误分类。

使用 Python 中的 sklearn.metric.classification_report 工具求解本章所提模型和四个基准模型在不同数据集上评价指标的具体数值，其中纽约市数据集的求解结果如图 7-48 所示。

图 7-48 纽约市数据集各算法的性能对比

由于加权平均的评价结果不太好区分各模型之间的差别（本章所提模型、文献[204]中的模型以及局部异常因子的结果相同，无法区分），因此，采用宏平均（对每个类别的精准、召回率和 F1 值加和求平均）数值作为评价结果，并对评价结果进行汇总，如表 7-6 所示。

表 7-6　各数据集各算法的性能对比

算法	纽约市数据集			成都市数据集		
	精度	召回率	F1 值	精度	召回率	F1 值
本章所提模型	1.00	0.87	0.93	1.00	0.93	0.96
文献[204]	1.00	0.80	0.88	0.96	0.91	0.93
局部异常因子	0.97	0.67	0.75	0.83	0.89	0.84
孤立森林	0.50	0.50	0.50	0.84	0.88	0.85
椭圆包络	0.50	0.59	0.48	0.80	0.52	0.46

由表 7-6 可知，相较于基准模型，本章所提模型在所有指标上都取得了最高的分数，这也验证了本章所提模型的有效性。

7.4.4.2　主动式信号控制

1. 仿真路网构建

为评估本章所提出的信号控制模型的有效性，下面以 SUMO 交通仿真软件搭建的成都市某区域路网作为研究对象，进行实例验证。图 7-49 为研究区域的实际路网分布情况。

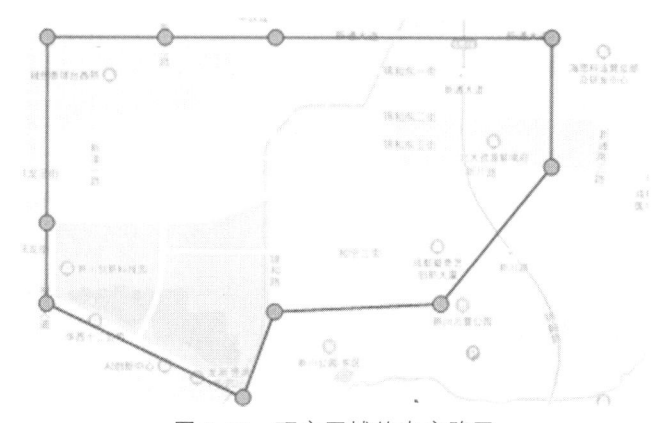

图 7-49　研究区域的真实路网

由图 7-49 可知，所选区域路网分布规则均匀，满足宏观基本图的绘制前提；内部建有创新研发中心和多所公司企业，周围配置了公园和医院，人口分布较为密集，有发生交通异常拥堵现象的条件，符合本章所提模型的研究目标，因此，使用 SUMO 交通仿真软件搭建路网，如图 7-50 所示。

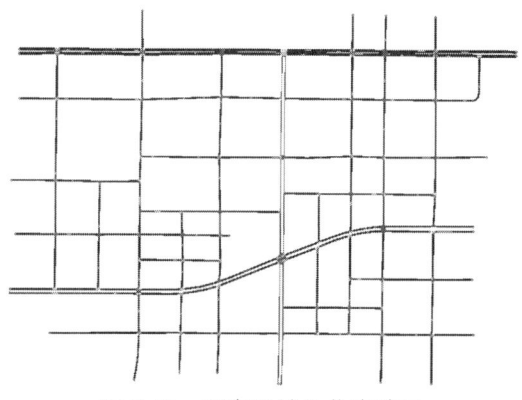

图 7-50　研究区域的仿真路网

在图 7-50 中,仿真路网由 68 个交叉口和 258 条路段组成,路段长度在(50~500) m 范围内。通过 traci.vehicle.setStop( )命令设置停车事件,以此模拟交通事故导致的拥堵异常情况,如图 7-51 所示。

图 7-51 模拟交通事故的示意图

为了能更好地在该仿真路网上应用本章所提模型,下面对路网进行控制区域划分,结果如图 7-52 所示。

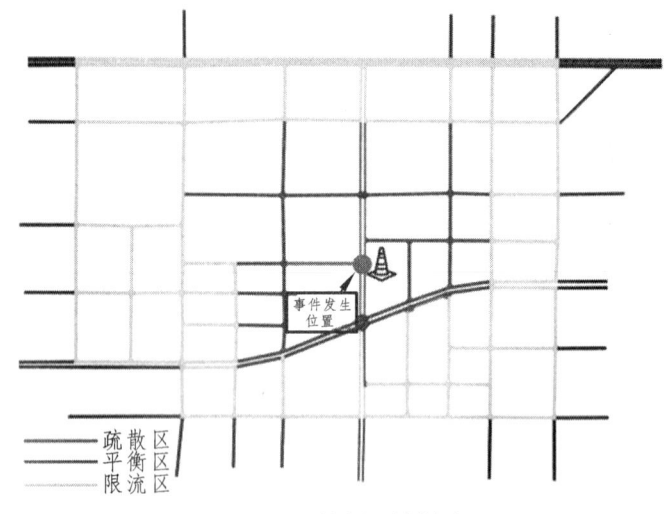

图 7-52 控制区域划分

在图 7-52 中,根据 7.4.2 节的划分算法将 SUMO 仿真路网划分为三个区域,颜色深浅不同的线条代表不同层次的控制区域:线条颜色最深的表示"平衡区",线条颜色次深的表示"疏散区",线条颜色最浅的表示"限流区"。基于划分出的控制区域,绘制宏观基本图,如图 7-53 所示。

在图 7-53 中,横轴为车辆累计数,即某时间段内出现在控制区域内的车辆总数;纵轴为车辆出行完成率,即某时间段内驶出控制区域的车辆数;散点为对应的具体数值,曲线为散点的三次函数拟合曲线,曲线下方的方程为与三次函数对应的数学表达式。由图可知,控制区域路网的最大容纳能力为 1 900 辆;当控制区域内部的车辆数较少时,车辆出行完成率随着车辆累计数的增加而增加;当控制区域内部的车辆累计数达到阈值(900 辆)时,车辆出行完成率达到最大值,此时如果继续向控制区域输入超过输出量的交通流,车辆出行完成率将逐渐下降,使路网效益降低。由此可见,检测到异常交通量后,为实现路网的分层控制,首先应该严格控制交通流入量,确保控制区域内的车辆累计数维持在阈值(最佳车辆累计数)附近,这样才能使路网车辆有效地疏散。

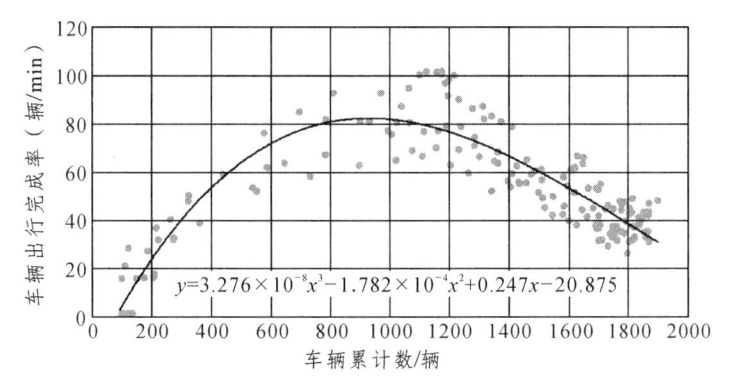

图 7-53 控制区域的宏观基本图

2. 交通信号控制

（1）超参数优化。

基于建立的抽象的仿真路网，模拟交通高峰期三个小时的场景，采用网格搜索法进行信号控制超参数优化试验，以评估不同超参数对交通信号控制方法性能的影响，如图 7-54 所示。

由图 7-54 可知，超参数的变化会显著影响交通信号控制方法的性能。其中，图 7-54（a）为不同交通信号控制方法的单独超参数调优结果，横轴为平均出行时间，平均出行时间越小，表示该方法的性能越好；纵轴为出行时间标准差，出行时间标准差越小，表示该方法的出行时间数据越聚集，路网车辆运行越稳定。按出行时间平均值和标准差总和大小对超参数进行排序，以浅色散点表示同一方法中平均值和标准差更小（性能更好）的超参数，以深色散点表示同一方法中平均值和标准差更大（性能更差）的超参数。由此可知，同一方法选择不同的超参数会导致最终结果不同。

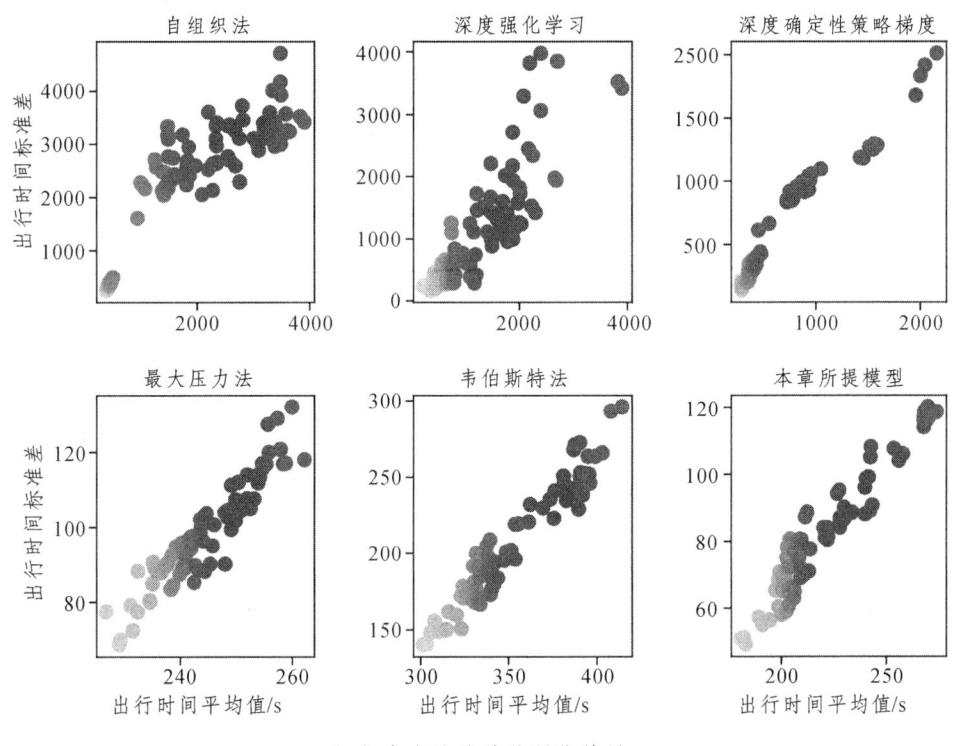

（a）各方法的单独调优结果

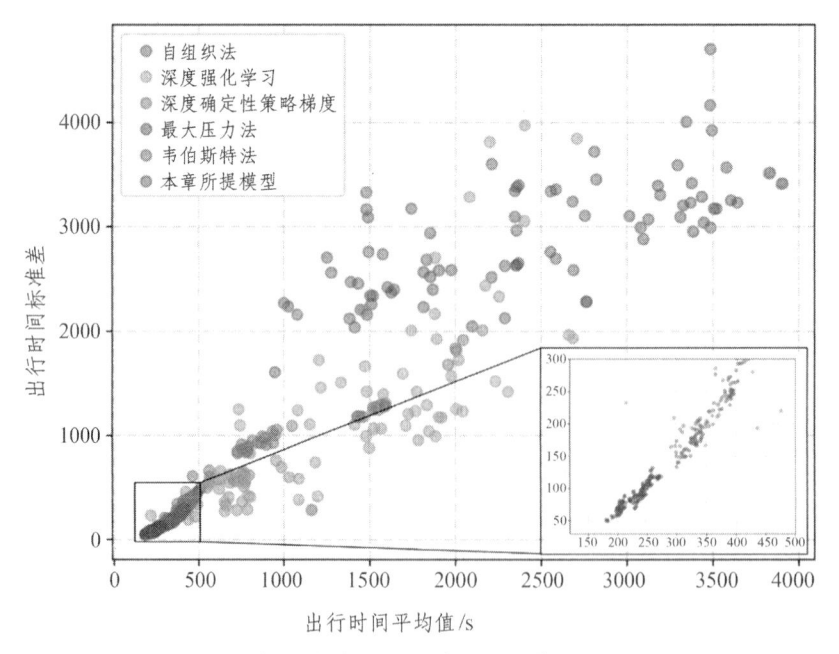

（b）所有方法的共同调优结果

图 7-54　不同信号控制方法的超参数调优结果

为观察不同方法之间的性能差别，将图 7-54（a）中的数据放在一张图上，如图 7-54（b）所示，颜色深浅不同的散点表示不同的控制方法。由图可知，自组织法、深度强化学习、深度确定性策略梯度这三种方法的散点分布更分散，不同超参数表现出的性能差异较大，方法稳定性较差；而最大压力法、韦伯斯特法、本章所提模型的散点分布更聚集，方法稳定性更强。这可能是因为基于学习的模型（深度强化学习、深度确定性策略梯度）需要调整更多的超参数（包括但不限于：步长、批处理大小、学习率、惩罚系数、神经网络隐藏层数等），而基于非学习的自适应信号控制方法（最大压力法、韦伯斯特法、本章所提模型）只需要调整和交通理论相关的几个超参数即可。

（2）优化参数的信号控制结果。

为估计不同信号控制方法的性能，下面基于优化后的最佳超参数，以控制区域出行时间、交叉口车辆排队长度、排队延误和控制区域内的车辆累计数和车辆输出量为评价指标进行仿真计算。

为分析采用不同信号控制方法时控制区域内的出行时间情况，下面绘制箱线图，如图 7-55 所示。

由图 7-55 可知，在这几种信号控制方法中，自组织信号控制方法的效果最差，平均出行时间是本章所提模型的 3 倍左右，并且存在大量的异常值。本章所提模型和最大压力法是所有信号控制方法中性能最佳的方法，本章所提模型的平均值和中位数最低，最大压力法的标准差最低、稳定性最好。深度确定性策略梯度是深度强化学习的改进方法，其性能更好、决策方案的收敛速度更快。深度确定性策略梯度和韦伯斯特法的性能大致相同，但深度确定性策略梯度具有较多的异常值，这表明存在部分车辆的出行时间比大多数车辆出行时间更长的情况，从而导致某些出行者的体验较差，不利于该方法的实际运用。

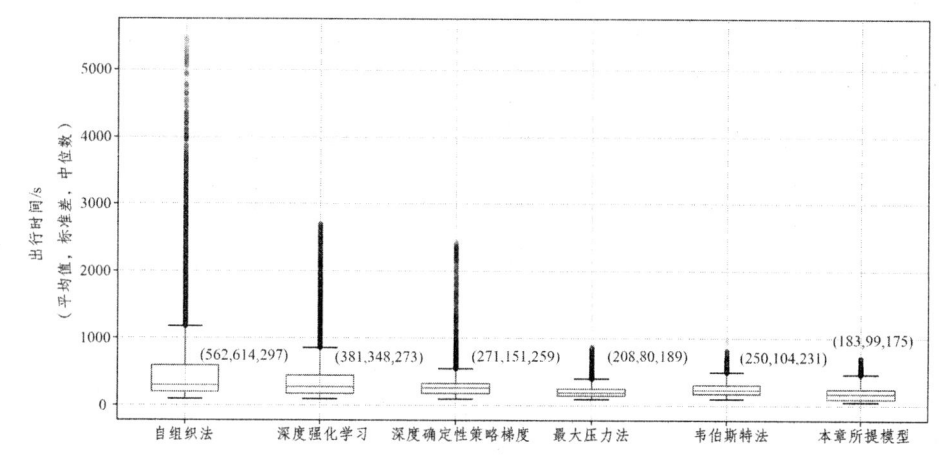

图 7-55 不同信号控制方法的区域出行时间箱线图

为分析采用不同信号控制方法时控制区域内的车辆排队长度和排队延误情况，下面绘制折线图，如图 7-56 所示。

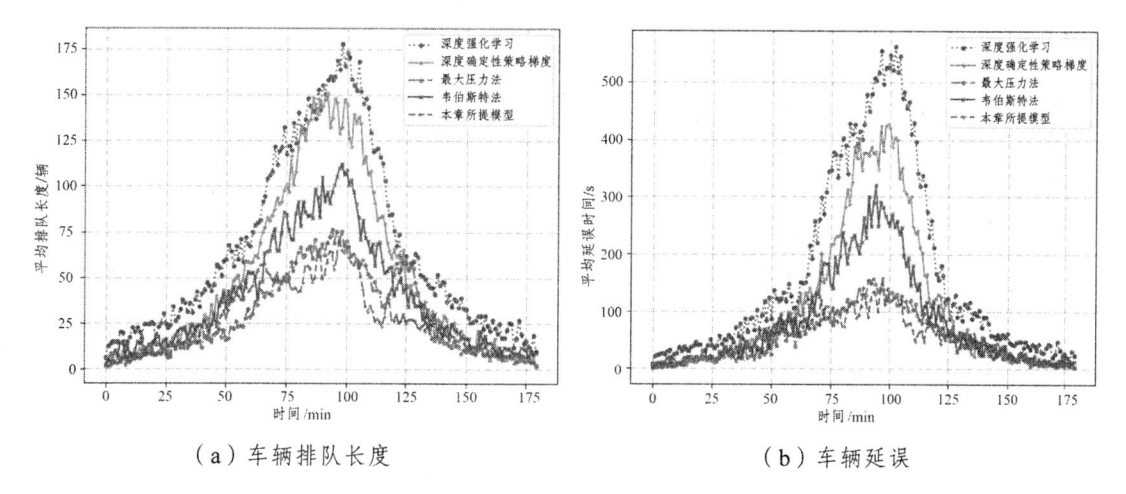

（a）车辆排队长度　　（b）车辆延误

图 7-56 不同信号控制方法的车辆排队长度和延误结果

在图 7-56 中，横轴为仿真时间，纵轴为路网运行评价指标，颜色深浅不同的折线代表不同的控制方法。由图可知，控制区域内的车辆排队情况和车辆延误变化趋势相似，即在仿真初始阶段，排队长度不断加长，但在达到高峰后，长度随着交通需求的降低而逐渐减少。对比不同的信号控制方法，本章提出的模型仍然是效果最好的方法之一。当流量需求较低时（模拟开始和结束时），该模型的排队情况和延误变化相较于最大压力法表现不佳；而在需求高峰期，该模型的模拟效果最好，最大压力法的模拟效果相对较差。

为更直观地了解本章所提模型在异常拥挤下需求高峰期的表现，分析采用不同信号控制方法时控制区域内的车辆累计数和车辆输出量情况，下面绘制折线图，如图 7-57 所示。

在图 7-57（a）中，横轴是时间（以 s 为单位），纵轴是控制区域的车辆累计数；随着仿真时间的推移，车辆累计数逐渐上升，在到达需求高峰期后，所有方法的车辆累计数都稳定在一个数值附近。在图 7-57（b）中，横轴是时间（以 min 为单位），纵轴是控制区域的车辆输出量；在仿真初始阶段，车辆输出量随时间的推移逐渐上升，各方法之间的数值差距不大，但在到达需求高峰期后,深度强化学习方法的车辆输出量始终处于最低水平(40辆左右),而本章所提模型却能够使车辆输出量保持在较高水平(90辆左右)。

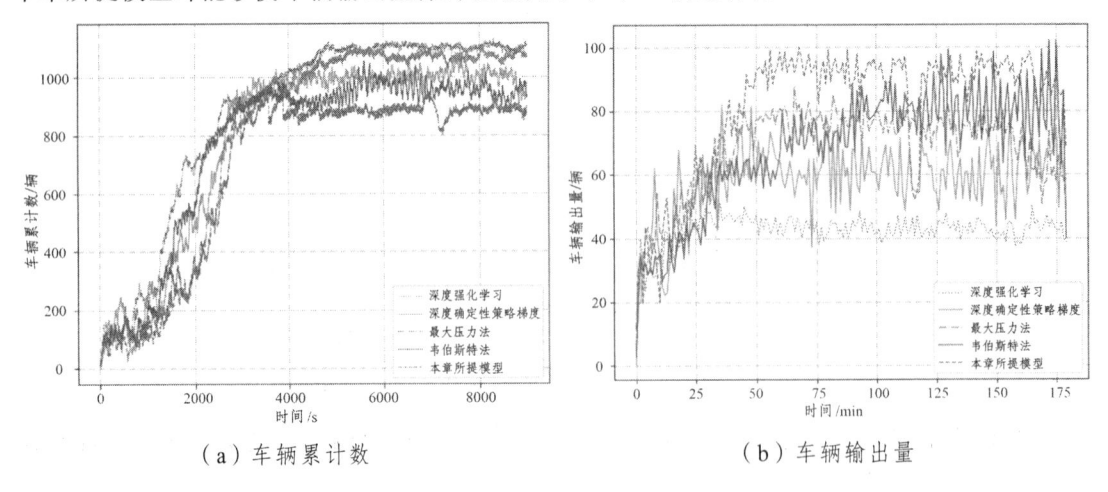

(a)车辆累计数

(b)车辆输出量

图 7-57　不同信号控制方法的车辆排队长度和延误结果

结合图 7-57(a)和(b)进行综合分析,车辆输出量在仿真初始阶段随着车辆累计数的增加而增加,呈正相关关系;然而,当路网车辆累计数超过阈值后(仿真时刻 3 000 s,车辆累计数达到 900 辆),车辆输出量的变化与车辆累计数的变化呈负相关关系。因为本章所提模型将车辆累计数控制在 900 辆左右,所以车辆可以有序驶出控制区域,达到最佳输出量。

由此可见,本章所提模型在需求高峰期时性能较好。通过有针对性地主动限流,该模型能有效调整控制区域内的车辆累计数,及时疏散交通流,避免路网出现超过车辆累计数阈值、致使路网整体效益下降的情况。

8 应用系统设计

8.1 路网分区可视化交互系统

城市交通拥堵问题的不断演化使得路网的交通控制小区划分方法越来越受到重视，而计算机应用系统则是将理论转化为实践的必要手段。本章在理论研究的基础上，面向实际路网划分工作需求，搭建了一个简明的路网分区可视化交互系统平台。该系统的功能逻辑架构如图 8-1 所示，主要实现路网数据接入、路网小区划分、结果数据导出等三个主体模块的功能流程；该系统基于全程数据可视化的设计理念为用户实现多源路网数据格式的个性化高效解析，并能根据需求导出各式结果数据。

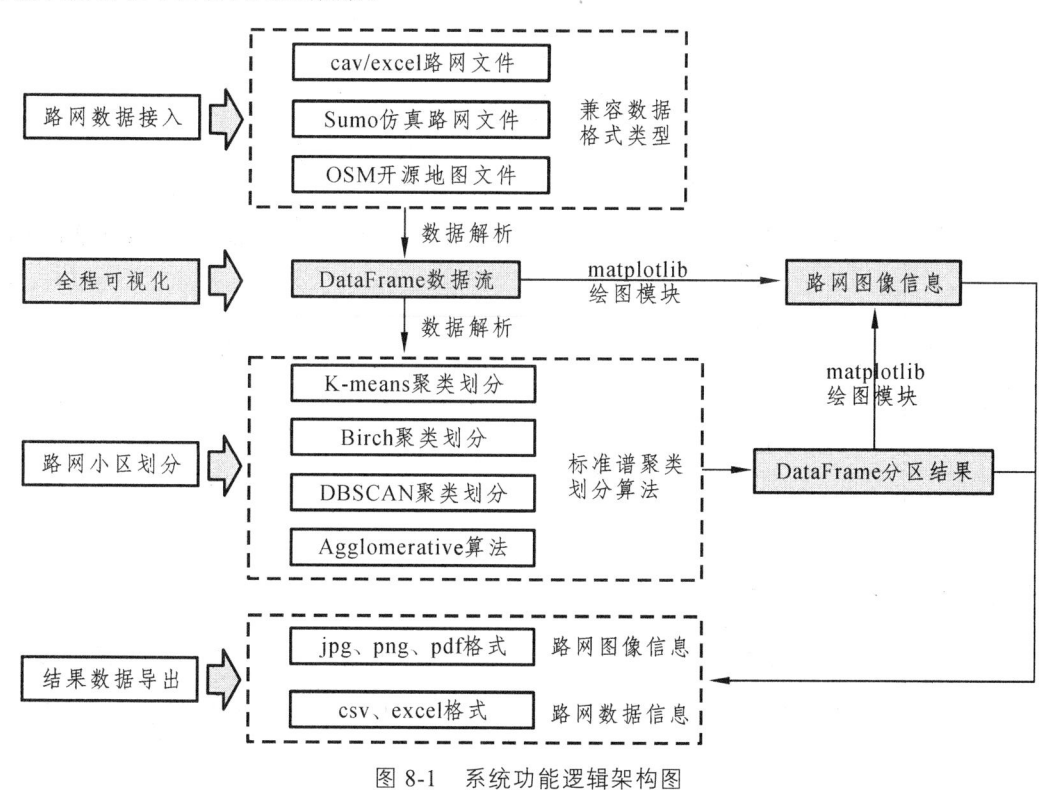

图 8-1 系统功能逻辑架构图

该系统基于全程可视化可交互的设计导向，采取 python3.6 进行开发设计，借助 tkinter 库搭建可视化交互框架，运行环境要求 CPU2.5GHZ 及以上、内存 4GB 及以上的硬件环境，以及 WIN7 及以上版本的操作系统环境。该系统的整体系统程序架构如图 8-2 所示。

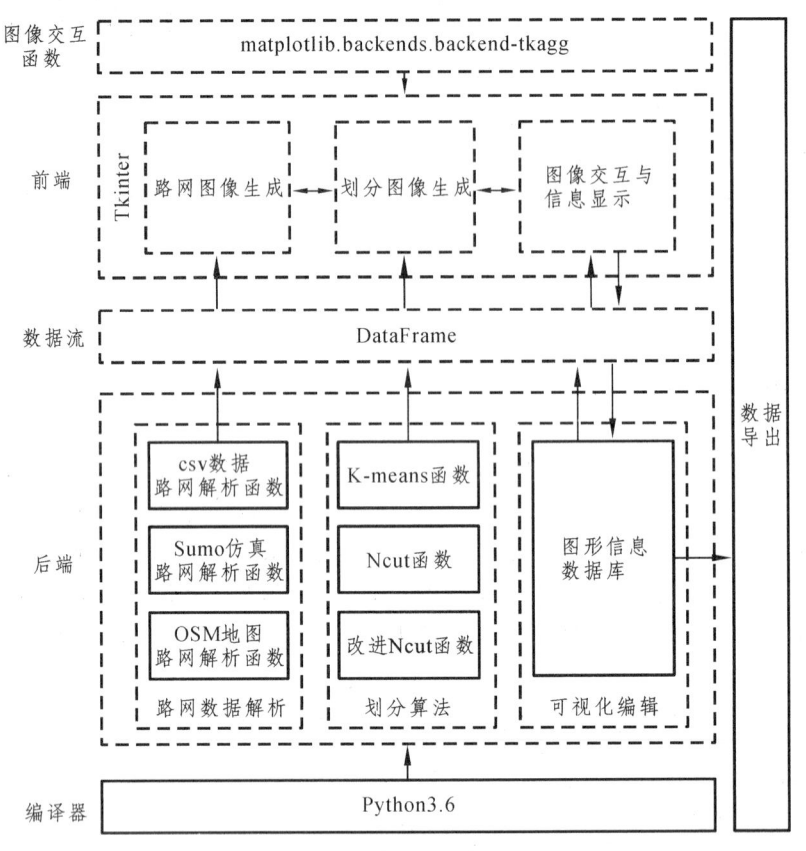

图 8-2　系统程序架构图

图 8-2 展现了该应用系统的程序架构，全程通过 pandas 库中的 DataFrame 数据格式来承担其前端与后端函数之间的数据传递。其中，前端依赖 tkinter 库搭建可视化交互界面，实现对后端相应函数算法的呈现；后端主要集成路网数据解析、划分算法、可视化编辑等三套函数。其中，路网数据解析函数包含三套子函数，用于解析不同数据形式的路网文件，分别对应系统自定义格式的 csv 数据文件、Sumo 仿真路网的 xml 文件以及 OSM 路网文件；划分算法函数集成各类路网划分算法来处理路网数据信息，对路网控制分区数据进行划分，并将划分结果转换为前端可识别的格式，实现前端的划分结果展示；可视化编辑函数功能为保存图形信息数据库，并通过改变数据库中的信息，实现前端的图像交互与编辑功能。

8.1.1　路网数据接入模块

路网数据接入模块通过解析不同格式的路网数据文件，提取其中的路网数据信息，并将其转化为系统可识别的数据格式进行统一存储，再通过图形数据匹配实现前端可视化来展示路网图像。该系统主要集成"csv/excel 文件读取""osmnx 读取"以及"Sumo 路网读取"等三种路网读取方式，其主要功能逻辑如图 8-3 所示。

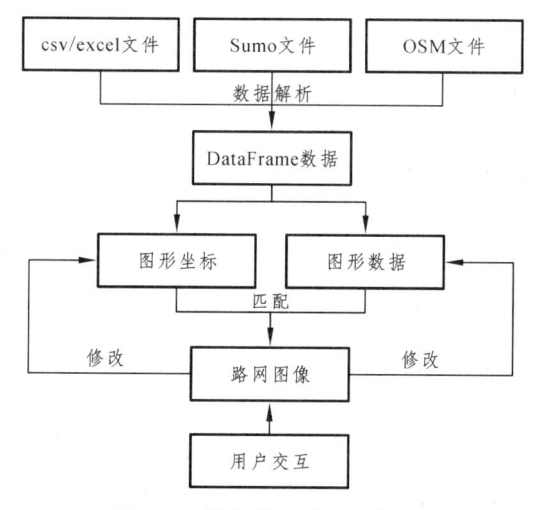

图 8-3 数据接入功能逻辑图

1. csv/excel 文件解析

"csv/excel 文件读取"为该系统所设计的专用格式,该功能允许用户以第一行为列名,分别建立道路起终点文件及道路参数文件,其格式如表 8-1, 8-2 所示。

表 8-1 道路起终点文件

路段 ID	路段起点 x_1	路段起点 y_1	路段拐点 x_2	路段拐点 y_2	……	路段终点 x_n	路段终点 y_n
edge1	…	…	…	…	…	…	…

表 8-2 道路参数文件

路段 ID	道路参数 1	道路参数 2	……	道路参数 n
edge1	…	…	…	…

其中,道路起终点文件用以展示路网图像,由路段编号(FID)与一系列道路坐标(x_n, y_n)组成;道路参数文件通过路段编号(FID)将各类附加参数匹配到各个路段中,它在展示路网图像时是非必要的。基于道路的起终点文件允许通过平面坐标及 WGS84 经纬度坐标来呈现相应路网图像,当设置为 WGS84 坐标时,系统会选择以墨卡托投影的形式,将实际道路坐标转换成平面坐标生成路网图像,从而修正经纬度坐标在平面上的形变。该系统实现的示意图如图 8-4 所示。

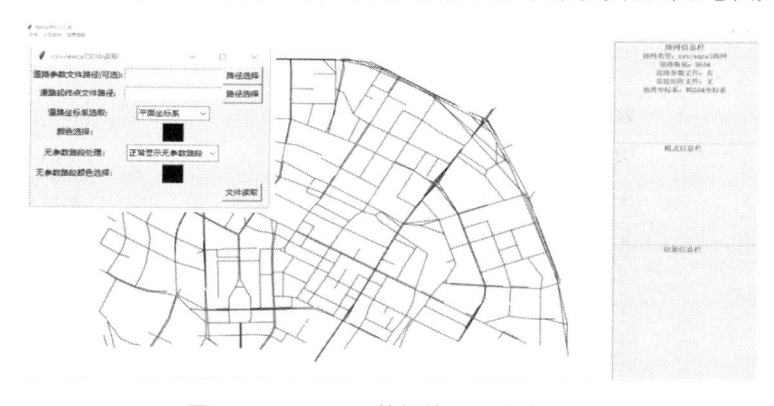

图 8-4 csv/excel 数据接入系统实现图

173

2. Sumo 仿真路网文件解析

Sumo 仿真软件作为一款开源的微观交通仿真软件，能够便捷地与各类编程语言交互，实时完成路网区域的仿真控制。考虑到对接 Sumo 仿真的需求，该系统允许用户导入 Sumo 路网文件。

Sumo 路网文件为 Sumo 中的.net.xml 文件，它存储的路网图形信息用以展示路网图像，包括道路起终点位置坐标、道路连接情况、车道数等。各道路的交通参数则由检测器输入文件与检测器输出文件共同构成，其中，检测器输入文件包含各检测器所在的道路、位置及采集时间，输出文件包含各道路的速度、密度、流量、旅行时间等相关信息。

该系统对以上三种 xml 文件进行解析并整合为 DataFrame 数据格式，以获取路网的完整信息，其解析流程如图 8-5 所示。

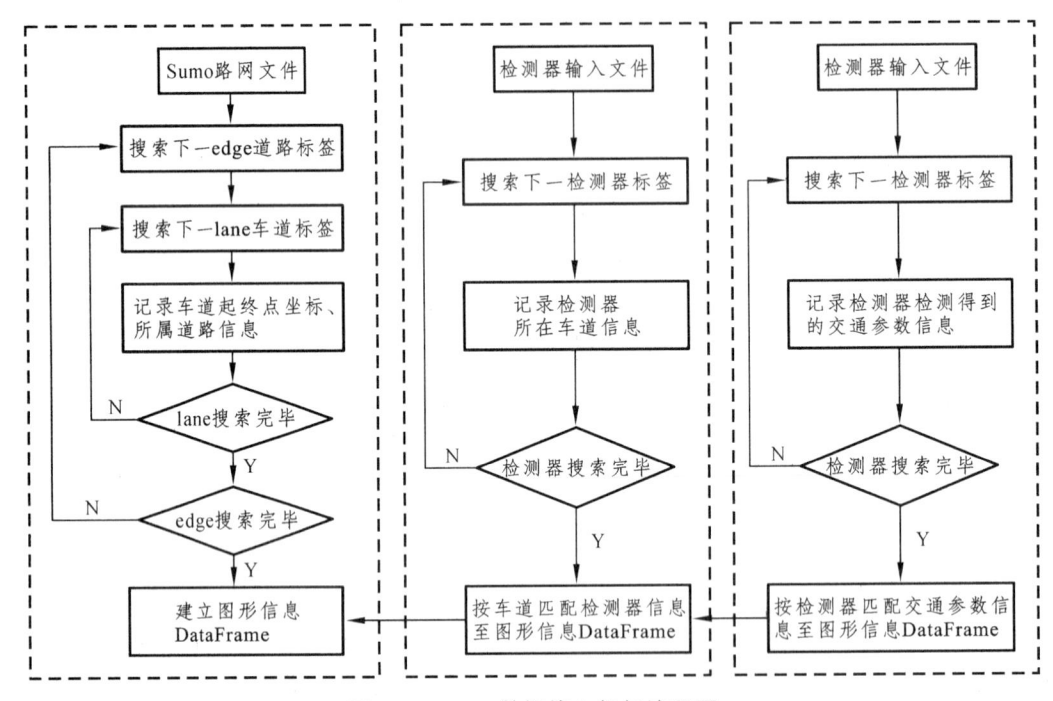

图 8-5 Sumo 数据接入解析流程图

该系统实现的示意图如图 8-6 所示。

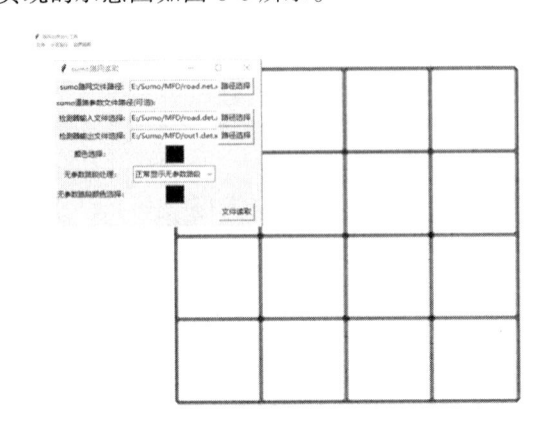

图 8-6 Sumo 数据接入系统实现图

3. OSM 文件读取

Openstreetmap（OSM）是一个网上地图协作计划，它提供了丰富的地图信息。当需要对实际区域进行交通拥堵控制分析时，使用 Openstreetmap 地图文件可以更快捷、更精确地定位实际区域。

考虑到对接 OSM 地图的需求，该系统通过 osmnx 开源函数包实现其接口，并允许用户通过设置最大最小经纬度选取目标路网范围，读取不同道路类型，用"all""drive""walk""bike"分别表示所有道路、车辆可通行道路、行人可通行道路、非机动车可通行道路。该系统通过解析 osmnx 路网信息，将其转化为 DataFrame 数据格式，从而使地图可视化呈现。该系统实现的示意图如图 8-7 所示。

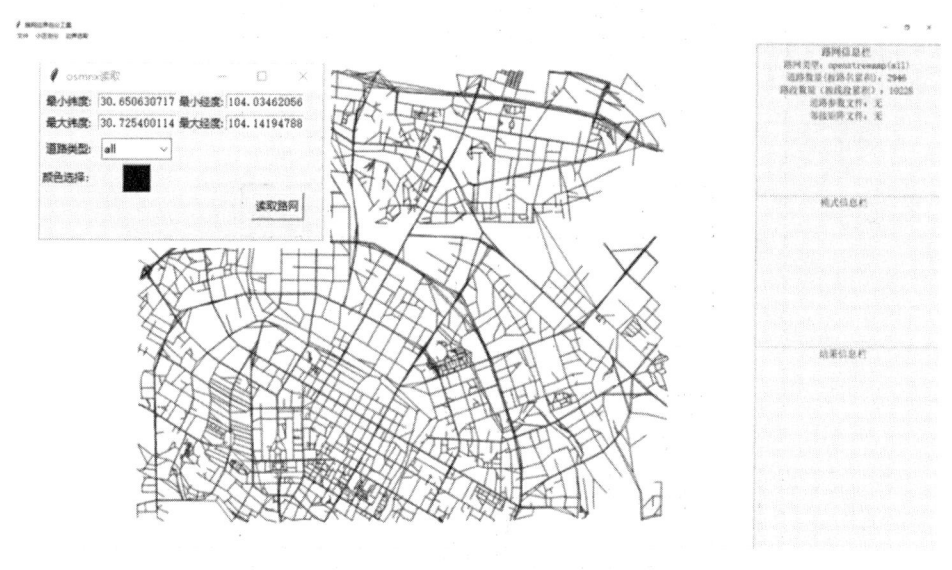

图 8-7 OSM 数据接入系统实现图

8.1.2 路网小区划分模块

该系统在解析接入的路网数据实现路网数据与图形的匹配之后，通过后端响应前端用户交互操作，来实现不同的路网分区处理工作，并可视化呈现处理结果。此外，用户还能与分区结果图像进行实时交互，根据需求个性化绘制点、线图形。该模块的设计核心主要包括路网分区、路网实时交互两部分。

1. 路网分区

该系统允许用户根据需求对分区算法、道路参数、聚类数等进行自定义设置，后端根据用户设置完成相应数据处理，传回各路段所属区域类别并以不同颜色可视化呈现路网的分区结果。其主要流程如图 8-8 所示。

该系统依赖图形与数据匹配功能实现分区可视化功能，其具体步骤如下：

（1）当导入解析完成的路网后，系统后端保存了解析路网的 DataFrame 数据，并提取其中的参数名，将其返回给用户，作为聚类参数的选择。

（2）通过用户选择的参数与聚类数，将其作为路网划分算法的输入值，且在后台的数据端完成路网区域划分。此时，结果会传递回每条道路所属的区域类别。

（3）根据返回的各道路所属区域类别信息，修改用户端显示的路网各道路颜色。每一个区域的道路都以不同颜色呈现。

（4）当用户选择自动绘制区域边界时，遍历所有道路起终点，判断有没有不同区域的起终点相互连接，若有，则标记为边界点。

（5）保存边界点信息，并通过图像绘制功能将边界点以粗点形式展示在用户端路网的图像上。

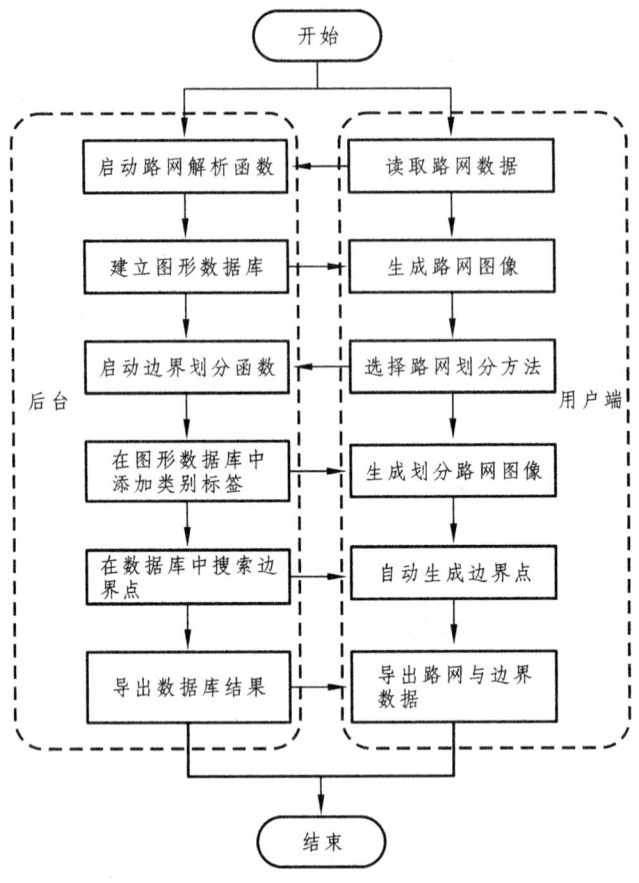

图 8-8　路网分区前后端流程图

下面以 K-means 算法为例进行说明，其用户界面如图 8-9 所示。

图 8-9　K-means 聚类参数设置图

关于聚类参数选择，该系统将读取的参数数据名导入多选框，用户据此选择合适的聚类参数与聚类中心数；当设置好相应参数后，路网会划分成用户所指定数量的小区，并随机地以不同颜色表示，且分类数会显示在路网信息栏中。下面以参数为空间坐标，聚类数为 4 的划分参数设置为例来说明，获取的划分结果如图 8-10 所示。

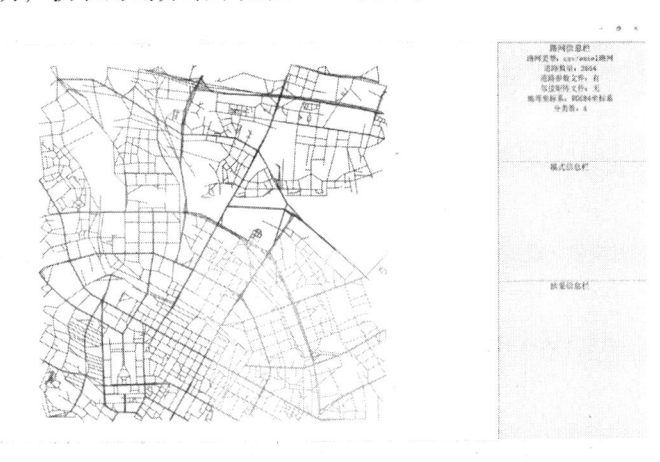

图 8-10 K-means 聚类分区结果图

在聚类小区划分完成以后，该系统使用"自动绘制边界"功能，帮助用户自动判断路网中不同区域的边界位置，并以点将相应的边界标出，同时可以选择将所有区域的边界点都标记出来（见图 8-11）或者仅标记指定区域边界点（见图 8-12）。

图 8-11 自动绘制所有边界结果图

图 8-12 绘制指定区域边界结果图

2. 路网实时交互

该系统基于 matplotlib.backends.backend_tkagg 函数包，通过自行设计用户交互逻辑，为键鼠功能添加图形交互功能，同时对交互图形所对应的后端数据进行实时更改，确保后台数据库与图形的实时匹配。该模块为用户提供了更加自由的路网图形处理功能，主要包括点绘制、线绘制及选取模式等功能，可以实现路网的删改、编辑、划分结果的修改等操作。

（1）点绘制功能。

该功能允许用户在工具栏中自定义设置绘制点的大小和颜色参数，点击"开始绘制"，可通过鼠标左键在路网中任意绘制点。其实现图形数据匹配的操作逻辑如图 8-13 所示。

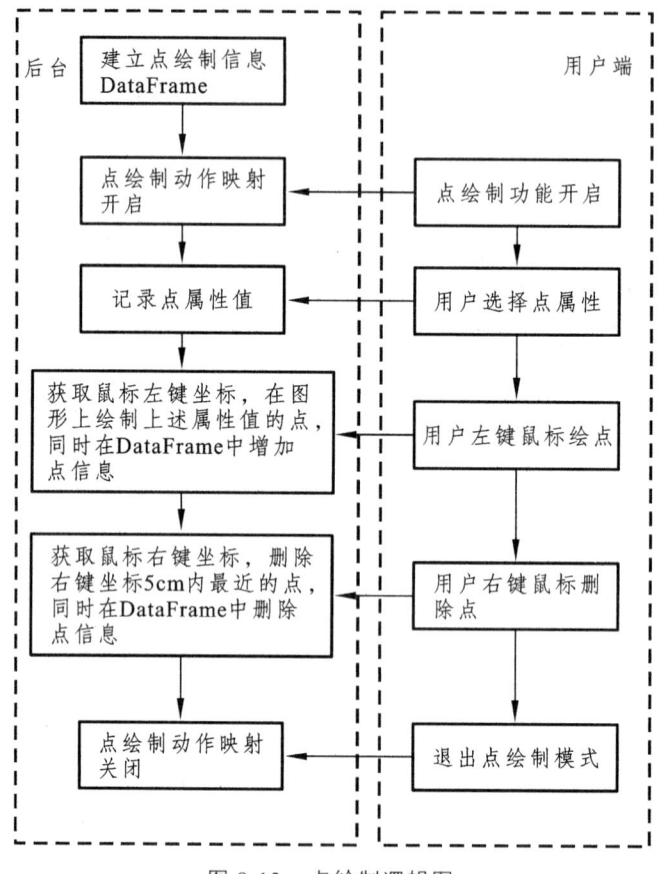

图 8-13 点绘制逻辑图

（2）线绘制功能。

该功能允许用户在工具栏中自定义设置绘制线的粗细和颜色参数，点击"开始绘制"，可通过鼠标左键在路网中任意绘制线。其实现图形数据匹配的操作逻辑如图 8-14 所示。

（3）选取模式。

选取模式实现了图像与数据表的匹配。用户可在选取模式下通过左键单击选取路网中的任意一条路段，该路段的相关信息（道路名、起终点坐标、颜色、宽度、分类等）将显示在结果信息栏中，还可实时更改该路段的颜色、线宽属性。其实现图形数据匹配的操作逻辑如图 8-15 所示。

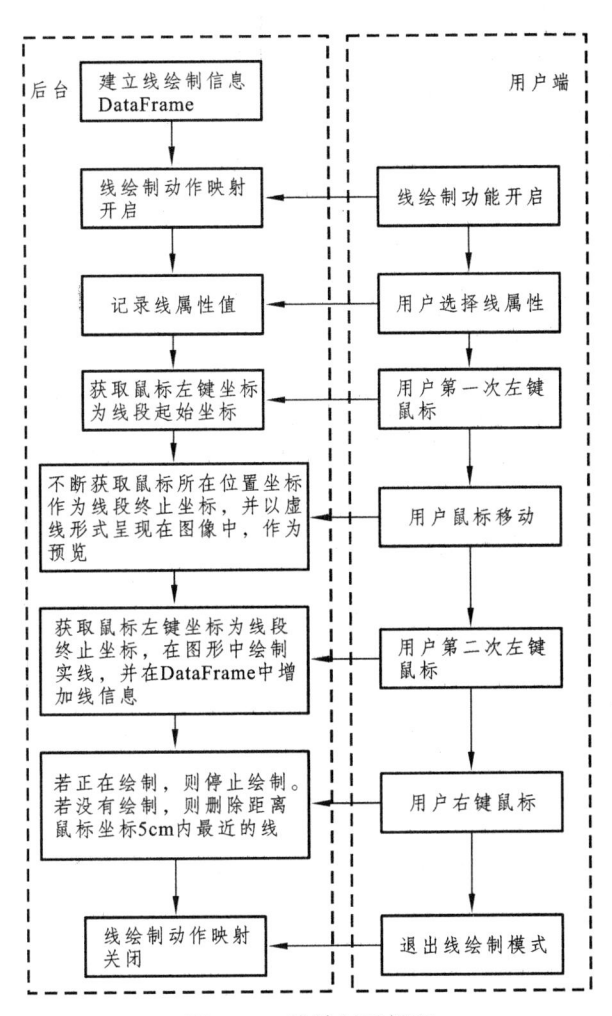

图 8-14　线绘制逻辑图

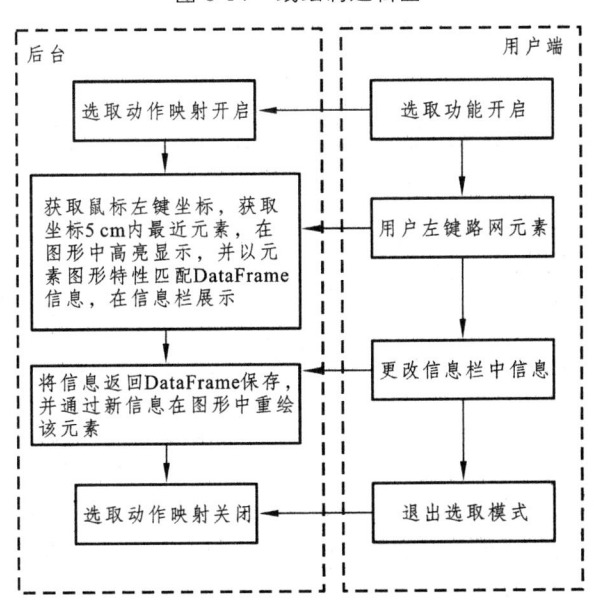

图 8-15　选取模式逻辑图

8.1.3 结果数据导出模块

该系统在导入路网文件后，统一转化为 DataFrame 数据格式进行存储，所有数据解析处理也都基于该数据形式，这使得数据导出非常便捷。数据导出模块主要包含路网图导出、路网数据导出、边界点导出等三类导出形式，其中，路网图导出模块支持对任意当下画布的图形结果以 jpg、png、pdf 格式导出；路网数据导出模块支持以系统专用 csv/excel 文件的形式储存路网数据信息；边界点导出模块通过识别出的自动绘制、手动绘制的边界点所在小区边界，将其导出为 csv/excel 格式文件。通过数据导出模块导出的文件均可以随时以专用文件的形式在系统中再次打开，这使得对各类系统所解析格式数据的修改与保存变得更加方便，并且可以随时提取边界划分的最终结果，从而进行下一步的区域拥挤控制工作。

8.2 城市干道区域划分及绿波控制系统

在路网分区可视化交互系统实现普遍的路网小区划分功能后，本章还针对城市干道通行需求进一步设计了城市干道区域划分及绿波控制系统。该系统以获取单一干线通道区域、提升干线通行效益为目标，基于图 8-16 所示的功能逻辑架构搭建路网处理解析平台，主要实现路网数据接入、干道区域划分、控制方案生成、数据文件导出等四个主体模块的功能流程。

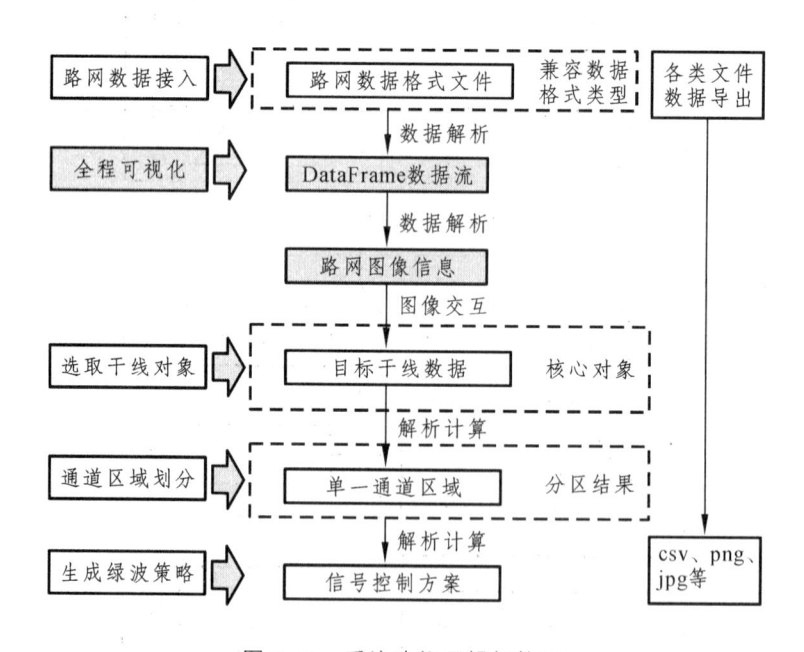

图 8-16 系统功能逻辑架构图

该系统在设计过程中采用路网分区可视化交互系统所用开发环境，运行环境要求 CPU2.5GHZ 及以上、内存 4GB 及以上的硬件环境，以及 WIN7 及以上版本的操作系统环境。其整体系统程序架构图如图 8-17 所示。

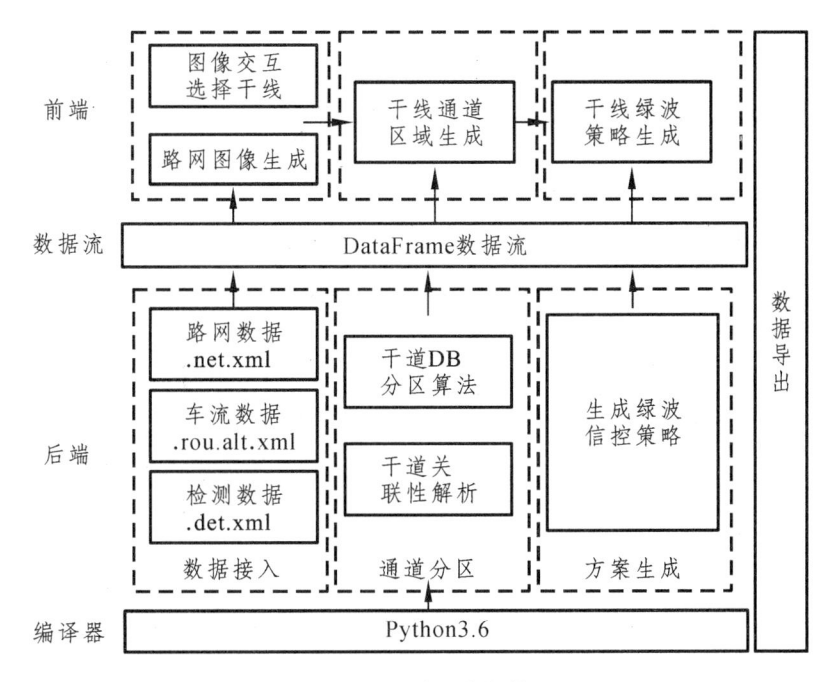

图 8-17 系统程序架构图

该系统的后端包含数据接入、干道分区确定及控制方案生成等三大块算法功能模块，前端则以 tkinter 模块搭建人机交互界面，通过数据图像映射实现高效交互；前后端全程借助 pandas 库中的 DataFrame 数据格式进行数据流传输，实现数据的解析运算与传输。

8.2.1 路网数据接入模块

路网数据接入模块以 xml 文件为基础数据格式，对接 Sumo 路网文件（.net.xml）、车流文件（.rou.alt.xml）、检测器输入文件（.det.xml）以及检测器输出文件（.det.xml），接入数据后，系统将这四个文件解析转化为系统统一数据格式并参与后续算法流程。其中，路网结构文件描述道路结构形态，包括道路坐标、车道、连接关系等信息；车流文件描述路网车流微观信息，包括车流行程路径等信息；检测器输入、输出文件描述特定路段中包含流量、密度和速度等在内的各种交通参数。

8.2.2 干道区域划分

该系统接入路网数据后，前后端通过配合用户选取目标干道、数据处理以及分区算法解析这三大步骤来实现通道区域的划分工作。

1. 干道选取

该系统在解析路网数据呈现路网图像后，允许用户根据自身需求自定义选取目标干道，而且前端图像交互辅以后端数据映射记录并自动补全用户所选干线数据，其逻辑结构如图 8-18 所示。

干道选择场景下，用户与图像交互自定义选取目标干线组成；选取大致形态后，通过确认干道场景再由系统自动补全路段漏选车道等，后端记录并保存目标干道数据；路网复原允许用户重置路网形态并重新选择干道，系统界面如图 8-19 所示。

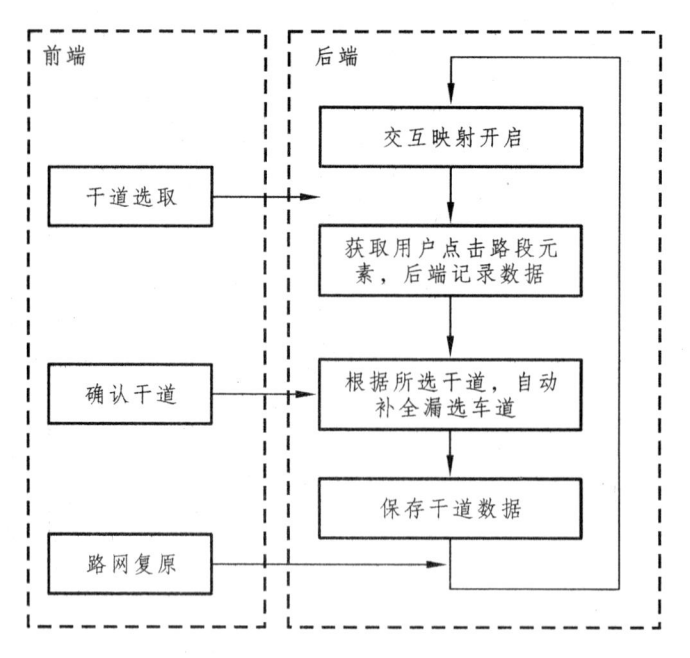

图 8-18　目标干道选取逻辑图

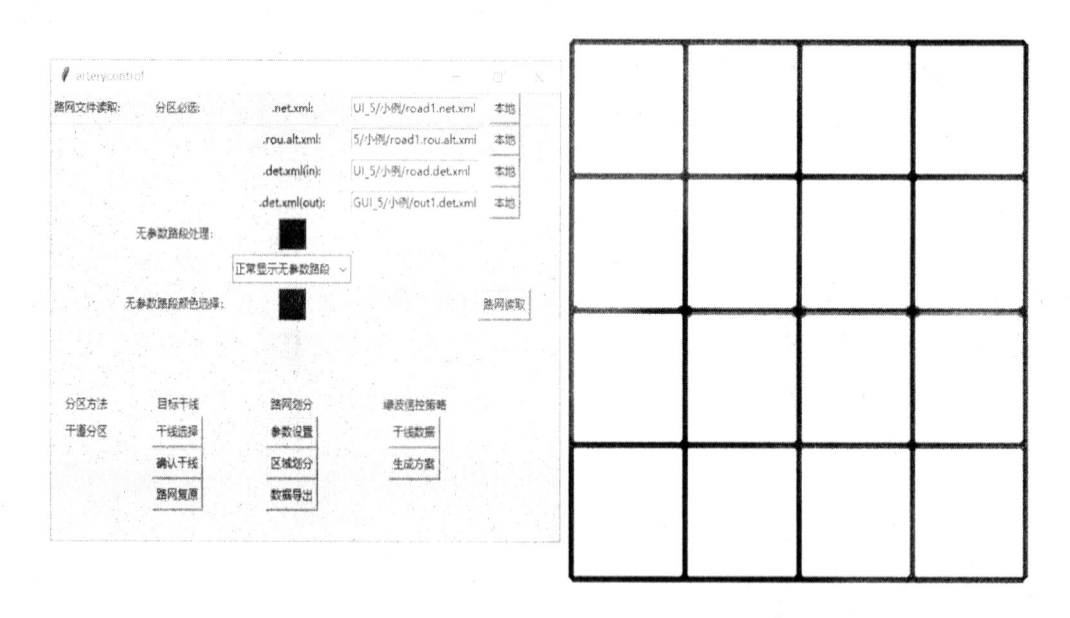

图 8-19　目标干道选取

2. 数据处理

干道区域划分算法基于 DBSCAN 算法进行改造，以密度聚类为基础思想，以获取紧密关联的单一簇聚类为目标。为此，系统对接入的车流数据、检测器数据进行解析处理，为算法流程提供数据基础。其逻辑结构如图 8-20 所示。

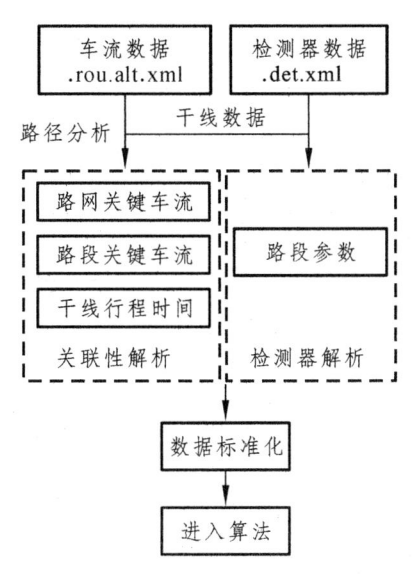

图 8-20　车流数据、检测器数据解析

3. 干道区域划分

系统基于用户所选干道与接入数据文件，以及图形数据匹配功能，可视化呈现干道区域划分过程。首先，由系统解析完成接入数据，系统后端保存路段与干道之间的关联性信息及路段参数信息；其次，通过用户选择参数类型并设置算法部分参数，将其作为划分算法的输入值，后端据此完成干道区域划分，以此法获取的唯一干道区域在路网中以蓝色显示，并保存干道相关数据。其系统实现方案示例如图 8-21 所示。

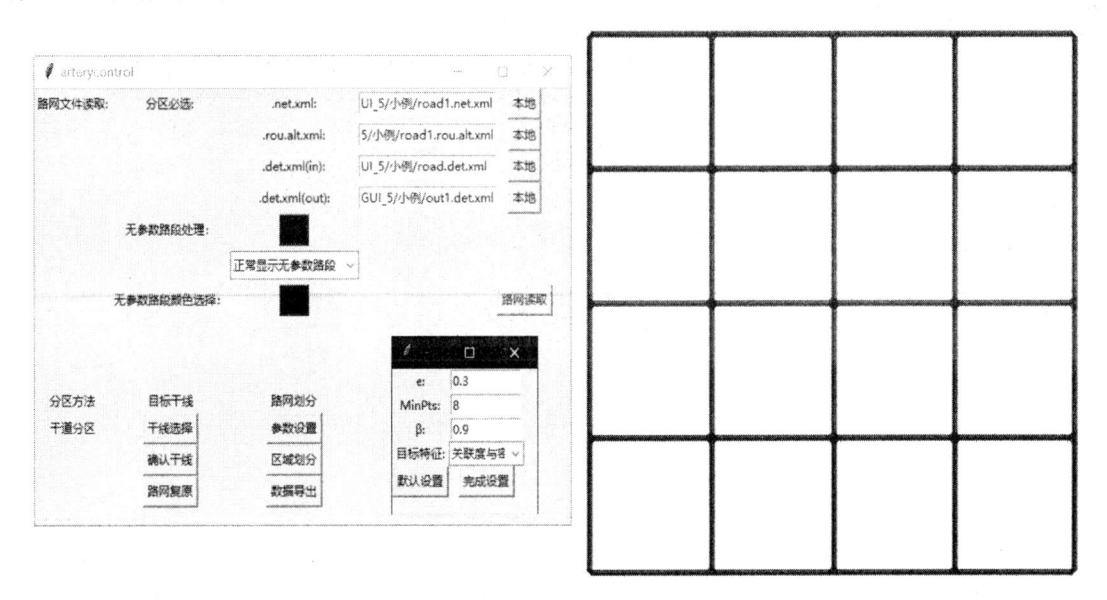

图 8-21　干道区域划分示例图

8.2.3　控制方案生成

方案生成的逻辑结构及其流程如图 8-22 所示。

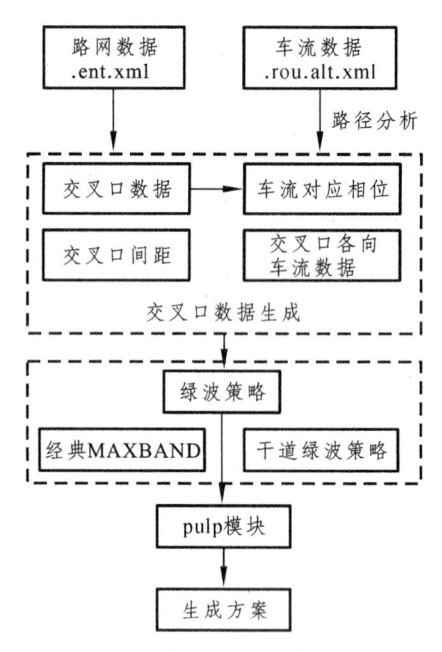

图 8-22 控制方案生成流程图

该系统的控制方案模块通过解析接入的数据文件，将其转化为特定数据格式进行存储，再基于目标干道的交叉口序列解析车流路径，自动生成干道各交叉口的间距、各向车流等详细数据；用户可通过手动导入或自动生成交叉口数据，系统后端根据用户所选绿波生成模式，采用相应模型算法，并利用 python 的 pulp 模块实现对线性规划模型的高效求解，快速生成干道绿波信控方案。其系统实现方案示例如图 8-23 所示。

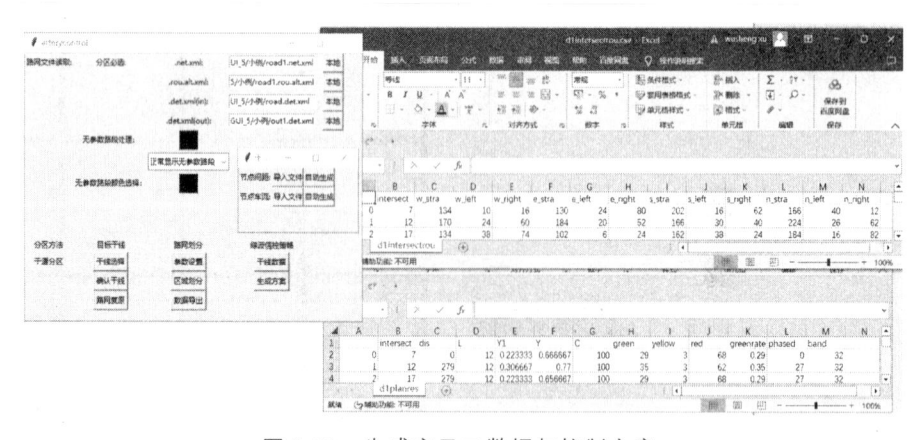

图 8-23 生成交叉口数据与控制方案

8.2.4 结果数据导出模块

该系统与路网分区可视化交互系统相同，均使用 DataFrame 作为数据流传输，同样能够快速导出各类文件；用户能够方便地在程序运行过程中根据需要生成并导出各种类型数据文件，获取路网数据、干道数据、车流数据、交叉口车流数据等数据文件。其数据格式主要以 csv/excel 文件存储数据信息，以 jpg、png、pdf 格式存储图片数据。

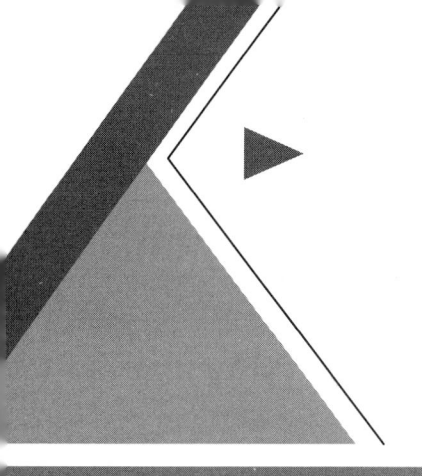

符号定义

符　号	含　义
$x(t)$	系统状态
t	时刻
ρ	交通密度
$u(t)$	输入向量
A	系统矩阵
B	输入矩阵
F	道路基本单元参数向量
Δt	传感器单位采集时间
l	路段长度
v_f	自由流速度
ρ_{eq}	稳态流密度
ρ_{max}	拥堵密度
$y(t)$	输出向量
C	输出矩阵
Q_O	能观性判别矩阵
n	矩阵的维度
N	状态顶点的个数
M	输入控制顶点的个数
$G(A,B)$	受控复杂网络
$G(A)$	原始网络
Q_C	可控性判别矩阵
λ	系统矩阵 A 的特征值
I_N	N 维单位矩阵
N_D	控制节点个数

续表

符 号	含 义
n_D	控制节点密度
R_{LCC}^N	节点受攻击时网络的能控性鲁棒性
R_{LCC}^E	连边受攻击时网络的能控性鲁棒性
$Q(i)$	网络中 i 个节点/连边被攻击之后,最大连通子图的节点数占当前网络节点总数的比例
L	网络中的连边总数
$TE_{X \to Y}$	表示路段 X 到路段 Y 的传递熵
$TE_{Y \to X}$	表示路段 Y 到路段 X 的传递熵
$\rho_{X,Y}$	路段 X 和路段 Y 传递熵之间的因果关联系数
$(TS)_k$	公式 $(TS)_t$ 表示 t 时刻路网中交叉口的交通状态
nc	表示受控智能路网中的交叉口个数
$(P)_{n \times n}$	路网中各交叉口之间的交通状态转移矩阵
$R = \{1,2\}$	子区域集合
$q_{1,2}(t)$	表示 t 时刻从 MFD 子区 1 到子区 2 的流量
$u_{1,2}(t)$	t 时刻从 MFD 子区 1 到子区 2 的流量调节率
$Q = f(N)$	MFD 函数关系
$G_{\max}$	最大路网络量
$N_{\max}$	最大路网流量对应的最大路网车辆数
n_i	区域车辆累计量
$G_i(n_i(t))$	区域 i 在 t 时刻总的出行完成率
a_i, b_i, g_i, h_i	表示车辆出行完成率函数的参数估计值
M_{ij}	时刻 t 从子区 i 到子区 j 的出行完成率
M_{ii}	时刻 t 从子区 i 内部出行完成率
J	目标函数值
t_0	初始时刻
t_f	最终时刻
$n_{1,jam}, n_{2,jam}$	子区 1 和子区 2 可承载的最大累计量
$u_{\max}, u_{\min}$	调节的上下限界值
$\Re$	MFD 子区划分集合
S	状态空间集
R_d	动作空间集
R_a	奖励空间集
p	系统状态的转移概率函数
s	系统状态的某次观测值
a_s	根据某次观测值 s 做出的动作
$r_{s,a}$	智能体在系统状态 s 下采取动作 a 时得到的系统反馈奖励值

续表

符 号	含 义
$P(s'\|s,a)$	从当前状态转移到下一个状态的概率
$<s,a,r,s'>$	强化学习中的一条轨迹记录
π	学习策略
$Q^{\pi}(s,a_s)$	动作值函数
γ	折扣系数
Γ	智能路网
Ω	结构集成方式与信息融合关系
G_l	交通网络几何信息有向图
G_p	道路渠化、信号控制方式
g_e	道路等级
D_s	动态交通信息
D_i	检测器的类型（D_1表示地磁检测器，D_2表示微波检测器）
d_1	上游车流标准化密度
$I(D_i)$	第D_i类检测器检测到的信息
$x_k^{D_i}$	路段上从起点到第$k(k=1,2,\cdots,K)$个检测器的距离
$y_k^{D_i}$	第k个检测器实际所在的位置
x_f	网络交通流状态
T_q	检测器的间隙时间
T_m	交叉口车道级交通矩阵
T_d	排队车辆完全消散时间
T_a	排队车辆通过交叉口的时间
t_r	红灯时间
t_g	绿灯时间
$t_{m,i,j}$	从入口端点集合$R_{m,i}$到出口端点集合$O_{m,j}$的连接关系
t_{m,i,j,i_m,j_m}	入口车道级端点R_{m,i,i_m}到出口端点车道级端点O_{m,j,j_m}的连接关系
V_m	第二层路网交叉口模型，$V_m \in V(i,j)$
$V_{(i,j)}$	节点在路网中的行位置i和列位置j
V	节点/交叉口的集合
V_{in}	进入该路段的交叉口
V_{out}	离开该路段的交叉口
V_p	车道级交叉口集，$N_p \in N$
N_q	一个周期内通过检测器的车辆总数
n_p	连接点在路段上的序号
n_m	连接点在车道上的序号
E	边/路段的集合

续表

符　号	含　义
E_p	车道级道路集合边（路段）的有限集合，$E_p \in E$
e_p	车道级道路集合中的车道
$e_{(i,j),((i\pm n),(j\pm m))}$	第一层路网的边
R_e	进入该路段的端点集合
R_m	该交叉口车道级入口端点集合
$R_{m,i}$	入口端点集合，$R_{m,i} \in R_e$
O_e	离开该路段的端点集合
O_m	交叉口车道级出口端点集合
$O_{m,j}$	出口端点集合，$O_{m,j} \in O_e$
Q_N	路段基本属性
Q_a	车道属性
Q_p	控制点属性
Q_m	交叉口连接点的属性信息
q_s	车流量
V_b	限速信息
u_r	路段端点的位置（二维或者三维表示）
v_r	路段端点的方向
u_p	车道连接点地理坐标
v_p	车道连接点速度方向（车道中心线切线方向）
v_s	车流平均速度
v_l	交通流平衡状态下的车辆速度
F_p	交通信号机属性
f	车道是否能通行（0表示不可以，1表示可以）
f_s	道路阻抗
l_L	总长为L的路段
L_a	路段上的车道集合
l_a	车道
l_d	路段小单元长度
$l_{a,s}$	车道长度
$l_{a,w}$	车道宽度
l_v	检测器长度
l_t	停车间隙
l_c	车辆的平均长度
S_a	车道上连接点的集合
s_a	车道的连接点

续表

符　号	含　义
$para$	车道的其他属性（如车道转向、是否允许变道等）。
i_m	入口端点集合 $R_{m,i}$ 中车道级端点数量
j_m	出口端点集合 $O_{m,j}$ 中车道级端点数量
$K(0 \leqslant k \leqslant w)$	检测器个数
k_m	通行方式（左转、直行、右转、掉头）
k_s	车流密度
k_1	交通流平衡状态下的车辆密度
k_f	自由流车辆密度
w	路段小单元个数
$y(1 \leqslant y \leqslant w)$	路段小单元
$K_{critical}$	路网的临界密度
KM	K-means 算法聚类类别
n_{km}	K-means 算法参数个数
Q_1	不连通权重列表
Q_2	连通权重列表
G	路网
i_e, j_e	路网中路段
d_{ie}, d_{je}	路段密度
$a(i_e, j_e)$	道路 i,j 的无向邻接关系
$r(i_e, j_e)$	道路 i,j 的最短路径长度
$\omega(i_e, j_e)$	道路 i,j 的相似度函数
$cut(A,B)$	A，B 小区间的割值
$Ncut(A,B)$	A，B 小区间的相似程度
$Nassoc(A,B)$	A，B 小区内节点间的相似程度
N_A, N_B	A，B 小区内的路段数
$Y(A,B)$	A，B 小区之间的轮廓值
$Z(A)$	A 小区的内部密度匀质度
Adj	小区邻接矩阵
$a(A,B)$	X 小区和 A 小区的邻接关系
Z_k^*	整个路网所有控制小区的平均匀质度
$g^*(o)$	拟合优度最高的函数关系
o_S^A, f_S^A	A 小区中第 S 组数据中的占有率和流量值
$\bar{f}_A$	小区 A 的平均流量
$R^2(A)$	小区 A 的拟合优度
$G^k = \{G_1^k, G_2^k, \cdots, G_k^k\}$	路网 G 从 Ncut 划分的 n 个小区合并成 k 个小区时的路网小区状态

续表

符　号	含　义
K	小区总数合集 $k \in K$
G_μ^k	k 个子路网中的第 u 个子路网 ($\mu \leq k$)
$a(G_u^k, G_v^k)$	合并子区数为 k 时，G_u^k 与 G_v^k 的邻接关系
ε	路网所有子区平均匀质度 Z_k^* 的阈值
$N_{\min}$	Ncut 算法类内节点数最小值
g	Ncut 算法中心点个数
$X_{i,g}$	未标记点 i 到第 g 区域的区域相似度
v_{gi}, v_{gj}	g 区域的第 i,j 个节点
n_g	第 g 区域已标记的节点数量
ψ	路网平均相似度
q	Ncut 算法路网总区域集合
k	q 中第 k 区域
N_k	第 k 区域中的节点总数
$G(V,E,S)$	路网拓扑图
$V = \{v_1, v_2, v_3, \cdots, v_f\}$	路网节点集
$E = \{e_1, e_2, e_3, \cdots, e_m\}$	路网路段集
$S = \{s_{1t}, s_{2t}, s_{3t}, \cdots, s_{kt}\}$	路网状态集
$G^z = \{G_1^z, G_2^z, G_3^z, \cdots, G_z^z\}$	路网交通子区集合
z	路网中交通子区个数
$P^z = \{P_1^z, P_2^z, P_3^z, \cdots, P_z^z\}$	交通子区边界点集
D_J	点集
R'	圆半径
B_y	路网边缘点集
R_v	滚动圆半径
O_1, O_2	圆心
P	某交通子区边界点集合
f'	交通子区边界点个数
$\bar{P}$	边界中心点坐标
P'	边界点相对于边界中心点的坐标集
P''	边界点所在路段的另一端点
θ_{f_i}	边界点相对中心点的极坐标角度
$E_{f_i}^{f_j}$	边界点连接所形成闭合边界的边集
$E_{f_i}^{f_j}$	边界点所在路段的集合
$D_k^{df_i}$	过点 P_{f_i}'' 作的水平射线与闭合边界的交点集
$K(x - x_i)$	x 位于 x_i 处的核函数

续表

符 号	含 义
Θ	核函数必要的参数窗宽
v_0	初始节点
X	离散的序列
$T_{y \to x}$	变量 y 至 x 传递熵
τ	时间延滞
x, y	分别为两个马尔可夫过程过去的值
$x(w)$	马尔可夫过程 x 的现在（或未来）的值
k_x, l_y	x 与 y 的阶数
τ_M	传播时间阈值
d_n	构造的新序列的样本长度
d_o	原序列的长度
X^d	截取的序列
h	隐藏层的隐藏状态
U	输入层和隐藏层之间连接权重矩阵
H	隐藏层和输出层之间的连接权重矩阵
W	上一时刻的隐藏层和当前时刻的隐藏层之间的连接权重矩阵
o	输出层向量
P	表示路网产量，是路网空间平均流量与路网车道总长度的乘积
$N(k)$	表示路网内 k 时刻车辆的累计量
$S(\cdot)$	时刻 k 路网的平均速度
$E(L)$	MFD 区域的宏观出行长度
L_{ab}	表示 MFD 区域内起点 a 到终点 b 的之间的某一条路径长度
$E(L_{ab})$	表示 a,b 之间所有路径的期望长度
ξ	是区域内起点 a 的集合
ζ	区域内终点 b 的集合
$O(\cdot)$	表示路网流出率
N_{ij}	表示处在 i 区域车辆但将要离开 i 区域去往 j 区域
N_{ii}	表示处在 i 区域但将要离开 i 区域的车辆，属于区域内部退出
q_{ij}	表示从区域 i 到区域 j 的需求流量，外生需求
q_{ii}	表示区域 i 内部的流量，内生需求
L_{ij}	表示区域 i 内部的出入口路径的宏观长度
ϕ_i	表示与区域 i 直接相连的其他区域集合
Δt_k	间隔 k 的持续时间
$H_{ij}^m(k)$	表示位于区域 i 的流量目的地是 j，但先要经过与 i 相邻的区域 m
$C_i^m(k)$	区域 i 在 k 时刻与区域 m 直接相连的路段的容量

续表

符 号	含 义
$u_{ij}^m(k)$	表示从区域 i 进入区域 m 的车辆占时刻 k 总流出车辆的比例，这部分车辆的最终目的地是区域 j。
$\tilde{Z}$	表示为简化后的网络的总目标函数的值，它是将每个时间 k 的得到的值进行求和
f^*	求解的最优路径流
Υ_{od}^w	表示 OD 对之间第 w 条路径的出行费用
$\Upsilon_{od}^{\bar{w}}$	表示 OD 对之间最短路径的出行费用
W_{od}	表示 OD 对之间的宏观路径集合
$q_{od}(k)$	表示 OD 对在时间 k 的交通需求
$f_{od}^w(k)$	表示 OD 对第 w 条路径在时间 k 时的交通流量
$T_{R_i}^l(k)$	表示简化路网在第 i 个子区中宏观路段 l 在时间 k 上的出行时间
$L_{R_i}^l$	表示在第 i 个子区宏观路段 l 的出行长度
$S_{R_i}(N_{R_i}(k))$	表示子区域 i 所有车辆平均宏观出行速度
rou	表示路网中某 OD 对之间的某条微观路径
$\varepsilon_{Rou[od(w)]}^{rou}(k)$	表示误差项，它独立且服从 Gumbel 分布
θ	Gumbel 分布的比例参数
$\Upsilon_{od}^w(k)$	表示 OD 对间第 w 条路径在时间 k 的出行费用
$\bar{f}_{od}^w(k)$	表示在第 k 个计算步长约简网络 OD 之间第 w 条宏观路径上最终被分配的流量
$od(w)$	宏观路径流标志
$Rou[od(w)]$	微观路径集
$x^{rou}(k)$	k 时刻路径 rou 上分配的流量
$n(t)$	受控区域车辆累计数
n^*	受控区域最佳车辆累计数
u_{in}, u_{out}	允许流入流出受控区域的交通流占总流入流出交通流的比例
$\Delta n(t+1)$	受控区域车辆累计数与受控区域最佳车辆累计数的差值
q_{in}	流入受控区域的交通流
q_{out}	流出受控区域的交通流
$G(n(t))$	受控区域内车辆累计数为 $n(t)$ 时的车辆出行完成率
$n_{11}(t)$	出行起点位于受控区域并且车辆在受控区域内部完成出行的车辆累计数
$n_{12}(t)$	由受控区域流向外围区域并且车辆在外围区域完成出行的车辆累计数
$G_1(n(t))$	出行起点位于受控区域并且车辆在受控区域内部完成出行的车辆出行完成率
$G_2(n(t))$	由受控区域流向外围区域并且车辆在外围区域完成出行的车辆出行完成率
$n'_{11}(t)$	位于受控区域并且车辆在受控区域内部完成出行的车辆累计数
$q_{11}(t)$	t 时刻受控区域的内部交通需求
$q_{12}(t)$	t 时刻由受控区域流向外围区域的转移交通需求

续表

符　号	含　义
$q_{21}(t)$	t 时刻由外围区域流向受控区域的转移交通需求
u	t 时刻受控区域交通流入量的控制比例
$n_{\max}$	受控区域的最大容纳能力
V_1	交叉口相邻道路流入区域的车辆数
V_2	交叉口相邻道路流出区域的车辆数
rep	上一时刻动作策略产生的回报
ϑ	遗忘率
α	学习率
s	每回合仿真时长
Episode	迭代回合数
C^*	最佳配时周期
T_L	每周期总损失时间
Y	各相位最大流量比之和
t_l	起动损失时间
I_g	绿灯间隔时间
t_Y	黄灯时间
y_i	第 i 相位的最大流量比
W_E	边的权重集合
O_{hour}	长度为 24 的 one-hot 时间向量
O_{weekday}	长度为 7 的 one-hot 时间向量
O_{weather}	天气的 one-hot 向量
$s^{(t)}$	时刻 t 的异常评分
$\hat{y}_i^{(t)}$	节点 i 在时刻 t 的预测数值
S_a	交叉口的饱和度
T_{delay}	延误时间
β	机动车加减速损失时间常数
t_{red}	下游交叉口红灯时间
I_q	交叉口之间的关联度
L_q	道路实际排队车辆数
L_j	阻塞排队车辆数
l_n	车道数
J_S	疏散区 A 在控制时段内能有效输出的交通量
J_x	平衡区 B 内关键路径上关键进口道的流向饱和度的均衡程度
J_y	平衡区 B 内第 j 号交叉口非关键进口道的流向饱和度的均衡程度
J_I	限流区 C 内 t 时刻的实际累计车辆数 $N(t)$ 与基于 MFD 理论的最佳累计车辆数 N_C 之差的平方

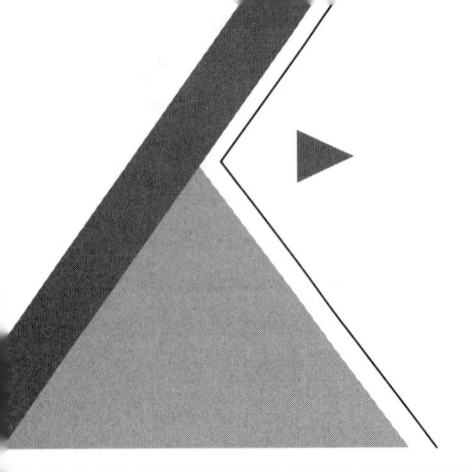

参考文献

[1] 朱茵, 王军利, 周彤梅. 智能交通系统[M]. 北京: 中国人民公安大学出版社, 2013.

[2] 陈旭梅. 城市智能交通系统[M]. 北京: 北京交通大学出版社, 2013.

[3] 张毅, 姚丹亚. 基于车路协同的智能交通系统体系框架[M]. 北京: 电子工业出版社, 2015.

[4] 李群祖, 夏清国, 巴明春, 等. 城市交通信号控制系统现状与发展[J]. 科学技术与工程, 2009, 9(24): 7436-7442+7448.

[5] 沈国江, 张伟. 城市道路智能交通控制技术[M]. 北京: 科学出版社, 2015.

[6] 何非, 何克清. 大数据及其科学问题与方法的探讨[J]. 武汉大学学报（理学版）, 2014, 60(01): 1-12.

[7] 陆化普, 孙智源, 屈闻聪. 大数据及其在城市智能交通系统中的应用综述[J]. 交通运输系统工程与信息, 2015, 15(05): 45-52.

[8] 方文杰. 云计算技术在智能交通的应用研究[J]. 科学技术创新, 2020(09): 62-63.

[9] 李丽萍, 孙梦琳. 云计算及大数据技术在智能交通中的应用[J]. 经济研究导刊, 2020(16): 164-165.

[10] 张纪升, 王笑京, 牛树云, 等. 最优化路网可观可控性的DSRC网设计模型研究[J]. 交通运输系统工程与信息, 2015, 15(3): 75-81.

[11] AGARWAL S, KACHROO P, CONTRERAS S. A dynamic network modeling-based approach for traffic observability problem[J]. IEEE Transactions on Intelligent Transportation Systems, 2016, 17(4): 1168-1178.

[12] RUBIN P, GENTILI M. An exact method for locating counting sensors in flow observability problems[J]. Transportation Research Part C: Emerging Technologies, 2021, 123: 102855.

[13] GUO Y, LI H, LI X, et al. System observability analysis based on multiple source mixed traffic sensors[C]. 2020 Chinese Automation Congress(CAC). 2020: 7516-7520.

[14] CONTRERAS S, KACHROO P, AGARWAL S. Observability and sensor placement problem on highway segments: A traffic dynamics-based approach[J]. IEEE Transactions on Intelligent Transportation Systems, 2016, 17(3): 848-858.

[15] ZHU N, FU C, ZHANG X, et al. A network sensor location problem for link flow observability and estimation[J]. European Journal of Operational Research, 2021: S0377221721008870.

[16] 张纪升. 面向路网运行管理的异构传感网协同设计方法研究[D]. 北京: 北京交通大学, 2015.

[17] 杜豫川, 刘成龙, 吴荻非, 等. 新一代智慧高速公路系统架构设计[J]. 中国公路学报, 2021: 1-19.

[18] CONTRERAS S, AGARWAL S, KACHROO P. Quality of traffic observability on highways with lagrangian sensors[J]. IEEE Transactions on Automation Science and Engineering, 2018, 15(2): 761-771.

[19] 李洪萍, 裴玉龙, 杨中良. 快速路自由流速度及其影响因素[J]. 吉林大学学报（工学版）, 2007(04): 772-776.

[20] HOOGENDOORN S P. Unified approach to estimating free speed distributions[J]. Transportation Research Part B: Methodological, 2005, 39(8): 709-727.

[21] SILVANO A P, KOUTSOPOULOS H N, FARAH H. Free flow speed estimation: A probabilistic, latent approach. impact of speed limit changes and road characteristics[J]. Transportation Research Part A: Policy and Practice, 2020, 138: 283-298.

[22] AFANASYEV A, PANFILOV D. Estimation of intersections traffic capacity taking into account changed traffic intensity[J]. Transportation Research Procedia, 2017, 20: 2-7.

[23] WU N, GIULIANI S. Capacity and delay estimation at signalized intersections under unsaturated flow condition based on cycle overflow probability[J]. Transportation Research Procedia, 2016, 15: 63-74.

[24] MIRZAHOSSEIN H, SAFARI F, HASSANNAYEBI E. Estimation of highway capacity under environmental constraints vs. conventional traffic flow criteria: A case study of Tehran[J]. Journal of Traffic and Transportation Engineering(English Edition), 2021, 8(5): 751-761.

[25] SALA M, SORIGUERA F. Capacity of a freeway lane with platoons of autonomous vehicles mixed with regular traffic[J]. Transportation Research Part B: Methodological, 2021, 147: 116-131.

[26] CHAUHAN R, KUMAR P, ARKATKAR S, et al. Examining deterministic and probabilistic capacity estimation methods under mixed traffic using empirical data[J]. Case Studies on Transport Policy, 2021, 9(4): 1888-1899.

[27] 贾洪飞, 李泊霖. 基于间隙接受理论的信号控制环形交叉口通行能力计算[J]. 交通信息与安全, 2018, 36(03): 64-71.

[28] MOHAN M, CHANDRA S. Investigating the influence of conflicting flow's composition on critical gap under heterogeneous traffic conditions[J]. International Journal of Transportation Science and Technology, 2021, 10(4): 393-401.

[29] 郭海兵, 曲大义, 洪家乐, 等. 基于效用理论的车辆换道交互行为及决策模型[J]. 科学技术与工程, 2020, 20(29): 12185-12190.

[30] PAWAR D S, PATIL G R. Critical gap estimation for pedestrians at uncontrolled mid-block crossings on high-speed arterials[J]. Safety Science, 2016, 86: 295-303.

[31] ALVER Y, ONELCIN P, CICEKLI A, et al. Evaluation of pedestrian critical gap and crossing speed at midblock crossing using image processing[J]. Accident Analysis & Prevention, 2021, 156: 106127.

[32] 梁春岩, 秦雪, 曲梓宁. 基于行人过街速度的临界间隙特性[J]. 时代汽车, 2021(15): 197-198.

[33] LEVIN M, TSAO Y D. On forecasting freeway occupancies and volumes[J]. Transportation Research Record Journal of the Transportation Research Board, 1980, 773: 47-49.

[34] DON M, DAN W. Damping seasonal factors: Shrinkage estimators for the X-12-ARIMA program[J]. International Journal of Forecasting, 2004, 20(4): 529-549.

[35] IWAO, YORGOS J. Dynamic prediction of traffic volume through Kalman filtering theory[J]. Transportation Research Part B: Methodological, 1984, 18(1): 1-11.

[36] YU X, XIONG S, HE Y, et al. Research on campus traffic congestion detection using BP neural network and Markov model[J]. Journal of Information Security and Applications, 2016, 31: 54-60.

[37] DU W, ZHANG Q, CHEN Y, et al. An urban short-term traffic flow prediction model based on wavelet neural network with improved whale optimization algorithm[J]. Sustainable Cities and Society, 2021, 69: 102858.

[38] WANG L, ZUO Z, FU J. Bus arrival time prediction using rbf neural networks adjusted by online data[J]. Procedia - Social and Behavioral Sciences, 2014, 138: 67-75.

[39] ZHENG G, CHAI W K, KATOS V. A dynamic spatial-temporal deep learning framework for traffic speed prediction on large-scale road networks[J]. Expert Systems with Applications, 2022, 195: 116585.

[40] HINTON G E. Learning multiple layers of representation[J]. Trends in Cognitive Sciences, 2007, 11(10): 428-434.

[41] 赵庶旭, 崔方. 一种改进的深度置信网络在交通流预测中的应用[J]. 计算机应用研究, 2019, 36(03): 772-775+785.

[42] 伍朝辉, 刘振正, 石可, 等. 交通场景数字孪生构建与虚实融合应用研究[J]. 系统仿真学报, 2021, 33(02): 295-305.

[43] 王成山, 董博, 于浩, 等. 智慧城市综合能源系统数字孪生技术及应用[J]. 中国电机工程学报, 2021, 41(05): 1597-1608.

[44] RUDSKOY A, ILIN I, PROKHOROV A. Digital twins in the intelligent transport systems[J]. Transportation Research Procedia, 2021, 54: 927-935.

[45] 李亚楠. 智能网联汽车数字孪生测试理论和技术研究[D]. 长春: 吉林大学, 2020.

[46] LU Q, JIANG H, CHEN S, et al. Applications of digital twin system in a smart city system with multi-energy[C]//2021 IEEE 1st International Conference on Digital Twins and Parallel Intelligence(DTPI). 2021: 58-61.

[47] LIU Y, WANG Z, HAN K, et al. Sensor fusion of camera and cloud digital twin information for intelligent vehicles[C]. 2020 IEEE Intelligent Vehicles Symposium(IV). 2020: 182-187.

[48] WHITE G, ZINK A, CODECÁ L, et al. A digital twin smart city for citizen feedback[J]. Cities, 2021, 110: 103064.

[49] MARAI O E, TALEB T, SONG J. Roads infrastructure digital twin: a step toward smarter cities realization[J]. IEEE Network, 2021, 35(2): 136-143.

[50] BHATTI G, MOHAN H, RAJA SINGH R. Towards the future of smart electric vehicles: Digital twin technology[J]. Renewable and Sustainable Energy Reviews, 2021, 141: 110801.

[51] 邓春健, 刘绍锦. 智能化城市交通诱导信息发布显示系统的设计[J]. 武汉理工大学学报（交通科学与工程版）, 2007(06): 958-961.

[52] 张兵. 基于GIS的交通信息发布系统研究[D]. 长春: 吉林大学, 2007.

[53] 梁凌宇. 一种实现可控出行的智慧交通解决方案[J]. 通讯世界, 2019, 26(07): 340-341.

[54] 张立立, 王力, 张玲玉. 城市道路交通控制概述与展望[J]. 科学技术与工程, 2020, 20(16): 6322-6329.

[55] 李力, 王飞跃. 地面交通控制的百年回顾和未来展望[J]. 自动化学报, 2018, 44(04): 577-583.

[56] YU C, MA W, YANG X. A time-slot based signal scheme model for fixed-time control at isolated intersections[J]. Transportation Research Part B: Methodological, 2020, 140: 176-192.

[57] 刘罗仁, 罗金玲. 基于云模型的单路口交通信号自适应控制方法研究[J]. 计算机测量与

控制, 2011, 19(09): 2157-2159+2163.

[58] YANG S, YANG B. A semi-decentralized feudal multi-agent learned-goal algorithm for multi-intersection traffic signal control[J]. Knowledge-Based Systems, 2021, 213: 106708.

[59] ZOU Y, LIU R, LI Y, et al. Signal adaptive cooperative control of two adjacent traffic intersections using a two-stage algorithm[J]. Expert Systems with Applications, 2021, 174: 114746.

[60] WANG H, HU P, WANG H. A genetic timing scheduling model for urban traffic signal control[J]. Information Sciences, 2021, 576: 475-483.

[61] WANG L, ZHANG L, LI M, et al. Analysis of multi-intersection state controllability under the constraint of saturation equilibrium[C]2017 6th Data Driven Control and Learning Systems(DDCLS). Chongqing, China: IEEE, 2017: 710-715.

[62] WANG L, ZHANG L, ZHANG L. Data driven intersection signal control strategy considering state controllability[C]. 2019 Chinese Control And Decision Conference(CCDC). Nanchang, China: IEEE, 2019: 3029-3034.

[63] 王力, 张立立, 潘科, 等. 基于状态可控性分析的交叉口信号切换控制[J]. 浙江大学学报（工学版）, 2016, 50(07): 1266-1275.

[64] ERISKIN E, TERZI S, CEYLAN H. Development of dynamic traffic signal control based on Monte Carlo simulation approach[J]. Measurement, 2022, 188: 110591.

[65] NOAEEN M, MOHAJERPOOR R, H. FAR B, et al. Real-time decentralized traffic signal control for congested urban networks considering queue spillbacks[J]. Transportation Research Part C: Emerging Technologies, 2021, 133: 103407.

[66] 肖梅, 刘锴, 张雷, 等. 基于过街行人检测的路口自适应交通信号控制[J]. 重庆交通大学学报（自然科学版）, 2016, 35(05): 120-126.

[67] 韩印, 邢冰, 姚佼, 等. 混合交通流条件下区域交通信号控制优化模型[J]. 交通运输工程学报, 2015, 15(01): 119-126.

[68] 肖婧, 王科俊, 毕晓君. 交叉口混合交通流高维多目标信号优化控制[J]. 公路交通科技, 2014, 31(11): 108-115.

[69] 黄健民, 王伟智. 基于数据融合的交通控制[J]. 自动化仪表, 2009, 30(05): 14-16.

[70] 董洁霜, 卞春, 王嘉文, 等. 数据驱动的两相位信号控制交叉口行人专用相位动态设置方法[J]. 公路交通科技, 2020, 37(01): 85-95.

[71] 徐震辉, 邵庆, 应东辉, 等. 融合多源数据的区域动态协调信号控制[J]. 浙江工业大学学报, 2021, 49(04): 409-415.

[72] 李永强, 李康, 冯远静. 数据驱动交通响应绿波协调信号控制[J]. 控制理论与应用, 2016, 33(05): 588-598.

[73] 杜明. 人工智能技术在城市智能交通系统中的应用[J]. 科技促进发展, 2018, 14(07): 617-622.

[74] ESSA M, SAYED T. Self-learning adaptive traffic signal control for real-time safety optimization[J]. Accident Analysis & Prevention, 2020, 146: 105713.

[75] GONG Y, ABDEL-ATY M, YUAN J, et al. Multi-objective reinforcement learning approach for improving safety at intersections with adaptive traffic signal control[J]. Accident Analysis & Prevention, 2020, 144: 105655.

[76] MOTAWEJ F, BOUYEKHF R, EL MOUDNI A. A note on artificial intelligence techniques and dissipativity-based approach in traffic signal control for an over-saturated intersection[J]. IFAC Proceedings Volumes, 2011, 44(1): 10721-10726.

[77] 夏新海. 城市交通信号局部博弈交互下的学习协调控制[J]. 计算机工程与应用, 2020, 56(23): 245-252.

[78] RASHEED F, YAU K L A, LOW Y C. Deep reinforcement learning for traffic signal control under disturbances: A case study on Sunway city, Malaysia[J]. Future Generation Computer Systems, 2020, 109: 431-445.

[79] YANG S, YANG B, KANG Z, et al. IHG-MA: Inductive heterogeneous graph multi-agent reinforcement learning for multi-intersection traffic signal control[J]. Neural Networks, 2021, 139: 265-277.

[80] WANG T, CAO J, HUSSAIN A. Adaptive traffic signal control for large-scale scenario with cooperative group-based multi-agent reinforcement learning[J]. Transportation Research Part C: Emerging Technologies, 2021, 125: 103046.

[81] LI Z, YU H, ZHANG G, et al. Network-wide traffic signal control optimization using a multi-agent deep reinforcement learning[J]. Transportation Research Part C: Emerging Technologies, 2021, 125: 103059.

[82] WANG Y, YAO E, PAN L. Electric vehicle drivers' charging behavior analysis considering heterogeneity and satisfaction[J]. Journal of Cleaner Production, 2021, 286: 124982.

[83] 徐志刚, 李金龙, 赵祥模, 等. 智能公路发展现状与关键技术[J]. 中国公路学报, 2019, 32(08): 1-24.

[84] WANG J, ZHENG Y, CHEN C, et al. Leading cruise control in mixed traffic flow: System modeling, controllability, and string stability[J]. IEEE Transactions on Intelligent Transportation Systems, 2021: 1-16.

[85] 李克强, 常雪阳, 李家文, 等. 智能网联汽车云控系统及其实现[J]. 汽车工程, 2020, 42(12): 1595-1605.

[86] 崔明阳, 黄荷叶, 许庆, 等. 智能网联汽车架构、功能与应用关键技术[J]. 清华大学学报（自然科学版）: 1-16.

[87] 程嘉朗, 倪巍, 吴维刚, 等. 车载自组织网络在智能交通中的应用研究综述[J]. 计算机科学, 2014, 41(S1): 1-10.

[88] 杨晓光, 马万经, 姚佼, 等. 智慧主动型交通控制系统及实验[J]. 工程研究-跨学科视野中的工程, 2014, 6(01): 43

[89] 任世超, 关永强, 谌煜. 有向符号网络的边能控性研究[J]. 控制理论与应用, 2021: 1-9.

[90] AGARWAL S, KACHROO P. Controllability and observability analysis for intelligent transportation systems[J]. Transportation in Developing Economies, 2019, 5(1): 2.

[91] LIU Y Y, SLOTINE J J, BARABÁSI A L. Controllability of complex networks[J]. Nature, 2011, 473(7346): 167-173.

[92] 尹红丽. 复杂网络能控性研究[D]. 青岛: 青岛大学, 2016.

[93] GU Z, WANG Y, QIU J, et al. How to control target nodes in dynamic networks[C]. 2018 IEEE Third International Conference on Data Science in Cyberspace(DSC). Guangzhou: IEEE, 2018: 266-273[2021-11-27].

[94] 蒋国平, 王欣伟, 吴旭. 复杂动态网络可控性及可观性研究综述[J]. 南京邮电大学学报（自然科学版）, 2020, 40(05): 178-185.

[95] HASSAN A M, HASSON S T. Solsp a new algorithm to reduce the complexity time of controllability matrix[C]. 2020 4th International Conference on Electronics, Communication and Aerospace Technology(ICECA). Coimbatore, India: IEEE, 2020: 1-5.

[96] YUAN Z, ZHAO C, DI Z, et al. Exact controllability of complex networks[J]. Nature

Communications, 2013, 4(1): 2447.

[97] CAI C, ZHANG X. Research on the controllability of urban road network:[C]. 3rd International Conference on Electromechanical Control Technology and Transportation. Chongqing, China: SCITEPRESS - Science and Technology Publications, 2018: 334-338.

[98] 晁永翠, 纪志坚, 王耀威, 等. 复杂网络在路形拓扑结构下可控的充要条件[J]. 智能系统学报, 2015, 10(04): 577-582.

[99] WANG J, ZHENG Y, XU Q, et al. Controllability analysis and optimal controller synthesis of mixed traffic systems[C]2019 IEEE Intelligent Vehicles Symposium(IV). Paris, France: IEEE, 2019: 1041-1047.

[100] 陈世明, 许云飞, 赖强. 有向复杂网络的可控鲁棒性优化[J]. 系统工程, 2016, 34(12): 146-152.

[101] 楼洋, 李均利, 李升, 等. 复杂网络能控性鲁棒性研究进展[J]. 自动化学报, 2021: 1-22.

[102] SCHNEIDER C M, MOREIRA A A, ANDRADE J S, et al. Mitigation of malicious attacks on networks[J]. Proceedings of the National Academy of Sciences, 2011, 108(10): 3838-3841.

[103] CONG P, ZHANG Y, WANG W, et al. DND: The controllability of dynamic temporal network in smart transportations[C]. 2019 IEEE Globecom Workshops(GC Wkshps). Waikoloa, HI, USA: IEEE, 2019: 1-6.

[104] 董超俊, 吕秋霞, 刘贤坤. 城市区域智能交通控制模型与算法[M]. 武汉: 华南理工大学出版社, 2015.

[105] 王学堂. 区域控制系统信号参数的整体最优设计[J]. 系统管理学报, 2008(04): 467-474.

[106] WANG Y, YANG Z, GUAN Q. Novel traffic control system & its coordination model based on large-scale systems hierarchical optimization theory[C]//2007 IEEE International Conference on Automation and Logistics. Jinan, China: IEEE, 2007: 841-846.

[107] SU Z C, CHOW A H F, ZHONG R X. Adaptive network traffic control with an integrated model-based and data-driven approach and a decentralised solution method[J]. Transportation Research Part C: Emerging Technologies, 2021, 128: 103154.

[108] HU X, HUANG C, LUO A. An area traffic signal optimum timing control model in mixed traffic flows and algorithm[C]//2009 Second International Conference on Intelligent Computation Technology and Automation. Changsha, Hunan, China: IEEE, 2009: 467-470.

[109] PAPATZIKOU E, STATHOPOULOS A. An optimization method for sustainable traffic control in urban areas[J]. Transportation Research Part C: Emerging Technologies, 2015, 55: 179-190.

[110] 魏赟, 邵清. 基于 Q-学习和粒子群算法的区域交通控制模型[J]. 系统仿真学报, 2011, 23(10): 2108-2111.

[111] CHIOU S-W. A novel algorithm for area traffic capacity control with elastic travel demands[J]. Applied Mathematical Modelling, 2011, 35(2): 650-666.

[112] JOVANOVIĆ A, NIKOLIĆ M, TEODOROVIĆ D. Area-wide urban traffic control: A bee colony optimization approach[J]. Transportation Research Part C: Emerging Technologies, 2017, 77: 329-350.

[113] 龙琼, 胡列格, 张蕾, 等. 面向大型社会活动的个性化区域交通控制[J]. 铁道科学与工程学报, 2018, 15(10): 2692-2699.

[114] 陈星. 基于动态交通分配的区域疏散实时交通控制研究[J]. 科学技术与工程, 2013, 13(35): 10763-10768+10548.

[115] 李瑞敏, 章立辉. 城市交通信号控制[M]. 北京: 清华大学出版社, 2015.

[116] OJEA J L A, COLLUM B, VALDEZ A, et al. Real-time monitoring and diagnostic processing of traffic control data[P]. 2018.

[117] BISWAS S P, ROY P, PATRA N, et al. Intelligent traffic monitoring system through auto and manual controlling using pc and android application[M]. Handbook of Research on Applied Video Processing and Mining, 2016.

[118] 孙玉砚, 孙利民, 朱红松, 等. 基于车牌识别系统车辆轨迹的行为异常检测[J]. 计算机研究与发展, 2015, 52(8): 1921-1929.

[119] HADDAD J, MIRKIN B. Adaptive perimeter traffic control of urban road networks based on MFD model with time delays: adaptive perimeter traffic control of urban road networks[J]. International Journal of Robust and Nonlinear Control, 2016, 26(6): 1267-1285.

[120] 李轶舜, 徐建闽, 王琳虹. 过饱和交通网络的多层边界主动控制方法[J]. 华南理工大学学报（自然科学版）, 2012, 40(7): 27-32.

[121] ABOUDOLAS K, GEROLIMINIS N. Perimeter and boundary flow control in multi-reservoir heterogeneous networks[J]. Transportation Research Part B: Methodological, 2013, 55: 265-281.

[122] 高鹏, 杨兆升. 区域边界交通协调控制策略及模型[C]//2014 第九届中国智能交通年会大会论文集. 中国智能交通协会, 2014: 598-610.

[123] HADDAD J, SHRAIBER A. Robust perimeter control design for an urban region[J]. Transportation Research Part B: Methodological, 2014, 68: 315-332.

[124] VERGHESE V, SUBRAMANIAN S C, VANAJAKSHI L. Model based traffic control in indian conditions[J]. Procedia - Social and Behavioral Sciences, 2013, 104: 516-525.

[125] GEROLIMINIS N, DAGANZO C F. Existence of urban-scale macroscopic fundamental diagrams: some experimental findings[J]. Transportation Research Part B Methodological, 2008, 42(9): 759-770

[126] JI Y, GEROLIMINIS N. On the spatial partitioning of urban transportation networks[J]. Transportation Research Part B, 2012, 46(10): 1639-1656.

[127] 韦伟. 基于实测数据的道路交通状态特征及拥堵传播规律分析方法[D]. 北京: 北京交通大学, 2017.

[128] 梁林林. 基于数据挖掘的城市快速路拥堵关联特征分析——以上海市为例[J]. 交通与运输（学术版）, 2014(01): 26-30.

[129] CHAWLA S, ZHENG Y, HU J. Inferring the root cause in road traffic anomalies[J]. Proceedings - IEEE International Conference on Data Mining, ICDM, 2012: 141-150.

[130] 杨森炎. 基于时空数据挖掘的城市路网交通态势分析及应用研究[D]. 北京: 清华大学, 2019.

[131] GEROLIMINIS N, HADDAD J, RAMEZANI M. Optimal perimeter control for two urban regions with macroscopic fundamental diagrams: A model predictive approach[J]. IEEE Transactions on Intelligent Transportation Systems, 2013, 14(1): 348-359.

[132] KNOOP V L, TAMMINGA G F, LECLERCQ L. Network transmission model: Application to a real world city[J]. Transp. Res. Board 95th Annu. Meet., 2016: 1-17.

[133] YILDIRIMOGLU, MEHMET, GEROLIMINIS N. Approximating dynamic equilibrium conditions with macroscopic fundamental diagrams[J]. Transportation Research Part B: Methodological 70(2014): 186-200.

[134] YILDIRIMOGLU, MEHMET, RAMEZANI M, GEROLIMINIS N. Equilibrium analysis and route guidance in large-scale networks with MFD dynamics[J]. Transportation Research Part C Emerging Technologies 59. OCT. (2015): 404-420.

[135] QIAN G, DAISUKE F. A macroscopic dynamic network loading model for multiple-reservoir system[J]. Transportation Research Part B: Methodological, Volume 126, 2019: 502-527.

[136] SUTTON R S, BARTO AG. Reinforcement learning: An introduction[M]. MIT press, 2018.

[137] WEI H, ZHENG G, GAYAH V, et al. 2019. A survey on traffic signal control methods[J]. arXiv preprint arXiv: 1904. 08117.

[138] 刘媛. 受控路网条件下动态交通分配研究[D]. 成都: 西南交通大学, 2017.

[139] JOHNSON C A, WARNICK S. Characterizing network controllability and observability for abstractions and realizations of dynamic networks - sciencedirect[J]. IFAC-Papers OnLine, 2020, 53(2): 10987-10993.

[140] PORTA S, CRUCITTI P, LATORA V. The network analysis of urban streets: A dual approach[J]. 2004.

[141] BETAILLE D, TOLEDO-MOREO R. Creating enhanced maps for lane-level vehicle navigation[J]. IEEE Transactions on Intelligent Transportation Systems, 2010, 11(4): 786-98.

[142] 展凤萍. 智慧高速公路交通检测器组合布设方法研究[D]. 南京: 东南大学, 2017.

[143] WALINCHUS R J. Real-time network decomposition and subnetwork interfacing[J]. Highway Research Record, 1971.

[144] JI Y, GEROLIMINIS N. On the spatial partitioning of urban transportation networks[J]. Transportation Research Part B: Methodological, 2012, 46(10): 1639-1656.

[145] HADDAD J, GEROLIMINIS N. On the stability of traffic perimeter control in two-region urban cities[J]. Transportation Research Part B: Methodological, 2012, 46(9): 1159-1176.

[146] DAGANZO C F, GEROLIMINIS N. An analytical approximation for the macroscopic fundamental diagram of urban traffic[J]. Transportation Research Part B: Methodological, 2008, 42(9): 771-781.

[147] GEROLIMINIS N, SUN J. Properties of a well-defined macroscopic fundamental diagram for urban traffic[J]. Transportation Research Part B: Methodological, 2011, 45(3): 605-617.

[148] RAMEZANI M, HADDAD J, GEROLIMINIS N. Dynamics of heterogeneity in urban networks: Aggregated traffic modeling and hierarchical control[J]. Transportation Research Part B: Methodological, 2015, 74: 1-19.

[149] SHI J, MALIK J M. Normalized cuts and image segmentation[J]. IEEE Transactions on Pattern Analysis and Machine Intelligence, 2000.

[150] COUR T, BÉNÉZIT F, SHI J. Spectral segmentation with multiscale graph decomposition[C]//2005 IEEE Computer Society Conference on Computer Vision and Pattern Recognition (CVPR 2005), 20-26 June 2005, San Diego, CA, USA. 2005.

[151] WRIGHT C, ROBERG P. The conceptual structure of traffic jams[J]. Transport Policy, 1998, 5(1): 23-35.

[152] XIONG H, VAHEDIAN A, ZHOU X, et al. Predicting traffic congestion propagation patterns: A propagation graph approach[C]//Proceedings of the 11th ACM SIGSPATIAL International Workshop on Computational Transportation Science. 2018: 60-69.

[153] 朱喆. 交通大数据时空因果关系分析及其在交通流预测中的应用[D]. 北京: 北京工业大学, 2019.

[154] RYU U, WANG J, KIM T, et al. Construction of traffic state vector using mutual information for short-term traffic flow prediction[J]. Transportation Research Part C: Emerging Technologies, 2018, 96: 55-71.

[155] 杨森炎. 基于时空数据挖掘的城市路网交通态势分析及应用研究[D]. 北京: 清华大学, 2019.

[156] 王启燕. 基于时间序列关联规则挖掘的交通拥挤预测研究[D]. 北京: 北京交通大学, 2020.

[157] SHU Y, ZHAO J. Data-driven causal inference based on a modified transfer entropy[J]. Computers & Chemical Engineering, 2013, 57: 173-180.

[158] THOMAS H, CORMEN CHARLES E, LEISERSON RONALD L. Rivest, and clifford stein, introduction to algorithms, second edition. MIT Press and McGraw-Hill, 2001. ISBN 0-262-03293-7. Section 22. 2: Breadth-first search, 531-539.

[159] NEWELL G F. A simplified theory of kinematic waves in highway traffic, part I: General theory[J]. Transportation Research Part B: Methodological, 1993, 27(4): 281-287

[160] RUDER S. An overview of multi-task learning in deep neural networks. arXiv: Learning, 2017

[161] FULLERTON M, KRAJZEWICZ D, NICOLAY E, et al. Modeling mobility with open data[J]. 2nd SUMO conference 2014.

[162] LECLERCQ, LUDOVIC, et al. Macroscopic traffic dynamics with heterogeneous route patterns[J]. Transportation Research Part C 59. 3(2015): 292-307.

[163] S. F. A., LECLERCQ L. Regional dynamic traffic assignment framework for macroscopic fundamental diagram multi-regions models[J]. Transportation Science 53(2019).

[164] DAGANZO C F. Urban gridlock: macroscopic modeling and mitigation approaches[J]. Transportation Research Part B: Methodological, 2007, 41(1): 49-62.

[165] 王福建, 韦薇, 王殿海. 基于宏观基本图的城市路网交通状态判别与监控[C]. 第七届中国智能交通年会, 2012: 72-79.

[166] 张勇, 白玉, 杨晓光. 城市道路交通网络死锁控制策略[J]. 中国公路学报, 2010, 23(6): 96-102.

[167] 林晓辉. 基于MFD的路网周边交通控制策略与仿真[J]. 中外公路, 2014, 34(4): 353-356.

[168] LI Y, XU J, SHEN L. A perimeter control strategy for oversaturated network preventing queue spillback[J]. Procedia-Social and Behavioral Sciences, 2012, 43: 418-427.

[169] 李轶舜, 徐建闽, 王琳虹. 过饱和交通网络的多层边界主动控制方法[J]. 华南理工大学. 学报, 2012, 40(7): 27-32.

[170] 杜怡曼, 吴建平, 贾宇涵. 基于宏观基本图的区域交通总量动态调控技术[J]. 交通运输系统工程与信息, 2014, 14(3): 162-167.

[171] KEYVAN-EKBATANI, M K, PAPAGEORGIOU M, PAPAMICHAIL I. Urban congestion gating control based on reduced operational network fundamental diagrams[J]. Transportation Research Part C: Emerging Technologies, 2013, 33: 74-87.

[172] 李新. 基于MFD的区域路网边界控制研究[D]. 西南交通大学, 2018.

[173] CHAO-YUN, MING, JIANG, et al. Perimeter control for urban traffic system based on macroscopic fundamental diagram[J]. Physica A: Statistical Mechanics and its Applications, 2018, 503: 231-242.

[174] 丁恒, 朱良元, 蒋程镔, 等. MFD子区交通状态转移风险决策边界控制模型[J]. 交通运输系统工程与信息, 2017, 17(5): 8.

[175] 毛剑楠. 受控智能路网交通拥挤牵制控制方法[D]. 成都: 西南交通大学, 2019.

[176] 张泰文, 张存保, 罗舒琳, 曹雨. 面向常发拥堵点的交通信号协调控制方法[J]. 交通信息与安全, 2021, 39(06): 63-72.

[177] GUO Y, YANG L, HAO S, et al. Perimeter traffic control for single urban congested region with macroscopic fundamental diagram and boundary conditions[J]. Physica A: Statistical

Mechanics and its Applications, 2021, 562.

[178] HADDAD J, RAMEZANI M, GEROLIMINIS N. Model predictive perimeter control for urban areas with macroscopic fundamental diagram[C]. American Control Conference (ACC), 2012: 1051-1066.

[179] GEROLIMINIS N, HADDAD J, RAMEZANI M. Optimal perimeter for two urban regions with macroscopic fundamental diagram: A model predictive approach[J]. Intelligent Transportation Systems, IEEE Transactions 2013, 14(1): 348-359.

[180] 赵靖, 马万经, 汪涛等. 基于宏观基本图的相邻子区协调控制方法[J]. 交通运输系统工程与信息, 2016, 16(1): 78-84.

[181] KOUVELAS A, SAEEDMANESH M, GEROLIMINIS N. Feedback perimeter control for heterogeneous urban networks using adaptive optimization[C]. Proceedings of the 18th International Conference on Intelligent Transportation Systems. Canary Islands, Spain: IEEE 2015, 882-887.

[182] 张逊逊, 许宏科, 闫茂德. 基于 MFD 的城市区域路网多子区协调控制策略[J]. 交通运输系统工程与信息, 2017, 17(1): 98-105.

[183] 丁恒, 郭放, 蒋程镔等. 多个 MFD 子区边界协调控制方法[J]. 自动化学报, 2017, 43(4): 548-557.

[184] 刘博. 多区域网络宏观基本图获取方法和边界流量动态控制策略[D]. 成都: 西南交通大学, 2020.

[185] 侯忠生. 非线性系统参数辨识、自适应控制及无模型学习自适应控制[D]. 沈阳: 东北大学, 1994.

[186] HOU Z S, WANG Z. From model-based control to data-driven control: Survey, classification and perspective[J]. Information Sciences, 2013, 235(Complete): 3-35.

[187] HOU Z, JIN S. Model free adaptive control: Theory and applications[M]. Model Free Adaptive Control: Theory and Applications, 2013.

[188] HOU Z, GAO H, LEWIS F L. Data-Driven control and learning systems[J]. IEEE Transactions on Industrial Electronics, 2017, 64(5): 4070-4075.

[189] 李岱, 侯忠生. 城市交通网络信号的无模型自适应控制方法[D]. 北京: 北京交通大学, 2021.

[190] 潘昭天, 曲昭伟. 基于博弈论和多智能体强化学习的城市道路网络交通控制方法研究[D]. 长春: 吉林大学, 2021.

[191] BAZZAN A L C. Opportunities for multiagent systems and multiagent reinforcement learning in traffic control[J]. Autonomous Agents and Multi-Agent Systems, 2009, 18(3): 342.

[192] WIERING M, VREEKEN J, VEENEN J V, et al. Simulation and optimization of traffic in a city[C]// Intelligent Vehicles Symposium. IEEE, 2004.

[193] BAKKER B, STEINGROVER M, SCHOUTEN R, et al. Cooperative multi-agent reinforcement learning of traffic lights[J]. 2005.

[194] CHIN Y K, BOLONG N, YANG S S, et al. Exploring Q-learning optimization in traffic signal timing plan management[C]// Third International Conference on Computational Intelligence. IEEE, 2011.

[195] 卢守峰, 韦钦平, 刘喜敏. 单交叉口信号配时的离线 Q 学习模型研究[J]. 控制工程, 2012, 19(6): 6.

[196] LI L, LV Y, WANG F Y. Traffic signal timing via deep reinforcement learning[J]. IEEE/CAA Journal of Automatica Sinica, 2016.

[197] KIM G, SOHN K. Area-wide traffic signal control based on a deep graph Q-Network(DGQN)trained in an asynchronous manner[J]. 2020.

[198] YOON J, AHN K, PARK J, et al. Transferable traffic signal control: Reinforcement learning with graph centric state representation[J]. Transportation Research Part C: Emerging Technologies, 2021, 130: 103321.

[199] 李振龙, 张靖思, 刘钦, 邢冠仰. 基于改进 Q 学习的双周期干线信号协调控制方法[J]. 科学技术与工程, 2021, 21(29): 12744-12750.

[200] ZHAO W, YE Y, DING J, et al. IPDA light: intensity-and phase duration-aware traffic signal control based on reinforcement learning[J]. Journal of Systems Architecture, 2022, 123: 102374.

[201] LEBLANC, LARRY J. An Algorithm for the discrete network design problem[J]. Transportation Science, 1975, 9(3): 183-199.

[202] PENG C, WANG X, PEI J, et al. A survey on network embedding[J]. IEEE Transactions on Knowledge and Data Engineering, 2017, PP(99): 1-1.

[203] PEROZZI B, AL-RFOU R, KIENA S. Deep walk: online learning of social representations[J]. ACM, 2014.

[204] ZHANG M, LI T, SHI H, et al. A decomposition approach for urban anomaly detection across spatiotemporal data[C]//IJCAI International Joint Conference on Artificial Intelligence. International Joint Conferences on Artificial Intelligence, 2019.